STANGL **BESCHAFFUNGSMARKTFORSCHUNG –
EIN HEURISTISCHES ENTSCHEIDUNGSMODELL**

Ausgeschieden

BEITRÄGE ZUM BESCHAFFUNGSMARKETING

Herausgegeben von
PROF. DR. UDO KOPPELMANN
Seminar für Allgemeine
Betriebswirtschaftslehre,
Beschaffungs- und Produktlehre
der Universität zu Köln

Band 2

BESCHAFFUNGS-MARKTFORSCHUNG – EIN HEURISTISCHES ENTSCHEIDUNGSMODELL

Von DR. ULRICH STANGL

FÖRDERGESELLSCHAFT PRODUKT-MARKETING E.V.

ISBN 3-922292-09-7
2. unveränderte Auflage, Köln 1988
Ohne ausdrückliche Genehmigung des Vereins ist es nicht gestattet,
das Buch oder Teile daraus in irgendeiner Form (durch Photokopie,
Mikrofilm oder ein anderes Verfahren) zu vervielfältigen.

© Fördergesellschaft Produkt-Marketing e.V.

Druck und Verarbeitung: Hundt Druck GmbH, Köln

Geleitwort
----

zur 2. Auflage

Was im Absatzbereich als Selbstverständlichkeit erfolgsbezogenen Handelns gilt, ist im Beschaffungsbereich zwar auch bekannt, aber noch wenig integrativer Bestandteil des Handelns. So ergab eine Umfrage (siehe Handelsblatt vom 31.03.1987), daß 88 % der Unternehmen keine Beschaffungsmarktforschung und nur 7 % eine eigenständig dafür zuständige Stelle haben. Auch der Hinweis, man habe doch ausreichende Erfahrungen im Absatzbereich mit der Marktforschung, so daß man daran lediglich anzuknüpfen brauche, ist häufig nur ein Vorwand für das eigene Nichtstun. Die Märkte, die Verhaltensweisen und die Marktforschungsobjekte sind nämlich so unterschiedlich, daß man es kaum mit Analogien bewenden lassen kann.

Sich der Beschaffungsmarktforschung zuzuwenden, ist unabdingbar. Die Ausweitung der Absatzmärkte wird auch eine stärkere Internationalisierung der Beschaffungsmärkte folgen. Manchmal ist man aus wirtschaftspolitischen Gründen sogar gezwungen, für einen Ausgleich des eigenen Exports durch kompensierende Beschaffungsmaßnahmen zu sorgen. Allein die Realisierung des europäischen Binnenmarktes im Jahre 1992 zwingt dazu, sich auch mit den Beschaffungsmöglichkeiten dieser Märkte auseinanderzusetzen. Geht man weiter davon aus, daß aus Gründen der Flexibilitätssteigerung der Beschaffungsanteil zu Lasten der Eigenfertigung ansteigen wird, dann zeigt sich, wie wichtig das Wissen darüber ist, was am Beschaffungsmarkt passiert und was dort möglich ist.

Das Stiefkind Beschaffungsmarktforschung benötigt somit Revitalisierungsmaßnahmen. Dazu soll die vorgelegte Arbeit beitragen.

Es handelt sich um den geglückten Versuch, inhaltliche und methodische Fragen so aufzubereiten, daß sie in den Entscheidungsfluß der Beschaffung integriert werden können. Dabei können die Arbeitsergebnisse unabhängig von der aufbauorganisatorischen Verankerung verwertet werden - man benötigt nicht unbedingt eine Marktforschungsabteilung. Die Arbeit zeigt, daß ein gut strukturierter theoretischer Rahmen eine hilfreiche Ausgangsbasis für praktische Entscheidungen bietet.

Köln, im August 1988

U. Koppelmann

Gliederung   Seite

1. Einführung   9
   1.1 Problemstellung   9
   1.2 Zielsetzung und Aufbau der Arbeit   13
   1.3 Terminologische Abgrenzungen   16
       1.31 Zum Begriff der Beschaffung   16
       1.32 Zum Begriff der Beschaffungsmarkt-
            forschung   22

2. Literaturanalyse   26
   2.1 Zur Behandlung der Beschaffungsmarkt-
       forschung in der betriebswirtschaft-
       lichen Literatur   26
       2.11 Analyse der deutschsprachigen Literatur   26
       2.12 Analyse der englischsprachigen Literatur   38
   2.2 Zur Übertragbarkeit der Absatzmarktforschung
       auf die Beschaffung   46

3. Beschaffungsplanung als derivative Unternehmens-
   planung   49
   3.1 Die Beschaffungsaufgabe im Gefüge der
       betrieblichen Gesamtaufgabe   50
   3.2 Die Beschaffungsobjekte im Rahmen der
       Beschaffungsaufgabe   54
   3.3 Der Beschaffungsprozeß als Verrichtung
       der Beschaffungsaufgabe   59
   3.4 Beschaffungsmarketing als marktorientierte
       Beschaffungspolitik   67
   3.5 Beschaffungsinformationen als Grundlage
       der Beschaffungsplanung   71

4. Beschaffungsmarktforschung als Entscheidungsprozeß   78
   4.1 Zur Bildung eines problemrelevanten
       Aussagensystems   78
       4.11 Grundlagen der Modellbildung   79
       4.12 Forschungsstrategien zur Modellbildung   84
       4.13 Zum Aufbau des heuristischen Entschei-
            dungsmodells der Beschaffungsmarkt-
            forschung   87

	Seite
4.2 Objekte der Beschaffungsmarktforschung	94
4.21 Grundsätzlich heranziehbare Beschaffungsobjekte	96
4.22 Kriterien zur Objektselektion	98
4.221 Selektionskriterien in der Literatur	98
4.221.1 Beschaffungswert	98
4.221.2 Leistungsorientierte Kriterien	103
4.222 Zur Systematisierung relevanter Objektselektionskriterien	107
4.222.1 Ziel- oder Strategieänderungen	109
4.222.2 Bedarfskontinuität	111
4.222.3 Beschaffungsrisiken	112
4.222.4 Wertmäßige Bedeutung des Beschaffungsobjekts	128
4.23 Vorgehensweise zur Objektselektion	129
4.231 Ansätze in der Literatur	129
4.232 Entscheidungsprozeßorientierter Ansatz zur Verknüpfung der Selektionskriterien	134
4.3 Informationsgehalte und Informationsumfang der Beschaffungsmarktforschung	139
4.31 Genereller Informationenkatalog	139
4.311 Offenkundige Lieferantenleistungen	143
4.312 Offenkundige Lieferantenansprüche	146
4.313 Leistungs- und Anspruchsbestimmungsgründe	149
4.32 Kriterien zur Informationsselektion	160
4.33 Vorgehensweise zur Informationsselektion	169
4.331 Allgemeine Informationsauswahlmatrix	170
4.332 Objektspezifischer Selektionsprozeß	192

	Seite
4.4 Methoden und Quellen der Beschaffungsmarktforschung	197
4.41 Zur Abhängigkeit der Methodenalternativen von anderen Entscheidungsfeldern	197
4.42 Zur Wahl der geeigneten Methode	205
4.43 Generelles Quellenspektrum der Beschaffungsmarktforschung	210
4.44 Kriterien zur Quellenselektion	217
4.441 Informationsinhalte	219
4.442 Anforderungen an die Informationen	224
4.443 Objektdeterminierte Quellenverfügbarkeit als restriktives Kriterium	230
4.45 Vorgehensweise zur Quellenselektion	231
4.5 Verarbeitung und Darstellung der Informationen	235
4.51 Verarbeitungs- und Darstellungsmöglichkeiten in der Beschaffungsliteratur	236
4.52 Besonderheiten der Anwendung von Datenverarbeitungsverfahren in der Beschaffungsmarktforschung	241
4.53 Generelle Darstellungsmöglichkeiten	250
4.54 Kriterien zur Verarbeitungs- und Darstellungsselektion	257
4.55 Vorgehensweise zur Verarbeitungs- und Darstellungsselektion	260
5. Schlußbemerkungen	263
Literaturverzeichnis	265

Industrieseminar
Universität zu Köln

Verzeichnis der Abbildungen   Seite

Abb. 1: Zur terminologischen Abgrenzung der
         Beschaffung   21
Abb. 2: Zur Behandlung der Beschaffungsmarkt-
         forschung in der deutschsprachigen Literatur   37
Abb. 3: Zur Behandlung der Beschaffungsmarktfor-
         schung in der englischsprachigen Literatur   45
Abb. 4: Zur Gliederung des Bedarfs   56
Abb. 5: Zum Zusammenhang von Anforderungen, Bedarf,
         Leistungen und Qualität   57
Abb. 6: Abhängigkeiten verschiedener Beschaffungs-
         objektvariablen von einigen Produktzielen   60
Abb. 7: Mögliche Basisziele nach Koppelmann   62
Abb. 8: Beschaffungsziele und -strategien   63
Abb. 9: Grundlage einer Absatzmarketingkonzeption   68
Abb. 10: Zur Konzeption des Beschaffungsmarketings   70
Abb. 11: Marktforschungsrelevante Informationsströme
         in Beschaffungsprozessen   74
Abb. 12: Der Entscheidungsprozeß der Beschaffungs-
         marktforschung I   89
Abb. 13: Der Entscheidungsprozeß in den einzelnen
         Entscheidungsfeldern der Beschaffungsmarkt-
         forschung   91
Abb. 14: Der Entscheidungsprozeß der Beschaffungs-
         marktforschung II   92
Abb. 15: Typisierung der Beschaffungsobjekte nach
         ihrem Anteil am Beschaffungswert I   99
Abb. 16: Typisierung der Beschaffungsobjekte nach
         ihrem Anteil am Beschaffungswert II   99
Abb. 17: Objektselektionskriterien der Beschaf-
         fungsmarktforschung   108

		Seite
Abb. 18:	Risiko-Rangfolge strategisch wichtiger Rohstoffe	114
Abb. 19:	Beschaffungsmarktrisiken als Objektselektionskriterium	116
Abb. 20:	Zur Systematisierung der Produktgestaltungsmittel	120
Abb. 21:	Produktziele im Absatzmarketing	126
Abb. 22:	Vorgehensweise zur Objektselektion bei Blom	130
Abb. 23:	Beispiel eines Scoring-Modells für laufende Beschaffungsmarktforschung bei Lohrberg	131
Abb. 24:	Vorgehensweise zur Objektselektion	136
Abb. 25:	Beispiel zur Objektselektion	138
Abb. 26:	Informationsinhalte der Beschaffungsmarktforschung	142
Abb. 27:	Mögliche Absatzziele	151
Abb. 28:	Formale Darstellung möglicher Beschaffungskonkurrenten	154
Abb. 29:	Marktformen nach Seyffert	157
Abb. 30:	Marktseitenverhältnisse nach Theisen	158
Abb. 31:	Informationsschwerpunkte nach Kraljic	163
Abb. 32:	Beschaffungsobjektvariablen zur Informationsselektion	164
Abb. 33:	Beschaffungsziele und -strategien zur Informationsselektion	169
Abb. 34:	Vorgehensweise zur Informationsselektion I	170
Abb. 35:	Informationsschwerpunkte in Abhängigkeit von Bedarfsvariablen	171
Abb. 36:	Informationsschwerpunkte in Abhängigkeit von Angebotsvariablen	172
Abb. 37:	Informationsschwerpunkte in Abhängigkeit von Beschaffungszielen und -strategien	173

		Seite
Abb. 38:	Vorgehensweise zur Informationsselektion II	193
Abb. 39:	Methodenalternativen in der Marktforschung	198
Abb. 40:	Kriterien zur Methodenwahl	208
Abb. 41:	Informationsquellen der Beschaffungsmarktforschung	211
Abb. 42:	Vorgehensweise und Inhalte bei einer Wirtschaftsauskunft	216
Abb. 43:	Informationenabhängige Quellenschwerpunkte in der Beschaffungsmarktforschung	220
Abb. 44:	Anforderungsbezogene Quellenbewertung	227
Abb. 45:	Vorgehensweise zur Quellenselektion	234
Abb. 46:	Beispiel einer Lieferantenkarte	238
Abb. 47:	Produktbezogene Datenordnung	239
Abb. 48:	Möglichkeiten der Datenverarbeitung	242
Abb. 49:	Verfahren der Datenverarbeitung I	244
Abb. 50:	Verfahren der Datenverarbeitung II	245
Abb. 51:	Verfahren der Datenverarbeitung III	246
Abb. 52:	Möglichkeiten der Datendarstellung	250
Abb. 53:	Merkmale von Beschaffungsmärkten	253
Abb. 54:	Versuch einer Beschaffungsmarkttypologie	254
Abb. 55:	Beispiel eines Flächendiagramms	255
Abb. 56:	Beispiele für Säulen- und Liniendiagramme	256
Abb. 57:	Kriterien zur Auswertungs- und Darstellungsselektion	257
Abb. 58:	Allgemeine Auswahlvorschrift zur Verarbeitungs- und Darstellungsselektion	260
Abb. 59:	Vorgehensweise zur Datenverarbeitungs- und Datendarstellungsselektion	262

1. Einführung

1.1. Problemstellung

Betrachtet man die Realgüterprozesse in einer Unternehmung, so läßt sich grundsätzlich feststellen, daß zumindest drei betriebliche Funktionen für diese Prozesse unbedingt vorauszusetzen sind. Es müssen nämlich als notwendige Bedingung für die Tätigkeit einer Unternehmung elementare Produktionsfaktoren beschafft, miteinander kombiniert (Produktion) und die so erstellten Leistungen schließlich verwertet werden (Absatz).[1] Während jedoch die beiden letztgenannten Funktionen schon seit langem und kontinuierlich Erkenntnisgegenstände spezieller funktionaler Betriebswirtschaftslehren sind, ist die Behandlung der Beschaffungsfunktion einer Unternehmung eher kümmerlich[2] und im Zeitablauf diskontinuierlich geblieben. Nachdem nämlich dieses Gebiet bis in die 30er Jahre des Jahrhunderts schon einmal Gegenstand wissenschaftlicher Auseinandersetzung gewesen war, geriet es in den darauffolgenden Jahren zunehmend in Vergessenheit. Erst in letzter Zeit finden mit der Beschaffung zusammenhängende Fragen in der Betriebswirtschaftslehre wieder stärkere Beachtung.

Fragt man nun nach den Ursachen für diesen Sachverhalt, so lassen sich zwei Ansatzpunkte unterscheiden, und zwar zum einen die Strukturen und Bewegungen auf den verschiedenen Beschaffungsmärkten, zum anderen, damit zusammenhängend bzw. daraus folgend, eine mittlerweile veränderte Auffassung von Aufgaben und Möglichkeiten der Beschaffung.

---

1) Vgl. Gutenberg, E.: Grundlagen der Betriebswirtschaftslehre, Bd.I, Die Produktion, 18. Aufl., Berlin/Heidelberg/New York 1971, S. 2 ff.; Kosiol, E.: Einführung in die Betriebswirtschaftslehre - Die Unternehmung als wirtschaftliches Aktionszentrum, Wiesbaden 1968, S. 28 ff.

2) Anm.d.Verf.: So auch bei Gutenberg, der seine "Grundlagen der Betriebswirtschaft" im ersten Band mit der Produktion beginnt; die Bände 2 und 3 behandeln Fragen des Absatzes bzw. der Finanzierung.

Analysiert man zunächst die marktgegebenen Veränderungen, so kristallisieren sich zwei wesentliche Problemfelder heraus, die schlagwortartig mit 'tendenziellem Wandel zu Verkäufermärkten' sowie 'zunehmender Intransparenz' dieser Märkte beschrieben werden können. Konnte man bis vor einigen Jahren als beschaffende Unternehmung noch davon ausgehen, daß benötigte Einsatzstoffe ohne größere Schwierigkeiten zu erhalten sein würden, so ist spätestens seit der 'Ölkrise' 1973/74 die Beschränkung natürlicher Ressourcen auch ins Bewußtsein einer breiteren Öffentlichkeit gedrungen.[1] Zu dieser Limitationalität und teilweisen Verknappung von natürlichen Ressourcen kam in der Vergangenheit eine in weiten Bereichen wachsende Nachfrage hinzu, so daß sich aufgrund des Nachfrageüberhangs auf vielen Märkten eine Machtverschiebung zugunsten der Anbieter feststellen ließ, was sich nicht zuletzt in den Preisen niederschlug.[2] Wenngleich dieser Aspekt augenblicklich aufgrund wirtschaftlicher Stagnation wieder an Bedeutung verloren hat, sollte er bei der Analyse beschaffungsmarktbedingter Veränderungen dennoch nicht unberücksichtigt bleiben, da er bei eventuellem zukünftigem Wirtschaftswachstum wieder größeres Gewicht erhalten könnte.

Eine zweite Ursache für die neuerdings schwächere Stellung der beschaffenden Unternehmung auf den Märkten liegt in einer immer weiter zunehmenden Differenzierung des Bedarfs, sowohl aus absatzmarktlichen als auch produktionstechnischen Gründen, was die Stellung derjenigen Lieferanten stärkt, die mit ihrem Leistungsangebot dem spezialisierten Bedarf entsprechen können.

Die zunehmende Arbeitsteilung sowie die Spezialisierung von Nachfrage und Angebot führen aber nicht nur zu einem ten-

---

1) Vgl. Strache, H. (Hrsg.): Beschaffungsmarktforschung, Wiesbaden 1982, S. 16 f.; Rady, H.M.: Neue Perspektiven in der Weltrohstoffversorgung, in: Wirtschaftsstudium, Heft 6, 1982, S. 281 ff.; vgl. dazu auch Meadows, D. u.a.: Die Grenzen des Wachstums, Bericht des Club of Rome zur Lage der Menschheit, Stuttgart 1972.
2) Vgl. Ifo-Institut für Wirtschaftsforschung München: Weltrohstoffpreise 1982/83, in: Beschaffung aktuell, Heft 7, 1982, S. 36.

denziellen Wandel von Käufer- zu Verkäufermärkten, sondern ebenso zu einer zunehmenden Intransparenz der Märkte. Wenn das Gesamtangebot immer heterogener wird, so fällt es immer schwerer, den Überblick über den Markt zu behalten und entsprechend zu handeln. Erschwerend kommen die stärkere Internationalisierung der Austauschbeziehungen sowie die Schnelligkeit der technologischen Entwicklung auf verschiedenen Märkten hinzu. Beides führt - wie die Heterogenisierung des Angebots - zu einer zunehmenden Intransparenz der Beschaffungsmärkte.[1]

Mit diesen exogenen Veränderungen zusammenhängend, entwickelt sich in den letzten Jahren eine andere Sichtweise der Beschaffungsfunktion in der Unternehmung. "War die Beschaffungsfunktion früher nicht selten ein reiner Erfüllungsgehilfe für die anderen Funktionsbereiche der Unternehmung"[2], wurde Beschaffung damit zur "Vollzugs- oder Bereitstellungsplanung, die ihren Ausgangspunkt in anderen betrieblichen Teilplänen findet"[3], so treten heute neben die dispositiven

---

1) Vgl. zu den Veränderungen auf den Beschaffungsmärkten bspw. Strache, H. (Hrsg.), a.a.O., S. 16 ff.; Arbeitskreis "Beschaffung, Vorrats- und Verkehrswirtschaft der Schmalenbach-Gesellschaft: Beschaffung und Unternehmungsführung, hrsg. v. N. Szyperski und P. Roth, Stuttgart 1982, S. 2; Harlander, N./Platz, G.: Beschaffungsmarketing und Materialwirtschaft, 2. Aufl., Grafenau/Stuttgart 1982, S. 35; Arnolds, H./Heege, F./Tussing, W.: Materialwirtschaft und Einkauf, 3. Aufl., Wiesbaden 1982, S.101; Blum, J.W.: Beschaffungsmarktforschung, in: Handbuch der Marktforschung, hrsg. v. K.Chr.Behrens, Wiesbaden 1977, S. 860 f.; Kraljic, P.: Neue Wege im Beschaffungsmarketing, in: manager magazin, Heft 11, 1977, S. 72 ff.; ders.: Vom Einkaufs- zum Liefermanagement, in: Beschaffung aktuell, Heft 4, 1982, S. 31 ff., Heft 5, 1982, S. 33 ff.;Kern, F.: Die Marketingtabus der Einkäufer, in: Absatzwirtschaft, Heft 11, 1982, S. 96 ff.; Grochla, E.: Beschaffungsstrategie und Beschaffungspolitik als aktuelle Herausforderung an die Unternehmensführung, in: Grochla, E./Wunderlich, D./Fieten, R.: Erfolgreiche Beschaffung: Ein aktuelles Problem der Unternehmensführung, hrsg. v. Arbeitsgemeinschaft für Rationalisierung des Landes Nordrhein-Westfalen, Dortmund 1982, S. 2 ff.

2) Szyperski, N.: Die Beschaffung als eine Herausforderung an die Unternehmungsführung,in: Beschaffung und Unternehmungsführung, a.a.O., S. 2.

3) Grochla, E./Kubicek, H.: Zur Zweckmäßigkeit und Möglichkeit einer umfassenden betriebswirtschaftlichen Beschaffungslehre, in: ZfbF, 28.Jg. 1976, S. 263.

Aufgaben auch solche strategischer und initiativer Natur.[1]
Bei einer "Konzentration auf den Vollzugs- oder Bereitstellungsaspekt bleibt nämlich weitgehend unbeachtet, daß von allen Beschaffungsmärkten auch Impulse für die betrieblichen Aktivitäten ausgehen können und daß im Zusammenhang mit der Beschaffung aller Faktoren nicht nur routinemäßige Dispositionen, sondern auch sehr grundsätzliche und innovative Entscheidungen zu treffen sind."[2] Diese "Erweiterung des Aufgabenkonzepts der Beschaffung"[3] führt konsequenterweise zu einer anderen Einschätzung der Beschaffungsaufgabe im Rahmen der gesamten Unternehmungsführung. "Unter diesem Aspekt (nämlich, d.Verf.) ist Beschaffungsführung - im Gegensatz zur traditionellen Betrachtungsweise nicht mehr indirektes Mitwirken (etwa über eine Beratungsfunktion), sondern direkte, aktive Mitarbeit an der ganzheitlich orientierten Unternehmungsführung."[4]

Betrachtet man nun die zur Erfüllung dieser Aufgaben für die Beschaffung benötigten Informationen, so läßt sich feststellen, daß, verglichen mit der früheren, eingeschränkten Aufgabenstellung, sowohl umfangreichere als auch speziellere Informationen vor allem über die verschiedenen Beschaffungsmärkte notwendig sind. Diese Informationen bereitzustellen ist Aufgabe der Beschaffungsmarktforschung, die somit zu einem unentbehrlichen Hilfsmittel zur Erfüllung initiativstrategischer Beschaffungsaufgaben wird.[5]

---

1) Vgl. Grochla, E./ Schönbohm, P.: Beschaffung in der Unternehmung, Stuttgart 1980, S.38 ff.
2) Grochla, E./ Kubicek, H., a.a.O., S. 264
3) Grochla, E./ Schönbohm, P., a.a.O., S. 38
4) Stark, H.: Beschaffungsführung, Stuttgart 1973, S. 28; Vgl. dazu auch Trautmann, W.P.: Die Organisation des Einkaufs, in: Organisation, TFB-Handbuchreihe, 1. Bd., hrsg. v. E. Schnaufer und K. Agthe, Berlin/Baden-Baden 1961, S. 679 ff.; vgl. dazu ausführlich Abschnitt 3.1 dieser Arbeit
5) Vgl. Lohrberg, W.: Grundprobleme der Beschaffungsmarktforschung, Diss. Bochum 1978, S. 5; Arnolds, H./Heege, F./Tussing, W., a.a.O., S. 101.

Bei der Analyse der Literatur, die sich mit der beschaffungsmarktbezogenen Informationsgewinnung auseinandersetzt, stellt man jedoch fest, daß sie sich - wie später noch zu zeigen sein wird - i.d.R. in der Deskription von Teilproblemen erschöpft. Es fehlt bis heute ein umfassendes Konzept der Beschaffungsmarktforschung[1], das die verschiedenen Teilbereiche zueinander in Beziehung setzt, Interdependenzen deutlich macht und Hinweise darauf gibt, was unter Beachtung der umfassenden Beschaffungsaufgabe im Rahmen der Beschaffungsmarktforschung getan werden kann bzw. sollte.

1.2. Zielsetzung und Aufbau der Arbeit

Aus den erwähnten Gründen ist es ein Hauptanliegen dieser Arbeit, das Entscheidungsfeld Beschaffungsmarktforschung, umfassender als bis heute geschehen, in seinen Strukturen und Beziehungen darzustellen. Um dieses Ziel zu erreichen, ist es sinnvoll, die Beschaffungsmarktforschung nach einem Überblick über die zu diesem Problemfeld existierende Literatur (Kapitel 2) zunächst in einen größeren Rahmen einzuordnen. Den Rahmen, innerhalb dessen die Beschaffungsmarktforschung zu sehen ist, bildet die übergeordnete Beschaffungsplanung, die daher in ihren Dimensionen und Facetten in Kapitel 3 analysiert werden soll. Die Beschaffungsplanung erstreckt sich auf die möglichst gute Erfüllung der Beschaffungsaufgabe, so daß in einem ersten Abschnitt zu klären ist, wie die Beschaffungsaufgabe bezogen auf die Gesamtaufgabe der Unternehmung aufzufassen ist. Um die Beschaffungsaufgabe selbst genauer abzugrenzen, werden anschließend die Beschaffungsobjekte und Beschaffungsverrichtungen als Dimensionen dieser Aufgabe genauer analysiert. Wegen der veränderten Bedingungen auf den Beschaffungsmärkten[2] erscheint es zweckmäßig, anschließend auf ein

---

1) Vgl. Fieten, R.: Zusammenfassung der Diskussion, in: Grochla, E./Wunderlich, D./Fieten, R.: Erfolgreiche Beschaffung. Ein aktuelles Problem der Unternehmensführung, a.a.O., S. 42 ff.
2) Vgl. Abschnitt 1.1. dieser Arbeit.

Konzept des Beschaffungsmarketings als marktorientierte Beschaffungspolitik kurz einzugehen, das diesen Veränderungen Rechnung trägt. Im letzten Abschnitt wird schließlich kurz auf die Zusammenhänge zwischen den einzelnen Planungsproblemen der Beschaffung und verschiedenen Beschaffungsinformationen eingegangen. Da die Beschaffungsmarktforschung einen Teil dieser Informationen, nämlich die marktbezogenen, bereitzustellen hat, sollte es auf diese Weise möglich sein, das Themengebiet dieser Arbeit in den Gesamtzusammenhang der Beschaffungsplanung einzuordnen.

Ein zweites wesentliches Ziel besteht darin, innerhalb des Entscheidungsfeldes "Beschaffungsmarktforschung" die relevanten Teilbereiche sowohl isoliert zu beschreiben als auch zueinander in Beziehung zu setzen. Dabei bietet es sich an, von bereits in der Literatur entwickelten Erkenntnissen zu Detailfragen der Beschaffungsmarktforschung sowie von der Absatzmarktforschung auszugehen und diese Ergebnisse zu einem Gesamtüberblick zusammenzustellen. Dabei ergeben sich als wesentliche Beschreibungsfelder die für die Beschaffungsmarktforschung in Frage kommenden Objekte, die möglichen Informationen, zur Verfügung stehende Methoden und Quellen sowie verschiedene Auswertungs- und Darstellungsverfahren.

Auf diesen Überlegungen zur Einordnung der Beschaffungsmarktforschung in das Gefüge beschaffungswirtschaftlicher Informations- und Planungstätigkeiten sowie zur Struktur des Entscheidungsfeldes 'Beschaffungsmarktforschung' aufbauend, ist es das dritte und letztendlich entscheidende Anliegen dieser Arbeit, über eine bloße Beschreibung hinauszugehen und für das Problemfeld Beschaffungsmarktforschung Handlungsempfehlungen zu entwickeln. Dazu werden für die einzelnen Teilbereiche Kriterien beschrieben, die der sinnvollen Reduktion der Alternativenzahl dienen können. Durch die Entwicklung von Handlungsprogrammen zur Kriterienverknüpfung werden die verschiedenen Entscheidungsfelder miteinander verbunden. Insgesamt soll so dem mit der Beschaffungsmarktforschung Betrauten ein Konzept an die

Hand gegeben werden, das ihm zum einen die grundsätzlichen Möglichkeiten aufzeigt, ihm zum anderen aber auch Entscheidungshilfen für den konkreten, situationsadäquaten Einsatz der Beschaffungsmarktforschung gibt.

Viele Aussagen zu Detailfragen, vor allem zu dem, was grundsätzlich in der Beschaffungsmarktforschung möglich ist, lassen sich der Beschaffungsliteratur entnehmen, so daß wesentliche Problemfelder durch eine Systematisierung dieser Erkenntnisse einer Lösung nähergebracht werden können. Über die Kriterien zur Alternativenreduktion und vor allem über den Zusammenhang zwischen den Alternativen und den Kriterien bzw. deren Ausprägungen läßt sich in der Literatur jedoch nur relativ wenig finden, so daß in diesen Fällen eine andere Vorgehensweise notwendig war. Es wurden daher dann Hypothesen auf Plausibilitätsbasis aufgestellt, die anschließend in Einzelgesprächen mit Beschaffungsfachleuten und in mehreren Expertenratings verworfen, ergänzt oder bestätigt wurden. Daraus entstand schließlich das in Kapitel 4 beschriebene Entscheidungsmodell der Beschaffungsmarktforschung, das allerdings später hinsichtlich seiner praktischen Relevanz einer empirischen Überprüfung bedarf. Eine detailliertere Fundierung des in dieser Arbeit verfolgten Ansatzes in wissenschaftstheoretischer Hinsicht erfolgt später bei der Begründung der Modellstruktur[1], da es zweckmäßig erscheint, an dieser Stelle zunächst nur die grundsätzlichen Überlegungen zum Aufbau der Arbeit zu erläutern, ohne hier bezüglich des Modells der Beschaffungsmarktforschung schon ins Detail zu gehen. Die folgenden Kapitel 2 und 3 basieren nämlich auf Literaturanalysen, so daß eine modelltheoretische Begründung im relevanten Kontext des Kapitels 4 sinnvoller sein dürfte als bereits an dieser Stelle.

---

1) Vgl. Abschnitt 4.1. dieser Arbeit

1.3. Terminologische Abgrenzungen

1.3.1. Zum Begriff der Beschaffung

Versucht man, den Beschaffungsbegriff zu konkretisieren und somit von benachbarten Termini wie Materialwirtschaft, Einkauf oder auch Anschaffung abzugrenzen, so ist es zweckmäßig, zunächst von einer möglichst umfassenden Bestimmung der Beschaffungsaufgabe als einer der Teilaufgaben der Unternehmung, abgeleitet aus deren Sachziel[1], auszugehen. Unter diesem Aspekt lassen sich dann unter Beschaffung "sämtliche Tätigkeiten (verstehen, d.Verf.), die darauf gerichtet sind, dem Betrieb die benötigten, aber nicht selbst erzeugten Güter zur Verfügung zu stellen. Diese Güter werden von den Beschaffungsmärkten bezogen."[2] Die in dieser Charakterisierung enthaltenen beiden Dimensionen der Beschaffungsaufgabe, nämlich die Tätigkeiten (Verrichtungen) und die Objekte, an denen diese Verrichtungen vorgenommen werden[3], können nun näher bestimmt werden, um eine begriffliche Abgrenzung zu erzielen.

Bezüglich der Verrichtungen existieren in der Literatur divergente Systematisierungen, die im folgenden kurz näher betrachtet werden sollen.
Einigkeit scheint allein darüber zu bestehen, daß im weitesten Sinn hier alle Tätigkeiten innerhalb von Input-, Trans-

---

[1] Vgl. Kosiol, E.: Einführung in die Betriebswirtschaftslehre, a.a.O., S. 80; Grochla, E.: Einführung in die Organisationstheorie, Stuttgart 1978, S. 17 f.; Grochla, E./Schönbohm, P.: Beschaffung in der Unternehmung, a.a.O., S. 8; vgl. zur Beschaffungsaufgabe ausführlich auch Abschnitt 3.1. dieser Arbeit

[2] Theisen, P.: Beschaffung und Beschaffungslehre, in: Handwörterbuch der Betriebswirtschaft, 4.Aufl., hrsg. v.E. Grochla u. W. Wittmann, Stuttgart 1974, Sp.494; vgl. dazu auch Sundhoff, E.: Grundlagen und Technik der Beschaffung von Roh-, Hilfs- und Betriebsstoffen, Essen 1958, S. 20.

[3] Vgl. zu den grundsätzlichen Dimensionen einer Aufgabe: Kosiol, E.: Einführung in die Betriebswirtschaftslehre, a.a.O., S. 81 ff., sowie zur Einschränkung auf die Dimensionen "Verrichtung" und "Objekt": Grochla, E./Schönbohm, P.: Beschaffung in der Unternehmung, a.a.O., S. 9; vgl. ausführlicher Abschnitt 3.1. dieser Arbeit.

formations- und Outputprozessen verstanden werden können,[1]
wenngleich selten explizit auf diese Grundüberlegung hingewiesen
wird. Bei der terminologischen Konkretisierung
und funktionalen Detaillierung dieses Prozesses zeigen sich
jedoch einige Unterschiede: Harlander/Koppelmann nennen als
Verrichtungen Disposition und Einkauf, Bereitstellung, Lagerung
sowie Wiederverwertung und Entsorgung.[2] Arnold
setzt Input mit Einkaufen, Transformation mit Bevorraten,
Output mit Entsorgen gleich.[3] Harlander/Platz nennen die
Verrichtungen Einkauf, Bereitstellung, Sicherung und Wiederverwertung.[4]

Ohne hier auf terminologische Unterschiede näher einzugehen,
ist insgesamt erkennbar, daß die Teilverrichtungen Lagerung,
Transport und Entsorgung deutlich unterschieden und vom Inputprozeß
als Beschaffungsverrichtung abgegrenzt werden[5],
wenngleich Arnold darauf hinweist, daß in letzter Zeit des
öfteren Lagerungs- und Transportverrichtungen zu 'Logistik'
zusammengefaßt werden.[6]

Auch der hier vorgenommenen Systematisierung der Beschaffungsverrichtungen
liegt obige Überlegung zugrunde, daß
sich die Tätigkeiten in Input-, Transformations- und Outputprozesse
gliedern lassen. Dabei wird hier der Inputprozeß
als Bereitstellung im Sinne von Bereitstellung der Beschaffungsobjekte
in die Verfügungsgewalt der beschaffenden

---

1) Vgl. Arnold, U.: Strategische Beschaffungspolitik, Frankfurt am Main 1982, S. 14; vgl. auch die Unterscheidung zwischen Materialbeschaffung, Materialverwaltung und Materialverteilung bei Oeldorf, G./Olfert, K.: Materialwirtschaft, 3. Aufl., Ludwigshafen/Rhein 1983, S. 20

2) Vgl. Harlander, N./Koppelmann, U.: Auf den Wein kommt's an...und weniger auf die Schläuche, in: Beschaffung aktuell, Heft 4, 1984, S. 23

3) Vgl. Arnold, U.: Strategische Beschaffungspolitik, a.a.O., S. 14

4) Vgl. Harlander, N./Platz, G.: Beschaffungsmarketing und Materialwirtschaft, a.a.O., S. 15

5) Vgl. neben den bereits angeführten Quellen bspw. auch Arnolds, H./Heege, F./Tussing, W.: Materialwirtschaft und Einkauf, a.a.O., S. 18; Grochla, E.: Grundlagen der Materialwirtschaft, 3. Aufl., Wiesbaden 1978, S. 172 ff.

6) Vgl. Arnold, U.: Strategische Beschaffungspolitik, a.a.O., S. 15

Unternehmung bezeichnet. Dieser Prozeß ist also auf den Übergang der Beschaffungsobjekte vom Beschaffungsmarkt auf die Unternehmung bezogen, während die Transformationsprozesse Lagerung und Verteilung (Transport) als unternehmensinterne Verrichtungen zur Versorgung der jeweiligen Bedarfsträger zu verstehen sind. Die Verrichtungen der Entsorgung gehen über diese internen Fragestellungen hinaus und betrachten als Outputprozeß, ebenso wie der Inputprozeß, Beziehungen zu anderen Wirtschaftseinheiten, in diesem Fall beispielsweise abfallverwertenden Institutionen.

Da die Verrichtungen der Transformations- und Outputprozesse fließend in produktions- bzw. absatzwirtschaftliche Problemstellungen übergehen, da der Erkenntnisgegenstand der vorliegenden Arbeit außerdem in der Relation zum Beschaffungsmarkt, also im Inputprozeß, liegt, sollen hier unter Beschaffung nur die Verrichtungen der Bereitstellung im oben dargestellten Sinn verstanden werden. Als Teilverrichtungen können dabei bezüglich der zeitlichen Abfolge des Transaktionsprozesses zwischen beschaffender Unternehmung und Lieferant die Disposition als Transaktionsvorbereitung, die Marktentnahme als Transaktionsdurchführung sowie Annahme und Leistungskontrolle als Transaktionsnachbereitung unterschieden werden.[1]

Auf einer übergeordneten Stufe können im Rahmen des Inputprozesses weiterhin die Tätigkeiten der Ziel- und Strategieplanung, der Beschaffungsmarktforschung, der Beschaffungsmärkte- und Lieferantenportfolioplanung sowie der strategischen Beschaffungskontrolle gesehen werden. Diese Verrichtungen sind von einzelnen Beschaffungsvorgängen losgelöst und stellen den Rahmen dar, innerhalb dessen in einem konkreten Fall ein spezielles Objekt beschafft wird. Zur Abgrenzung des Beschaffungsbegriffs sind diese übergeordneten

---

1) Vgl. zu einer solchen prozessualen Gliederung der Verrichtungen bspw. Sundhoff, E.: Grundlagen und Technik der Beschaffung von Roh-, Hilfs- und Betriebsstoffen, a.a.O.; Heyde, K.: Beschaffung als Kontrapunkt der Absatzwirtschaft in der Unternehmung, in: Die informierte Unternehmung, hrsg. v. H. Rühle v. Lilienstern, Berlin 1972, S. 167 ff.

Verrichtungen kaum hilfreich, daher werden sie an dieser Stelle zunächst vernachlässigt.[1]

Die zweite Dimension zur Charakterisierung der Beschaffungsaufgabe wird durch die betrachteten Beschaffungsobjekte gebildet. Legt man wieder obige sehr weite Definition der Beschaffung zugrunde, betrachtet man also alle benötigten, aber nicht selbst erstellten Inputfaktoren, so erhält man erste Anhaltspunkte für eine mögliche Systematisierung von Beschaffungsobjekten aus den volkswirtschaftlichen bzw. betriebswirtschaftlichen Systematisierungen der Produktionsfaktoren. Die Volkswirtschaftslehre unterscheidet die Produktionsfaktoren Arbeit, Boden und Kapital.[2] Im Hinblick auf die hier vorliegende betriebswirtschaftliche Fragestellung erscheint diese Gliederung wenig zweckmäßig; von größerer Relevanz dürften betriebswirtschaftliche Systematisierungen sein, von denen hier exemplarisch diejenige von Gutenberg angeführt sei, der die Produktionsfaktoren gliedert in die Elementarfaktoren Arbeitsleistungen, Betriebsmittel und Werkstoffe sowie den dispositiven Faktor Betriebsleitung mit den daraus abgeleiteten Faktoren Planung und Betriebsorganisation.[3] Aus diesen Gliederungen läßt sich durch eine an Zweckmäßigkeitsüberlegungen orientierte Umgewichtung, d.h. Zusammenfassung auf der einen, Detaillierung auf der anderen Seite, ein System möglicher Beschaffungsobjekte ableiten, das in seiner weitesten Auffassung die folgenden Objektkategorien enthält:

---

1) Vgl. dazu ausführlicher Abschnitt 3.3. dieser Arbeit
2) Vgl. bspw. Woll, A.: Allgemeine Volkswirtschaftslehre, 6. Aufl., München 1978, S.34 f.
3) Vgl. Gutenberg, E.: Grundlagen der Betriebswirtschaftslehre, Bd. 1, Die Produktion, a.a.O., S. 2 ff.

- Roh-, Hilfs- und Betriebsstoffe
- Anlagen, Maschinen, Werkzeuge
- in das Endprodukt eingehende Fertigteile
- Handelswaren
- Dienstleistungen
- Rechte
- Informationen
- Energie
- Kapital
- menschliche Arbeitskraft[1]

Einen Überblick über die davon in der Literatur behandelten Beschaffungsobjekte geben Grochla/Schönbohm.[2] Nach dem Umfang der betrachteten Objektkategorien lassen sich nun "weitere" und "engere" Beschaffungsbegriffe definieren.[3] Beschaffung im engsten Sinne betrifft bei Sundhoff nur "Roh-, Hilfs- und Betriebsstoffe, bezugsmäßig mit ihnen verwandte andere Sachgüter, sowie mit den Sachgütern gekoppelte Dienstleistungen".[4] Setzt man nun die Dimensionen "Verrichtung" und "Objekt" zueinander in Beziehung, so lassen sich dadurch die verschiedenen Begriffe definieren und voneinander abgrenzen (vgl. Abb. 1).

---

1) Vgl. bspw. Sandig, C.: Grundriß der Beschaffung, in: Die Betriebswirtschaft, Zeitschrift für Handelswissenschaft und Handelspraxis, 28.Jg. 1935, Heft 8, S.175 ff., Heft 9, S. 169 ff., Heft 10, S.228 ff.; Sundhoff, E.: Grundlagen und Technik der Beschaffung von Roh-, Hilfs- und Betriebsstoffen, a.a.O., S. 20 ff.; Theisen, P.: Grundzüge einer Theorie der Beschaffungspolitik, Berlin 1970,S.2 ff.
2) Vgl. Grochla, E./Schönbohm, P.: Beschaffung in der Unternehmung, a.a.O., S. 18.
3) Vgl. Sundhoff, E.: Grundlagen und Technik der Beschaffung von Roh-, Hilfs- und Betriebsstoffen, a.a.O., S. 20 ff.
4) Ebenda, S. 25.

Verrichtung Objekte	Bereitstellung			Lager- haltung	Vertei- lung	Entsor- gung
	Dispo- sition	Markt- entnahme	Annahme + Kontrolle			
Roh-, Hilfs- u. Betriebs- stoffe						
Fertigteile						
Handelswaren						
Anlagen						
Dienst- leistungen						
Rechte						
Informationen						
Energie						
Kapital						
Personal						

Materialwirtschaft

Beschaffung im weiten Sinn

Anschaffung

Einkauf

hier zugrundegelegter Beschaffungsbegriff

Abb. 1: Zur terminologischen Abgrenzung der Beschaffung[1]

---

1) Vgl. zu dieser Form der Darstellung auch ähnlich
Arnold, U.: Strategische Beschaffungspolitik, a.a.O.,
S. 15; vgl. ebenso die formal gleiche, inhaltlich jedoch
konträre Darstellung bei Harlander, N./Platz, G.: Beschaffungsmarketing und Materialwirtschaft, a.a.O., S. 14

Trotz der sicherlich berechtigten Kritik an einer zu starken Beschränkung des Objektumfangs der Beschaffung[1] soll sich auch hier die weitere Darstellung explizit nur auf Waren (Produkte) im engeren Sinne sowie Dienstleistungen beziehen, wobei aufgrund der später noch darzustellenden Vorgehensweise eine Übertragung sowohl der Struktur als auch der Inhalte auf Rechte, Informationen und Energie möglich erscheint, was durch die gestrichelte Einfassung in Abbildung 1 angedeutet werden soll. Die Objektkategorien 'Personal' und 'Kapital', die Erkenntnisobjekte der speziellen Betriebswirtschaftslehren 'Personalwirtschaft' bzw. 'Finanzwirtschaft' sind, werfen zwar hinsichtlich der Beschaffungsmarktforschung ähnliche Problemstellungen auf wie die anderen Beschaffungsobjekte auch, jedoch dürfte der Rahmen der vorliegenden Arbeit aufgrund der doch stark divergierenden inhaltlichen Aspekte überdehnt sein, wollte man diese Objektkategorien hier miteinbeziehen. Daher bleiben Fragen der Personal- und Finanzmarktforschung im weiteren unberücksichtigt.

1.32 Zum Begriff der Beschaffungsmarktforschung

"Bei der Beschaffungsmarktforschung handelt es sich um Marktforschung in speziellen Märkten, nämlich solchen, in denen das Unternehmen als Nachfrager auftritt."[2] Zur Abgrenzung dieses Begriffs erscheint es daher zweckmäßig, zunächst auf Marktforschung allgemein einzugehen, um dann diese Tätigkeiten auf Beschaffungsmärkte zu beziehen.

---

1) Vgl. Grochla, E./Kubicek, H.: Zur Zweckmäßigkeit und Möglichkeit einer umfassenden betriebswirtschaftlichen Beschaffungslehre, a.a.O., S. 260 ff.; Grochla, E./ Schönbohm, P.: Beschaffung in der Unternehmung, a.a.O., S. 19 ff.
2) Meyer, C.W.: Marktforschung und Absatzplanung, 3. Aufl., Herne/Berlin 1974, S. 28

In der Regel wird unter Marktforschung mehr oder weniger konkret "das systematische Untersuchen eines begrenzten Bereichs von Angebot und (oder) Nachfrage mit dem Ziel, Erscheinungen auf diesem Bereich zu erklären"[1], verstanden. Andere Autoren sprechen abstrakter von der Erforschung "eines konkreten Teilmarktes."[2]

Um den Begriff 'Marktforschung' gegenüber der Vielzahl ähnlicher Termini[3] abgrenzen zu können, erscheint es jedoch notwendig, diesen Begriff in seine beiden Dimensionen zu zerlegen und diese genauer zu analysieren. Damit bedarf dann zum einen die Tätigkeit (Forschen), zum anderen das Erkenntnisobjekt (Markt) einer näheren Betrachtung.[4]

Unter Forschung soll hier die Planung und Durchführung einer systematischen Suchtätigkeit verstanden werden, die mit Hilfe bestimmter Methoden ein festgelegtes Ziel bezüglich eines Objektes zu erreichen sucht.[5] Bei der vorliegenden

---

1) Merk, G.: Wissenschaftliche Marktforschung, Berlin 1962, S. 15; vgl. auch Hammann, P./Erichson, B.: Marktforschung, Stuttgart/New York 1978, S. 1 f.

2) Hüttner, M.: Grundzüge der Marktforschung, 3. Aufl., Wiesbaden 1977, S. 21; vgl. auch Lehmeier, H.: Grundzüge der Marktforschung, Stuttgart/Berlin/Köln/Mainz 1979, S.28.

3) Anm.d.Verf.: Zu nennen wären hier beispielsweise Marketingforschung, Absatzforschung, Beschaffungsforschung, Bedarfsforschung, Markterkundung, Marktuntersuchung, Marktanalyse u.a.

4) Vgl. dazu ähnlich: Merk, G., a.a.O.,S. 14; vgl. dazu auch die Auseinandersetzung um eine sinnvolle Terminologie, in: Disch, W.K.A.: Markt- und Beschaffungsforschung, in: Aktuelle Absatzwirtschaft, Beilage zum Wirtschaftsdienst, hrsg. v. HWWA, 42.Jg.(1962), Heft 9, S.5; Elsing, P.: Markt- und Beschaffungsforschung?,in: Wirtschaftsdienst, 43.Jg. (1963), Heft I, S. IX.

5) Vgl. bspw. Merk, G.: Wissenschaftliche Marktforschung, a.a.O., S. 14; Behrens, K. Chr.: Demoskopische Marktforschung, Wiesbaden 1961, S. 24 ff.; vgl. anders Hellmig, G.: Ein suchtheoretisches Modell zur Optimierung des Forschungsprozesses, Meisenheim am Glan 1974, S. 10 ff. S. 10 ff.

Problemstellung liegt das Ziel der Forschung in der Bereitstellung von Informationen; das Forschungsobjekt ist ein bestimmter Teilmarkt.

Ebenso wie der Forschungsbegriff kann auch der Begriff 'Markt' vielfältige Bedeutungsinhalte annehmen.[1] Ohne auf die Vielzahl der Auffassungen näher einzugehen[2], soll hier 'Markt' grundsätzlich verstanden werden als "die Gesamtheit der tatsächlichen und der möglichen Beziehungen einer Unternehmung zu anderen Wirtschaftseinheiten."[3] Diese weite Definition muß allerdings für die vorliegende Arbeit weiter eingegrenzt werden. Zum einen muß unterschieden werden nach der Position, die die betrachtete Unternehmung in den Beziehungen zu anderen Wirtschaftseinheiten einnimmt: Einerseits kann die Unternehmung als Anbieter von Austauschobjekten Beziehungen zu anderen Wirtschaftseinheiten betrachten (Absatzmärkte), andererseits können die Beziehungen der Befriedigung von Nachfrage des Unternehmens nach Objekten dienen (Beschaffungsmärkte).[4] Somit läßt sich der Beschaffungsmarkt beschreiben als die Gesamtheit der tatsächlichen und möglichen Beziehungen einer Unternehmung zu Anbietern von Austauschobjekten, die die Unternehmung benötigt, aber nicht selbst erstellt.[5]

---

1) Vgl. zum Überblick bspw. Meffert, H.: Marketing, Einführung in die Absatzpolitik, 6. Aufl., Wiesbaden 1982, S. 54 ff.
2) Vgl. dazu bspw. Kirsch, W./Bamberger, I./Gabele, E./Klein, K.: Betriebswirtschaftliche Logistik, Wiesbaden 1973, S. 199 ff.; Theisen, P.: Grundzüge einer Theorie der Beschaffungspolitik, a.a.O., S. 30 ff.; Kotler, Ph.: Marketing-Management, 4. Aufl., Stuttgart 1982, S. 22; Hüttner,M.: Grundzüge der Marktforschung, a.a.O., S. 21
3) Sandig, C.: Die Analyse des Beschaffungsmarktes (Grundriß der Beschaffung II), in: Die Betriebswirtschaft, Heft 9, 1935, S. 197.
4) Vgl. Meyer, C.W.: Marktforschung und Absatzplanung, a.a.O., S. 28 ff.
5) Vgl. zum Beschaffungsbegriff und zur Eingrenzung der Beschaffungsobjekte Abschnitt 1.31 dieser Arbeit.

Beschaffungsmarktforschung ist in diesem Sinne also eine systematische Suchtätigkeit, die mit Hilfe bestimmter Techniken Informationen bereitzustellen versucht. Diese Informationen beziehen sich dabei auf einen ausgewählten Teilbereich der Gesamtheit tatsächlicher und möglicher Beziehungen der Unternehmung zu Anbietern von Austauschobjekten, die die Unternehmung benötigt, aber nicht selbst erstellt.

2. Literaturanalyse

Eine Literaturanalyse zum Problem Beschaffungsmarktforschung soll sich hier nicht darauf beschränken, unmittelbar diesen Komplex behandelnde Arbeiten zu betrachten, sondern es wird versucht, auf Übertragungsmöglichkeiten aus anderen Bereichen einzugehen. Das der Beschaffungsmarktforschung wohl am nächsten liegende Problemfeld ist das der Absatzmarktforschung, weshalb nach der überblickartigen Darstellung betriebswirtschaftlicher Aussagen über die Beschaffungsmarktforschung auch kurz auf die Übertragbarkeit absatzmarktforschungsbezogener Erkenntnisse auf die Beschaffung eingegangen wird.

2.1 Zur Behandlung der Beschaffungsmarktforschung in der betriebswirtschaftlichen Literatur[1]

Bei dem Versuch, einen kurz gerafften Überblick über die literarische Behandlung der Beschaffungsmarktforschung zu geben, erscheint es sinnvoll, die deutschsprachige und die englischsprachige Literatur in einem jeweils eigenen Abschnitt zu behandeln. Letztere nämlich weist im Vergleich zur deutschen Literatur sowohl inhaltlich als auch formal wesentliche Unterschiede auf, denen bei einer gemeinsamen Behandlung beider Ansatzpunkte kaum Rechnung getragen werden könnte.

2.11 Analyse der deutschsprachigen Literatur

Bei der Analyse der deutschsprachigen Literatur über die Beschaffungsmarktforschung sind neben den seltenen Monographien zu diesem Thema zwei unterschiedliche Forschungsgebiete zu betrachten: Zum einen ist es das der Beschaf-

---

1) Vgl. dazu auch Stangl, U./Koppelmann, U.: Beschaffungsmarktforschung - ein prozessuales Konzept, in: Zeitschrift für betriebswirtschaftliche Forschung, Heft 5, 1984, S. 347 ff.

fung generell, zum anderen das Gebiet der allgemeinen
Marktforschung.

Betrachtet man nun zunächst die Literatur zu Beschaffungsfragen, so stellt man fest, daß schon früh die Notwendigkeit der Informationsgewinnung auch für diesen Funktionsbereich erkannt wird. So fordert Schär: "Der Kaufmann muß die Gütermenge des Produzenten und die Bedürfnisse des Konsumenten kennen lernen. Denn tatsächlich ist ein richtiger Einkauf ohne genaue Kenntnis des gesamten Produktionsgebietes, der sämtlichen Bezugsquellen, und die Möglichkeit, jede derselben nach Bedarf und Gutfinden zu benützen, ebenso undenkbar als ohne eine genaue Kenntnis der Bedürfnisse aller derjenigen Konsumenten, denen man die Ware zuführen will."[1] In diesem Zusammenhang spricht er auch von der Kunst des Einkaufs, die eine größere sei als die des Verkaufs.[2] Wenngleich Schär seine Aussagen allein auf Handelsbetriebe bezieht, so zeigen sie doch, daß im Rahmen der Beschaffung schon früh die Informationsgewinnung eine wichtige Rolle spielt.

Über die bloße Forderung Schärs hinausgehend, versuchen wenige Jahre später einige Autoren, Handlungsanweisungen zu geben, was im Rahmen einer systematischen Beschaffungsmarktforschung zu tun sei.[3] Die Ansätze und Empfehlungen sind dabei in ihren Konsequenzen nahezu völlig identisch: "Vorhandene Lieferrechnungen, schriftliche Angebote, Kataloge, Inserate in Fach- und Tageszeitungen"[4] sollen aus-

---

1) Schär, J.F.: Allgemeine Handelsbetriebslehre, 4. Aufl., Leipzig 1921, S. 151; in der 1. Aufl. erschienen 1911.
2) Vgl. ebenda.
3) Vgl. hierzu bspw. Czekalla, H.: Die Einkaufsabteilung, Berlin/Wien 1925, S. 26 ff.; Wittekopf, F.: Systematischer Einkauf in Handel und Industrie, 2. Aufl., Leipzig 1926, S. 27 ff.; Brauns, R.: Die Einkaufspraxis, Halberstadt 1927, S. 70 ff.; Klinger, K.: Die Einkaufstechnik der Industrieunternehmungen, in: Zeitschrift für Betriebswirtschaft, 7.Jg. 1930, S.117 ff.
4) Wittekopf, F.: Systematischer Einkauf in Handel und Industrie, a.a.O., S. 27 f.

gewertet und zu einem Bezugsquellennachweis zusammengestellt werden. Der äußeren Form einer solchen Lieferantenkartei wird dabei großes Interesse geschenkt. Neben dem Bezugsquellenverzeichnis werden auch andere Karteien wie Preiskartei und Katalog- bzw. Preislistensammlungen empfohlen.[1)]

Ausgehend von einem solchen Lieferantennachweis sollen nun im aktuellen Bedarfsfall Angebote eingeholt werden, wobei bei der Lieferantenwahl nicht nur der Preis, sondern auch Lieferzeit, Qualität sowie Lieferungs- und Zahlungsbedingungen zu berücksichtigen seien.[2)] Diese frühen Versuche, Handlungsanweisungen für die Sammlung, Speicherung und Auswertung von Beschaffungsinformationen zu geben, lassen allerdings wesentliche Problemfelder unberücksichtigt. So wird beispielsweise nicht geklärt, über welche Beschaffungsobjekte Daten zu erheben sind, implizit werden nur Verbrauchsgüter einbezogen. Auch der Umfang der möglichen Informationsinhalte - nur unmittelbare Lieferantenleistungen - sowie die Anzahl der zur Erhebung zur Verfügung stehenden Quellen bleiben sehr beschränkt.

Eine systematischere Auseinandersetzung sowohl mit den möglichen Beschaffungsobjekten als auch mit den grundsätzlich möglichen Daten findet sich bei Sandig[3)], der den Beschaffungsmarkt untergliedert in "A. den Beschaffungsmarkt für die Kräfte, B. den Beschaffungsmarkt für das Vermögen, z.B. für die Waren, Rohstoffe, Hilfsstoffe, Dienstleistungen, Patente, Einrichtungsgegenstände und Maschinen, C. den Beschaffungsmarkt für das Kapital".[4)]

---

1) Vgl. Czekalla, H.: Die Einkaufsabteilung, a.a.O., S.40 ff.
2) Vgl. Brauns, R.: Die Einkaufspraxis, a.a.O., S. 74.
3) Vgl. Sandig, C.: Die Analyse des Beschaffungsmarktes (Grundriß der Beschaffung II), a.a.O., Heft 9, S. 196 ff.
4) Ebenda, S. 197.

Außerdem stellt er folgende Datenkategorien auf: "1. Die Feststellung des Bedarfs an Kräften und Stoffen, 2. Der Gegenstand der Beschaffung, 3. Die Quellen der Beschaffung, 4. Die Wettbewerbslage im Markt, 5. Das Entgelt bzw. der Preis als Beschaffungsbedingung, 6. Die räumlichen Bedingungen der Beschaffung, 7. Die zeitlichen Bedingungen der Beschaffung, 8. Die Kosten als Beschaffungsbedingung, 9. Die sonstigen Beschaffungsbedingungen, 10. Der Beschaffungsvorgang (die technische Durchführung)."[1]
Diese Datenkategorien werden durch matrixförmige Zuordnung der oben erwähnten drei Beschaffungsmärkte weiter konkretisiert, wobei neben die Daten über unmittelbare Lieferantenleistungen auch solche über mittelbare, auf diese Leistungen einwirkende Sachverhalte hinzutreten, wie z.B. "die Einstellungen der Lieferanten zur Unternehmung"[2] oder "Der Wettbewerb der Unternehmungen um ein und dieselbe Ware usw. Der Wettbewerb der Lieferanten um Absatz an die Unternehmung."[3]

Wenngleich Sandig damit schon früh ein System der Beschaffungsobjekte und auch eines der grundsätzlich möglichen Beschaffungsmarktdaten entwickelt hat, so sind doch einige für die Beschaffungsmarktforschung wichtige Teile wie z.B. Methoden und Quellen noch nicht berücksichtigt. Weiterhin erscheint die Zurechnung der Bedarfsanalyse zum Bereich der Beschaffungsmarktanalyse problematisch, worauf später noch zurückzukommen sein wird. Außerdem geht Sandig über eine Beschreibung des grundsätzlich Möglichen nicht hinaus, so daß Handlungsempfehlungen für einen konkreten Fall kaum zu finden sind. Auf weitere frühe Beiträge zu Beschaffungsfragen, für die im wesentlichen das oben Ausgeführte ebenso

---

1) Sandig, C.: Die Analyse des Beschaffungsmarktes (Grundriß der Beschaffung II), a.a.O., Heft 9, S. 199.
2) Ebenda.
3) Ebenda.

gilt, soll an dieser Stelle nicht näher eingegangen werden.[1)]

Nur zögernd setzte nach dem 2. Weltkrieg die Auseinandersetzung mit der Beschaffung wieder ein.[2)] Erst in den letzten Jahren erschienen vermehrt Beiträge zu diesem Komplex.[3)] Bei der Analyse dieser neueren Literatur zu Beschaffungsfragen - speziell zur Beschaffungsmarktforschung - läßt sich feststellen, daß dieses Thema häufig sehr ähnlich behandelt wird, zumindest was die grundsätzliche Vorgehensweise betrifft. Aus diesem Grunde ist hier eine kollektive Betrachtung möglich, wobei wesentliche Abweichungen von der üblichen Behandlung der Beschaffungsmarktforschung durch einzelne Autoren später gesondert herausgestellt werden.

Mit der Definition, was unter Beschaffungsmarktforschung zu verstehen sei, beginnt üblicherweise jede Auseinandersetzung mit diesem Thema. Dabei lassen sich nur geringfügige Unterschiede feststellen.[4)] Beispielhaft soll hier die

---

1) Vgl. dazu bspw. Rogowsky, B.: Beschaffungstechnik, in: Handwörterbuch der Betriebswirtschaft, hrsg. v. H. Nicklisch, 1.Aufl., Stuttgart 1926, Sp.1026 ff.; Findeisen, F.: Beschaffung, in: Handwörterbuch der Betriebswirtschaft, 1. Aufl., a.a.O., Sp.1020 ff.; ders.: Organik, Leipzig 1931, S. 121 ff.; Banse, K.: Beschaffung, in: Handwörterbuch der Betriebswirtschaft, hrsg. v. H. Nicklisch, 2. Aufl., Stuttgart 1938, Sp.730 ff.
2) Vgl. dazu bspw. Klinger, K.: Der Einkauf im Industriebetrieb, Essen 1950; Raasch, K./Weber, F.W. Einkauf in Handel und Industrie, Wiesbaden 1951.
3) Vgl. auch Abschnitt 1.1 dieser Arbeit.
4) Vgl.bspw.Strache, H.(Hrsg.): Beschaffungsmarktforschung, a.a.O., S. 13; Lohrberg, W.: Grundprobleme der Beschaffungsmarktforschung, a.a.O., S. 37; Grochla, E./Schönbohm, P., a.a.O., S. 59; Harlander, N./Platz, G.: Beschaffungsmarketing und Materialwirtschaft, a.a.O., S. 33 ff.; Arnolds, H./Heege, F./Tussing, W., a.a.O., S. 101; Stark, H.: Beschaffungsmarktforschung und Beschaffungsmarketing, in: Der Beschaffungsmarkt 1982, Sonderheft Beschaffung aktuell, Heft 10,1982, S. 7.

Definition von Lohrberg angeführt werden, der Beschaffungsmarktforschung charakterisiert als "eine systematische und methodische Tätigkeit der Informationssuche, -gewinnung und -aufbereitung, die das Unternehmen mit bedarfsbezogenen Informationen über den Beschaffungsmarkt versorgt"[1], wobei sich die Bedarfsbezogenheit auf den Informationsbedarf, nicht auf den Bedarf an Beschaffungsobjekten bezieht.[2] Ziel der Beschaffungsmarktforschung ist dabei die Verbesserung der Markttransparenz für die Entscheidungsträger, um so die Grundlagen für möglichst gute Beschaffungsentscheidungen zu schaffen.[3]

Nach Klärung der Grundlagen der Beschaffungsmarktforschung sind als typische Beschreibungsfelder zu nennen:
a) das Informationsspektrum der Beschaffungsmarktforschung,
b) die zur Verfügung stehenden Methoden und Quellen,
c) die Möglichkeiten der Auswertung, Darstellung und Speicherung des Datenmaterials.

Häufig wird auch kurz auf die organisatorische Eingliederung der Beschaffungsmarktforschung in die Unternehmensstruktur eingegangen, was hier allerdings nicht weiter betrachtet werden soll.

Auch auf die teilweise sehr unterschiedliche Behandlung dieser Beschreibungsfelder kann hier nicht näher eingegangen werden. Grundsätzlich läßt sich jedoch feststellen, daß die Systematisierungsversuche häufig nicht vollständig

---

1) Lohrberg, W.: Grundprobleme der Beschaffungsmarktforschung, a.a.O., S. 37.
2) Vgl. ebenda, S. 41 und 44.
3) Vgl. ebenda, S. 45 ff.; Strache, H. (Hrsg.): Beschaffungsmarktforschung, a.a.O., S. 23; Arnolds, H./Heege, F./Tussing, W.: Materialwirtschaft und Einkauf, a.a.O., S. 101; Arnold, P.: Marktforschung in den Beschaffungsmärkten, in: Handbuch der praktischen Marktforschung, hrsg. v. W. Ott, München 1972, S. 458 f.

und zum Teil auch gliederungslogisch verbesserungsfähig erscheinen.

Abweichungen von dieser üblichen Betrachtung der Beschaffungsmarktforschung liegen im wesentlichen in drei Bereichen. Der erste betrifft die Abgrenzung des Forschungsobjekts der Beschaffungsmarktforschung d.h. also die Marktabgrenzung. Lippmann, der letztendlich jedoch aus sprachlogischen Gründen nicht mehr von Beschaffungsmarktforschung, sondern von Beschaffungsforschung spricht, führt dazu aus: "Marktforschung, interpretiert als Forschung im Markt, dient der Analyse des Marktgeschehens, welches geprägt wird durch das Verhalten der Anbieter und Nachfrager. Markttransparenz kann nur durch die Erforschung beider Gruppen erreicht werden. Ausgangspunkt auf der Absatzseite ist der Kunde oder Nachfrager in seiner Funktion als Verwender. Informationen über ihn liefert die Verwenderforschung. Entsprechendes auf die Beschaffung übertragen bedeutet, daß der Ausgangspunkt der Marketingbemühungen der Verwender, hier also die beschaffende Einzelwirtschaft selbst sein muß."[1] Dieser Auffassung, daß die interne Bedarfsforschung Bestandteil der "Marktforschung" sein muß, kann hier aus mehreren Gründen nicht gefolgt werden.

Der erste Kritikpunkt betrifft die Auffassung von Marketing. Marketing bedeutet eben nicht nur, den Verwender zum Ausgangspunkt der Überlegungen zu machen, sondern den jeweils anderen Marktpartner, um durch die Befriedigung von dessen Ansprüchen die eigenen Ziele zu erreichen. Im Absatzmarketing bilden die Verwender (neben dem Bereich

---

1) Lippmann, H.: Beschaffungsmarketing, Bielefeld/Köln 1980, S. 53; vgl. auch Wendler, E.: Die Beschaffungsmarktforschung als betriebswirtschaftliche Aufgabe, in: Der Marktforscher, 12. Jg. 1968, S. 58; Sandig, C.: Die Analyse des Beschaffungsmarktes (Grundriß der Beschaffung II), a.a.O., S. 199; Kutek, W.: Beschaffungsmarktforschung aus der Praxis, in: Der Beschaffungsmarkt 1982, Sonderheft Beschaffung aktuell, Heft 10, 1982, S. 14 f.; Meyer, P.W./Hermanns, A. (Hrsg.): Integrierte Marketingfunktionen, Stuttgart/Berlin/Köln/Mainz 1978, S. 128.

der Transposition) die Marktpartner.[1] Die konsequente Übertragung der meist auf Absatzmärkte bezogenen Marketingidee auf die Beschaffung würde also bedeuten, daß man auch hier vom Markt ausgeht und somit den Lieferanten zum Ansatzpunkt der Überlegungen macht.[2]

Auch der Zusammenhang zwischen Bedarf und Informationsgewinnung erscheint diskussionswürdig. Grundsätzlich ist die Beschaffung eine derivative Unternehmensfunktion, d.h. der Bedarf wird abgeleitet aus anderen Funktionsbereichen. Das bedeutet aber, daß der Beschaffung der Bedarf als Datum vorgegeben wird - eine explizite und initiative "Bedarfsforschung" ist gar nicht notwendig. Selbst in dem Fall, daß der Beschaffung nicht ein konkreter Bedarf im Sinne einer Handlungsanweisung genannt wird (dispositive Funktion), sondern daß die Beschaffung initiativ und strategisch aktiv wird, ist eine Erforschung interner Gegebenheiten nicht nötig, da mögliche Zielvorgaben, ohne die sich auch initiativ-strategische Beschaffung im luftleeren Raum bewegen würde, wiederum Daten darstellen, die nicht explizit "erforscht" werden müssen.[3] Insgesamt läßt sich also festhalten, daß die Einbeziehung der Bedarfsforschung hier wenig sinnvoll ist.

Gelegentlich wird das Problem der Lieferantenwahl mit im Rahmen der Beschaffungsmarktforschung behandelt.[4] Ohne hier der noch folgenden Erörterung des Zusammenhangs und der Abgrenzung von Information und Entscheidung vorzugreifen[5],

---

1) Vgl. zu den Anspruchskreisen im Absatzmarketing Koppelmann, U.: Grundlagen des Produktmarketing, Stuttgart/Berlin/Köln/Mainz 1978, S. 24
2) Vgl. Biergans, B.: Zur Entwicklung eines marketingadäquaten Ansatzes und Instrumentariums für die Beschaffung, Beiträge zum Beschaffungsmarketing, Bd. 1, hrsg. v. U. Koppelmann, Köln 1984, S. 161 ff.; vgl. ausführlicher Abschnitt 3.4. dieser Arbeit
3) Vgl. ebenda, S. 55; vgl. auch dazu ausführlicher Kapitel 3 dieser Arbeit
4) Vgl. Wendler, E.: Die Beschaffungsmarktforschung als betriebswirtschaftliche Aufgabe, a.a.O., S. 54 ff.
5) Vgl. dazu Abschnitt 3.5. dieser Arbeit

erscheint es nicht gerechtfertigt, die Verfahren der Lieferantenbewertung und -beurteilung[1] als Teil der Marktforschungsaktivitäten aufzufassen, da sie, wenn auch auf Marktforschungsergebnissen basierend, doch im wesentlichen Verfahren der Entscheidungsfindung darstellen und somit nicht mehr der Informationsphase zuzurechnen sind.

Ein dritter, im folgenden besonders wichtiger Punkt betrifft die Darstellung von Kriterien, die zur Verkleinerung der einzelnen Entscheidungsfelder in der Beschaffungsmarktforschung beitragen können. Diese entscheidungsorientierte Sichtweise wurde lange zugunsten reiner Deskription vernachlässigt und setzt sich erst in jüngster Zeit ansatzweise durch. Die in der Literatur sporadisch erwähnten Auswahlkriterien sollen hier noch nicht näher betrachtet werden, sie gehen später ein in das in Kapitel 4 dargestellte Prozeßmodell der Beschaffungsmarktforschung.

Die Analyse der deutschsprachigen Literatur zu Fragen der Beschaffungsmarktforschung wäre unvollständig ohne Betrachtung der allgemeinen Marktforschungsliteratur. Dabei fällt allerdings auf, daß die Beschaffungsmarktforschung gegenüber der Absatzmarktforschung in der Regel deutlich unterrepräsentiert ist. Teilweise wird sogar der Begriff "Marktforschung" verwendet, wenn "nur" Absatzmarktforschung gemeint ist.[2] In der Regel jedoch wird durchaus die Notwendigkeit einer gesonderten Behandlung der Beschaffungs-

---

1) Vgl. dazu bspw. Mai, A.: Lieferantenwahl, Frankfurt/Main 1982; Tanew, G.: Lieferantenbewertung, Diss. Wien 1979; dieselbe: Lieferantenbewertungssystem, Entscheidungshilfe für die 'günstigste' Beschaffungsquelle, in: Beschaffung aktuell, Heft 12, 1981, S. 10 ff.; Stark, H.: Scoring-Modelle für Einkaufsentscheidungen, in: Beschaffung aktuell, Heft 2, 1979, S. 58 ff.; Gahse, S.: Lieferantenbewertung mit Hilfe der Datenverarbeitung, in: Computer-Praxis, Heft 2, 1970, S. 26 ff.

2) Vgl. bspw. Fischer, H.: Die Marktforschung im Wandel, in: Jahrbuch der Absatz- und Verbrauchsforschung, Heft 1, 1983, S. 1 ff.; o.V.: Marktforschung: Strategisch einschalten - nicht abschalten; in: absatzwirtschaft Heft 7, 1983, S. 24 ff.; o.V.: Marktforschung - Aschenputtels Abschied, in: Wirtschaftswoche Nr. 21, 20.5.1983, S. 44 ff.

marktforschung erkannt, wobei man es dabei aber meist
schon bewenden läßt oder auf sehr wenig Raum einige Teilaspekte der Beschaffungsmarktforschung, im wesentlichen
mögliche Informationsinhalte, kurz anreißt.[1]

Eine Ausnahme in der allgemeinen Marktforschungsliteratur
stellen Schäfers "Betriebswirtschaftliche Marktforschung"[2]
und das daran angelehnte Werk "Der Kupfer-Weltmarkt" von
Knoblich[3] dar. Wenngleich beide Arbeiten nur einen kleinen
Ausschnitt aus der Beschaffungsmarktforschung behandeln,
da sie beide Beschaffungsmarktforschung für einen konkreten Rohstoff beschreiben (Kautschuk bzw. Kupfer), so ist
doch vor allem Schäfers Arbeit besonders hervorzuheben, da
hier zum ersten Mal der Versuch unternommen wurde, die Besonderheiten der Beschaffungsmarktforschung im Vergleich
zur Absatzmarktforschung explizit und detailliert herauszuarbeiten. Insgesamt gesehen ändert jedoch auch Schäfers
Werk nichts an der Aussage, daß die Marktforschungsliteratur Fragen der Beschaffungsmarktforschung bislang wenig
berücksichtigt.

Einen letzten Bereich, aus dem Aussagen über die Beschaffungsmarktforschung gewonnen werden könnten, bilden empirische Arbeiten zum organisationalen Beschaffungsinforma-

---

1) Vgl. bspw. Lehmeier, H.: Grundzüge der Marktforschung,
   a.a.O., S. 31; Schäfer, E./Knoblich, H.: Grundlagen
   der Marktforschung, 5. Aufl., Stuttgart 1978, S. 34 ff.;
   Hüttner, M.: Grundzüge der Marktforschung, a.a.O.,
   S. 282 ff.; Berekoven, L./Eckert, W./Ellenrieder, P.:
   Marktforschung, Wiesbaden 1977, S. 21; Hammann, P./
   Erichson, B.: Marktforschung, a.a.O. 1978, S. 7 ff.
2) Schäfer, E.: Betriebswirtschaftliche Marktforschung,
   Essen 1955.
3) Knoblich, H.: Der Kupfer-Weltmarkt, Nürnberger Abhandlungen zu den Wirtschafts- und Sozialwissenschaften,
   Heft 18, Berlin 1962

tions- und-entscheidungsverhalten.[1] Analog zur Auseinandersetzung mit dem Konsumentenverhalten im Konsumgütermarketing versuchen diese Untersuchungen, Entscheidungsgrundlagen für das Investitionsgütermarketing zu erarbeiten. Aufgrund dieser im Vergleich zur vorliegenden Arbeit anders gelagerten Zielsetzung lassen sich die empirischen Ergebnisse hier jedoch kaum verwenden, da sie 'lediglich' die heute anzutreffenden Informationsaktivitäten im Rahmen des Beschaffungsverhaltens beschreiben, aber keinen Aufschluß darüber geben, ob diese Verhaltensweisen als zweckmäßig anzusehen sind.

Zur besseren Übersicht sind in Abbildung 2 die in der deutschsprachigen Literatur[2] enthaltenen Aussagen zu den einzelnen Sachgebieten der Beschaffungsmarktforschung noch einmal zusammengestellt. Es wird dabei deutlich, daß der Schwerpunkt der Aussagen in der neueren Beschaffungsliteratur liegt, wobei üblicherweise die Beschreibungen von Informationsinhalten, Methoden und Quellen sowie - mit Abstrichen - Darstellungs- und Speicherungsmöglichkeiten im Vordergrund stehen. Sofern Entscheidungshilfen zur Reduktion der Alternativenzahl gegeben werden, beziehen sich diese hauptsächlich auf die Wahl marktforschungsrelevanter Beschaffungsobjekte.

---

1) Vgl. bspw. Spiegel-Verlag (Hrsg.): Die industrielle Einkaufsentscheidung, Hamburg 1967; Strothmann, K.-H.: Das Informations- und Entscheidungsverhalten einkaufsentscheidender Fachleute der Industrie als Erkenntnisobjekt der industriellen Werbeforschung, in: Rembeck,M./Eichholz, G.P.: Der Markt als Erkenntnisobjekt der empirischen Wirtschafts- und Sozialforschung, Bern/Stuttgart 1968, S. 174 ff.; Spiegel-Verlag (Hrsg.): Entscheidungsprozesse und Informationsverhalten der Industrie, Hamburg 1972; Kutschker, M./Roth, K.: Das Informationsverhalten vor industriellen Beschaffungsentscheidungen, Mannheim 1975; Kutschker, M./Kirsch, W.: Industriegütermarketing und Einkauf in Europa - Deutschlandstudie, München 1979; Spiegel-Verlag (Hrsg.): Imagewirkung im Entscheidungsprozeß, Eine Fallstudie zum Beschaffungsprozeß der Mittleren Datentechnik, Hamburg 1980; ders.: Der Entscheidungsprozeß bei Investitionsgütern, Hamburg 1982.

2) Anm. d. Verf.: Um hier nicht alle Quellen noch einmal aufführen zu müssen, sei diesbezüglich auf das Literaturverzeichnis verwiesen.

- 37 -

	Problemfelder Autoren	Beschreibung						Entscheidungshilfen						Bemerkungen	
		Objekte	Informationen	Methoden	Quellen	Auswertung	Speicherung	Objekte	Informationen	Methoden	Quellen	Auswertung	Speicherung		
ältere	Czekalla '25	(o)	o		o		●								
	Wittekopf '26	(o)			o		●								
	Brauns '27	(o)	o		o		●								
	Klinger '30	(o)	o		o		●								
	Findeisen '31	o	o		o			o			o				
	Sandig '35	●	●											A	
	Banse '38	o	o												
	Klinger '50		●	o	o		o							A	
Beschaffungsliteratur neuere	Strothmann '67	o	o	●	o		o	●	●						
	Wendler '68		●		o	o			o					B	
	Bliesener/Scharff '70	o	●	o	o	o		o	o			o			
	Arnold '72	(o)	●	o			o	o	o						
	Klein '72	o	o		o		●	o							
	Cordts '74		o	o			●							A	
	Trautmann '74		o	●		o									
	Rembeck/Eichholz '76	o	●	●	●	●	●	●	o	●	o				
	Blum '77	o	●	o	●		●	o							
	Lohrberg '78	(o)	o	●	o			●		●					
	Lippmann '78	(o)	●	●		o		●						A	
	Wenger '79		●	●		●							o		
	Grochla/Schönbohm '80	●	●		o	o		o	o					C	
	Blom '81	(o)	●	●	o			●						D	
	Strache '82	(o)	●	●	●	●		●		●		o			
	Harlander/Platz '82	●	o	o	o	o	●	●							
	Arnolds/Heege/Tussing '82	(o)	●	o	●								o		
	Stark '82	o	o	o	●			o				●			
	Kutek '82	(o)	●		o			o	o		o				
	Kraljič '82	(o)	●					●	●					A	
Marktforschungsliteratur	Schäfer '55	(o)	●	●	o				o					D	
	Merk '62		o												
	Hüttner '77	o	o	o	o										
	Hammann/Erichson '78	o	o											C	
	Schäfer/Knoblich '78	o	●		o										
	Lehmeier '79		o		o										
Empirische Arbeiten	Spiegel-Verlag '67				●				o						
	Strothmann '68				●				●						
	Kutschker/Roth '75	o	o					o	o						
	Spiegel-Verlag '82				●							o			

A Einbeziehung der Bedarfsforschung
B Einbeziehung der Lieferantenwahl
C Verweis auf Absatzmarktforschung
D Informationen an einem Beispiel dargestellt

● schwerpunktmäßig behandelt
o erwähnt / angerissen
(o) implizit einbezogen

Abb. 2: Zur Behandlung der Beschaffungsmarktforschung in der deutschsprachigen Literatur

2.12 Analyse der englischsprachigen Literatur

Bei der Analyse der englischsprachigen Literatur zeigen sich schon an der Terminologie deutliche Unterschiede zur Sichtweise in der deutschen Literatur. Nur vereinzelt wird dort nämlich ein dem deutschen 'Beschaffungsmarktforschung' entsprechender Ausdruck wie "supplier market research"[1] oder "supply market research"[2] verwendet. Üblicherweise wird der umfassendere Begriff 'Beschaffungsforschung' gewählt (purchasing research, auch materials and procurement research)[3], welche Fearon/Hoagland definieren als "systematic investigation and factfinding undertaken to improve purchasing performance. It includes research on purchased goods and services, vendors, and the efficiency of the company's own internal purchasing procedures."[4] Dieser Definition schließen sich im wesentlichen alle englischsprachigen Quellen an, manche übernehmen sie unverändert[5], so daß sich als typische Bereiche der Beschaffungsforschung die Erforschung

- der Objekte
- der Lieferanten
- der internen Beschaffungssysteme

ergeben.

---

1) Vgl. Parsons, W.J.: Improving purchasing performance, Aldershot 1982, S. 58 ff.
2) Vgl. Baily, P./Farmer, D.: Purchasing Principles and Techniques, 3rd edition, London 1977, S. 175; vgl. auch dieselben: Managing Materials in Industry, London 1972, S. 253 f.
3) Vgl. dazu auch die Kritik an diesem Begriff in Abschnitt 2.11 dieser Arbeit.
4) Fearon, H.E./Hoagland, J.H.: Purchasing Research in American Industry, New York 1963, S. 11; vgl. auch Fearon, H.E.: Materials Management: A Synthesis and Current Review, in: Journal of Purchasing and Materials Management, No. 2, 1975, S. 40.
5) Vgl. bspw. Barker, D.D./Farrington, B.: The Basic Arts of Buying, London 1976, S. 172 f.; Pooler, V.H.: The purchasing man and his job, New York 1964, S. 122 f.; Baily, P.: Purchasing and Supply Management, 4th edition, London 1978, S. 235.

Neben der Einbeziehung interner Gegebenheiten, die in der deutschsprachigen Literatur nur in Ausnahmefällen vorgenommen wird[1], liegt wohl der bedeutsamste Unterschied in der starken Hervorhebung des Zwecks der Forschungsaktivitäten.[2] Hinsichtlich der Zwecksetzung wird interne und externe Beschaffungsforschung unterschieden. Erstere gliedert sich in Bedarfsforschung und die Erforschung des internen Beschaffungssystems, letztere in objektbezogene Forschung (Wertanalyse, Preis- und Kostenanalyse, Make-or- Buy-Analyse), beschaffungsmarktbezogene Forschung (Marktstruktur, Marktprognose) und lieferantenbezogene Forschung (Lieferantenanalyse, Lieferantenbewertung). Bevor im folgenden auf diese Teilbereiche näher eingegangen wird, sollen zunächst kurz die in der Literatur genannten Kriterien, wann Beschaffungsforschung denn überhaupt betrieben werden soll, beschrieben werden.[3]

Das am häufigsten genannte Kriterium ist der geldmäßige Wert. Dieser kann sich beziehen auf
- die Kosten eines einzelnen Beschaffungsobjekts,
- die Kosten pro Periode für gleiche Beschaffungsobjekte,
- die Kosten pro Periode bezogen auf einzelne Lieferanten.

Ein weiteres Kriterium ist das mit dem Objekt verbundene Beschaffungsrisiko[4], welches dann als besonders groß anzu-

---

1) Vgl. S. 33 dieser Arbeit
2) Vgl. Fearon, H.E./Hoagland, J.H.:Purchasing Research in American Industry, a.a.O.; Farrington, B.: Industrial Purchase Price Management, Westmead 1980, S. 169; Lyson, C.K.: Purchasing, Plymouth 1981, S.182 f.; Westing, J.H./Fine, I.V./Zenz, G.J.: Purchasing Management. Materials in motion, 4th edition, Santa Barbara 1976, S. 227 ff.; Ballot, R.B.: Materials Management, New York 1971, S. 162; Kreig, A.A.: A Growing Concept-Purchasing Research, in: Purchasing Research - The Concept and its Value, American Management Bulletin No.17, Jerome W. Blood (ed.), New York 1962, S. 1 ff.; Colton, R.R.: Industrial Purchasing, Columbus 1962, S. 402.
3) Vgl. dazu bspw. Fearon, H.E./Hoagland, J.H.: Purchasing Research in American Industry, a.a.O., S. 62; Field, R.: Purchasing and the new product process, in: Purchasing and Supply Management, March 1982, S. 16, 18 f.; Dale, B.G.: The relevance of Pareto analysis to materials management, in: Purchasing and Supply Management, Sept. 1982, S. 8, 12 ff.
4) Vgl. zum Beschaffungsrisiko genauer Abschnitt 4.2223 dieser Arbeit.

sehen ist, wenn es sich um ein neues Objekt handelt bzw. um ein solches, das in einem neuartigen Produktionsprozeß verwendet wird. Was nun konkret getan werden soll, wenn man sich für Beschaffungsforschung entschieden hat, ist aber damit noch nicht festgelegt. Im folgenden werden daher nach einer jeweils kurzen Beschreibung der oben bereits erwähnten Teilbereiche der Beschaffungsforschung die speziellen Entscheidungskriterien dargestellt.

Die Wertanalyse[1] beinhaltet "the organized and systematic study of every element of cost in a part, material or service to make certain it fulfills its function at the lowest possible cost; it employs techniques which identify the function the user wants from a product or service; it establishes by comparison the appropriate cost for each function; then it causes the required knowledge, creativity, and initiative to be used to provide each function for that cost."[2]

Vom Standpunkt der Beschaffung aus ist es also das Ziel der Wertanalyse, solche Objekte zu beschaffen, die den höchsten Wert als Quotienten aus Funktion und Kosten aufweisen.[3] Der Prozeß der Wertanalyse läuft wie jeder Problemlösungsprozeß dabei in folgenden Phasen ab:

---

1) Anm.d.Verf.: Es wird hier nicht wie teilweise in der Literatur zwischen 'value analysis' und 'value engineering' unterschieden; vgl. dazu auch Farrell, P.V. (ed.): Aljian's Purchasing Handbook, 4th edition, New York 1982, S. 8-3; Baily, P./Farmer, D.: Purchasing Principles and Techniques, a.a.O., S. 175; Dowst, S.R.: More basics for Buyers, Boston 1979, S. 129 f.; Lee, L./Dobler, D.W.: Purchasing and Materials Management, 3rd edition, New York 1977, S. 255; Westing, J.H./Fine, S.V./Zenz, G.J.: Purchasing Management, a.a.O., S. 234.

2) Farrell, P.V. (ed.): Aljian's Purchasing Handbook, a.a.O., S. 3.

3) Vgl. Dowst, S.R.: More Basics for Buyers, a.a.O., S. 129.

1. Informationsphase,
2. Analysephase,
3. Kreativitätsphase,
4. Selektionsphase,
5. Vorschlagsentwicklungsphase.[1]

Ziel der Wertanalyse ist es, Entscheidungshilfen bezüglich Substitution, Elimination, Standardisierung, Kombination oder Vereinfachung zu geben.[2]

Die Kriterien zur Auswahl der Wertanalyse werden danach unterschieden, ob das Ziel in einer Substitution des Objekts oder in einer Kostensenkung durch Modifikation eines grundsätzlich beizubehaltenden Objekts besteht. Im ersten Fall lassen sich die in der Literatur genannten Kriterien zusammenfassen zu 'Unzufriedenheit mit der gegenwärtigen Situation'.[3] Im zweiten Fall kommen als Kriterien hoher Wert, hohe Komplexität und Lebenszyklusphase des Endproduktes (Wertanalyse vornehmlich in der Wachstums- und Reifephase) hinzu.[4]

Preisanalyse bedeutet im Gegensatz zur später folgenden Kostenanalyse in erster Linie einen Preisvergleich. Der von einem Anbieter verlangte Preis für ein bestimmtes Beschaffungsobjekt kann dabei verglichen werden mit
- dem Preis für das gleiche Objekt von einem anderen Anbieter,
- dem früher gezahlten Preis für das betreffende Objekt,
- veröffentlichten Preisen, Preislisten und Preisindizes,
- internen Preisrichtlinien.[5]

---

1) Vgl. umfassender Miles, L.D.: Techniques of Value Analysis and Engineering, 2nd edition, New York 1972, S. 54 ff., S. 163 ff.
2) Vgl. Dowst, S.D.: More Basics for buyers, a.a.O., S.130 f.
3) Vgl. bspw. Dowst, S./Deutsch, C.: Value analysis stretches scarce materials, in: Purchasing, April 1974, S. VA2; Dowst, S.: Who says you can't substitute, in: Purchasing, January 1975, S. 45.
4) Vgl. bspw. Farrell, P.V.(ed.): Aljian's Purchasing Handbook, a.a.O., S. 8-6 f.; Lee, L./Dobler, D.W.: Purchasing and Materials Management, a.a.O., S. 258, 267 f.; Miles, L.D.: Techniques of Value Analysis and Engineering, a.a.O., S. 7 ff.
5) Vgl. bspw.Widing, J.W. jr./Rabstejnek, G.J. jr.: Negotiation, in: The Logistics of materials management, McElhiney, P.T./Cook, R.J.(ed.), Boston 1969, S. 133; Lee, L./Dobler, D.W.: Purchasing and Materials Management, a.a.O., S. 101 f.

Stellt sich heraus, daß der Preis nicht angemessen (d.h. zu hoch oder unrealistisch niedrig) ist, dient die Preisanalyse entweder als Grundlage für Verhandlungen mit dem Anbieter oder für weitere Untersuchungen, wie beispielsweise für eine Kostenanalyse.

Im Gegensatz zur Preisanalyse, die den Preis eines bestimmten Beschaffungsobjektes nur vergleicht, nicht aber näher analysiert, wird bei der <u>Kostenanalyse</u> eines Objektes sein Preis in einzelne Bestandteile zerlegt. Bezüglich dieser Bestandteile herrscht in der Literatur weitgehend Übereinstimmung. Es wird unterschieden in Materialeinzelkosten, Lohnkosten, Herstellungsgemeinkosten, sonstige Gemeinkosten und Gewinn.[1] Die Zerlegung in Kostenelemente erfolgt entweder aufgrund von Angaben des Anbieters oder sie beruht auf Schätzungen, die auf eigener Erfahrung oder veröffentlichten Informationen basieren.[2] Ziel der Kostenanalyse ist es, einen realistischen Preis, in der Literatur als 'target price' (Sollpreis) bezeichnet, für das Beschaffungsobjekt zu ermitteln.[3] Man erhält ihn, indem man die Beträge der einzelnen Kostenelemente auf ihre Berechtigung überprüft und sie (nach eventuellen Abänderungen) addiert. Dieser Sollpreis dient, zusammen mit der Preisaufschlüsselung, als Grundlage für Preisverhandlungen mit den Anbietern.[4]

---

1) Vgl. bspw. Heinritz, St.F./Farrell, P.V.: Purchasing, 6th edition, Englewood Cliffs 1981, S. 199; Westing, J.H./Fine, I.V./Zenz, G.J.: Purchasing Management, a.a.O., S. 208; Lyson, C.K.: Purchasing, a.a.O., S. 117

2) Vgl. bspw. o.V.: The ins and outs of cost/price analysis, in: Purchasing, Sept.1972, S.109; Farrell, P.V. (ed.): Aljian's Purchasing Handbook, a.a.O., S. 11-18; Heinritz, St.F./Farrell, P.V.: Purchasing, a.a.O., S.119.

3) Vgl. auch Lomas, K.: Purchase cost analysis, in: Purchasing and Supply Management, July 1981, S. 22.

4) Vgl. Lee, L./Dobler, D.W.: Purchasing and Materials Management, a.a.O., S. 102; Baily, P./Farmer D.: Purchasing Principles and Techniques, a.a.O., S. 165; o.V.: The ins and outs of cost/price analysis, a.a.O., S.104; Widing, J.W. jr./Rabstejnek, G.J. jr.: Negotiation, a.a.O., S. 133 f.

Als Kriterien zur Durchführung von Preisanalysen werden ein hoher Beschaffungswert sowie das Vorliegen eines homogenen Angebots auf polypolistischem Markt genannt; Kostenanalysen sollen durchgeführt werden bei neuen, teuren Sonderobjekten, bei denen der Anbieter eine monopolähnliche Stellung innehat.[1]

Auch die Make-or-Buy-Analyse wird als Teilbereich der Beschaffungsforschung genannt, obwohl von den zu analysierenden Faktoren Qualität, Kapazität, Personal, Disposition, Kompetenz, Kosten, Lieferantenbeziehung[2] nur die folgenden Daten in den Bereich der externen Beschaffungsforschung fallen:
- Ermittlung potentieller Lieferanten, wenn der Übergang von Make auf Buy untersucht wird.[3]
- Beurteilung der Kompetenz und Zuverlässigkeit von Lieferanten.[4]
- Beurteilung des Einflusses der Make-or-Buy-Entscheidung auf das Verhältnis zu Lieferanten.[5]
- Ermittlung der Beschaffungskosten.[6]

---

1) Vgl. bspw. Batdorf, L./Vora, J.A.: Use of Analytical Techniques in Purchasing, in: Journal of Purchasing and Materials Management, No.1, 1983, S. 25 ff.; Lee, L./Dobler, D.W.: Purchasing and Materials Management, a.a.O., S. 100 und S. 151; Baily, P./Farmer, D.: Purchasing Principles and Techniques, a.a.O., S. 165; Brand, G.T.: The Industrial Buying Decision, London 1972, S. 123.

2) Vgl. Heinritz, St.F./Farrell, P.V.: Purchasing, a.a.O., S. 253 f.; Westing, J.H./Fine, I.V./Zenz, G.J.: Purchasing Management, a.a.O., S. 276 ff.; Gross, H.: Make or Buy Decisions in Growing Firms, in: Purchasing Management, Gravereau, V.P./Konopa, L.J. (ed.), Columbus 1973, S. 241.

3) Vgl. Heinritz, St.F./Farrell, P.V.: Purchasing, a.a.O., S. 254.

4) Vgl. Farrell, P.V. (ed.): Aljian's Purchasing Handbook, a.a.O., S. 11-27.

5) Vgl. Heinritz, St.F./Farrell, P.V.: Purchasing, a.a.O., S. 254.

6) Vgl. ebenda, S.254; Westing, J.H./Fine, I.V./Zenz, G.J.: Purchasing Management, a.a.O., S. 290; Pooler, V.H.: The purchasing man and his job, a.a.O., S. 132

Als Kriterien für die Durchführung einer Make-or-Buy-Analyse werden hoher Wert, veränderter Bedarf und unbefriedigende Lieferantenleistungen genannt.[1]

Weiterhin werden auf der gleichen Ebene wie die vorangehend beschriebenen Teilbereiche der Beschaffungsforschung die <u>Lieferantenanalyse und Lieferantenbewertung</u> sowie die <u>Marktanalyse und Marktprognose</u> dargestellt. Auf diese Entscheidungsfelder der Beschaffungsforschung soll hier jedoch nicht näher eingegangen werden, da sich die Aussagen in der englischsprachigen Literatur in diesen Fällen nicht wesentlich von denen in der deutschsprachigen unterscheiden.
Die in der englischsprachigen Literatur üblicherweise anzutreffende Behandlung der Beschaffungsforschung ist in Abbildung 3 überblickartig zusammengestellt. Dabei werden die Teilbereiche der Beschaffungsforschung durch die Art der Vorgehensweise, die erforderlichen Informationen, den Zweck und die Kriterien, die zur Anwendung der einzelnen Elemente führen, näher beschrieben.

Abschließend soll eine zusammenfassende kritische Würdigung der englischsprachigen Literatur gegeben werden.
Die anglo-amerikanische Literatur geht von einem sehr weiten Begriff der Beschaffungsforschung aus, indem sowohl externe als auch interne Forschungsbereiche berücksichtigt werden. Die Vorstellung einer Beschaffungsmarktforschung, wie sie in der deutschsprachigen Literatur zu finden ist, existiert in dieser Art in der englischsprachigen Literatur nicht.
Aus diesem Gesamtrahmen der Beschaffungsforschung werden jedoch nur einzelne Teilbereiche, wie beispielsweise die Make-or-Buy-Analyse und Verfahren der Lieferantenbewertung, intensiver behandelt. Die marktbezogene Informationsgewinnung wird im Vergleich dazu sehr oberflächlich behandelt.
Die einzelnen Teilbereiche der Beschaffungsforschung stehen mehr oder weniger isoliert und recht unsystematisch nebeneinander. Interdependenzen finden so gut wie keine Berücksichtigung.

---

1) Vgl. bspw. Heinritz, St.F./Farrell, P.V.: Purchasing, a.a.O., S. 248; Westing, J.H./Fine, I.V./Zenz, G.J.: Purchasing Management, a.a.O., S. 276 ff.

Hinweise darauf, was im Rahmen einer beschaffungsmarktbezogenen Informationsgewinnung, -verdichtung und -darstellung konkret zu tun sei, lassen sich aus der anglo-amerikanischen Literatur kaum entnehmen.

Beschreibungsfelder	Vorgehensweise	zu erhebende Informationen	Zweck	Anwendungskriterien
Wertanalyse	Schätzung der Kosten für die verschiedenen Objektleistungen (Funktionen)	Objektleistungen Preisbestandteile	Kostenreduktion bei Leistungskonstanz	aktuelle Anspruchs-Leistungs-Divergenzen, hoher Wert, hohe Komplexität
Preisanalyse	Vergleich des Objektpreises mit vergangenen oder aktuellen anderen Preisen	frühere Preise des gleichen Anbieters, aktuelle Preise anderer Anbieter	Objektkostensenkung	hoher Wert, hohe Objektindividualisierung, neuer Anbieter
Kostenanalyse	Zerlegung der Objektkosten in Kostenelemente	Anbieterkosten	Verbesserung der Verhandlungsposition zur Kostensenkung	hoher Wert, veränderter Bedarf, unbefriedigende Lieferantenleistungen
Make-or-Buy-Analyse	Vergleich eigener Kosten und Leistungen mit denen externer Anbieter	eigene Potentiale/Kosten Lieferantenleistungen/-potentiale Objektkosten	Erhöhung der Wirtschaftlichkeit	hoher Wert, veränderter Bedarf, unbefriedigende Lieferantenleistungen
Lieferantenanalyse	Ermittlung, Bewertung und Auswahl von Lieferanten	interne Bewertungsmaßstäbe Lieferantendaten	Auswahl des/der 'besten' Lieferanten	hoher Wert, neues bzw. individualisiertes Objekt, 'Große Wichtigkeit des Objekts für die Produktion'
Marktanalyse	Ermittlung von Marktstrukturen und -bewegungen	Zahl der Marktpartner Gesamtangebot und -nachfrage saisonale Schwankungen	Kostensenkung Strategieplanung Verhandlungsvorbereitung	hoher Wert, standardisiertes Objekt

Abb. 3: Zur Behandlung der Beschaffungsforschung in der englischsprachigen Literatur

Als Fazit kann somit festgehalten werden, daß die englischsprachige Literatur zur Entwicklung eines integrierten entscheidungsorientierten Ansatzes der Beschaffungsmarktforschung nur wenige brauchbare Aspekte beinhaltet.

2.2. Zur Übertragbarkeit der Absatzmarktforschung auf die Beschaffung

Ohne an dieser Stelle auf die umfangreiche Literatur zur Absatzmarktforschung[1] im einzelnen näher einzugehen, lassen sich dennoch einige grundsätzliche Überlegungen zur Übertragbarkeit absatzbezogener Marktforschungserkenntnisse auf die Beschaffung anstellen. Ansatzpunkte dieser Überlegungen sind dabei die Unterschiede zwischen den durch Absatz- bzw. Beschaffungsmarktforschung zu untersuchenden Märkten.

Ein wesentlicher Aspekt liegt dabei in der Art der betrachteten Subjekte. Die Absatzmarktforschung beschäftigt sich im wesentlichen mit einzelnen Verwendern bzw. Verwendergruppen, also solchen Subjekten, "deren Marktentscheidung von psychologischen Momenten oder von soziologischen Zusammenhängen beeinflußt ist"[2], denen also nur beschränkt rationales, ökonomisches Handeln unterstellt werden kann. Aus diesem Grunde ist es für die Absatzmarktforschung notwendig, daß sie "über die Betrachtung der Handlungsobjektivationen hinausgeht und auf die Handlungsträger zurückgreift."[3] Um dem gerecht zu werden, sind Verfahren und Methoden der empirischen Sozialforschung unabdingbar, wobei dieser Teilbereich dann im allgemeinen als demoskopische Marktforschung bezeichnet wird.[4] Betrachtet man dagegen

---

1) Vgl. dazu Schiller, R.: Bibliographie der Marktforschungsliteratur, Stuttgart 1976 sowie besonders die oben angeführte Marktforschungsliteratur.
2) Strothmann, K.H.: Marktforschung im Dienste des industriellen Einkaufs, in: Maschine und Manager, Heft 2, 1959, S.26; vgl. dazu auch Behrens, K.Chr.: Demoskopische Marktforschung, a.a.O., S. 14 ff.; Koppelmann, U.: Grundlagen des Produktmarketing, a.a.O., S. 30 ff.
3) Behrens, K.Chr.: Demoskopische Marktforschung, a.a.O., S.14.
4) Ebenda, S. 14.

die auf dem Beschaffungsmarkt agierenden Subjekte, so lassen sich hier im wesentlichen rationale und ökonomisch begründete Verhaltensweisen unterstellen.[1] In der Beschaffungsmarktforschung "fehlt die Frage nach den Gründen für das Angebot, die angesichts der erwerbswirtschaftlichen Zielsetzung der Anbieter als beantwortet angesehen werden kann."[2] Der entscheidende Unterschied besteht also darin, daß man es auf dem Konsumgüterabsatzmarkt mit Individuen zu tun hat, deren Entscheidungsverhalten zwar durch soziale und situative, nicht jedoch organisationale Faktoren beeinflußt wird. Auf dem Beschaffungsmarkt hingegen dominiert organisationales Entscheidungsverhalten. Es darf natürlich nicht verkannt werden, daß auch solches Verhalten durch individuelle Determinanten mitgeprägt wird.[3] Insgesamt gesehen ist das Verhalten der Marktpartner auf dem Beschaffungsmarkt durch die Eingliederung der Individuen in organisatorische Regelungen jedoch weit stärker ökonomisch begründet als auf dem Absatzmarkt.

Ein zweiter wesentlicher Unterschied zwischen Absatz- und Beschaffungsmarktforschung betrifft die Zahl der zu betrachtenden Subjekte, wobei "die Angebotsseite, der sich der Einkäufer eines Betriebes gegenübersieht, im allgemeinen überschaubarer ist als die Nachfrageseite, mit der es der Verkäufer zu tun hat"[4], da die Zahl der aktuellen und potentiellen Marktpartner auf der Beschaffungsseite geringer ist als auf der Absatzseite.

---

1) Vgl. Strothmann, K.H.: Marktforschung im Dienste des industriellen Einkaufs, a.a.O., S. 26.
2) Hammann, P./Erichson, B.: Marktforschung, a.a.O., S. 9.
3) Vgl. analog Webster, F.E./Wind, Y.: Organizational Buying Behavior, Englewood Cliffs 1972, S. 88 ff.; Backhaus, K.: Investitionsgüter-Marketing, München 1982, S. 39 ff.; Engelhardt, W.H./Günter, B.: Investitionsgüter-Marketing, Stuttgart/Berlin/Köln/Mainz 1981, S. 44.
4) Strothmann, K.H.: Marktforschung im Dienste des industriellen Einkaufs, a.a.O., S. 26.

Damit zusammenhängend ist als dritter Punkt die unterschiedlich große Zahl der zu untersuchenden Objekte zu nennen. Da die Zahl der Beschaffungsobjekte bei Industriebetrieben in der Regel weit größer ist als die der Absatzobjekte, muß sich die Beschaffungsmarktforschung im Gegensatz zur Absatzmarktforschung, die meist über alle Objekte systematisch Daten erhebt, auf einige ausgewählte beschränken, wobei die Möglichkeit, so zu verfahren, aus der größeren Transparenz der einzelnen Beschaffungsmärkte resultiert.

Aus diesen Gründen ist festzustellen, daß ein Großteil der in der Absatzmarktforschung enthaltenen Aussagen zu Methodenfragen[1] für die Beschaffungsmarktforschung relativ unbedeutend ist. Vor allem betrifft dies die Verfahren zur Sicherstellung repräsentativer Aussagen sowie den Bereich der demoskopischen Marktforschung.
Behält man die Unterschiede zwischen den Märkten im Auge, so lassen sich allerdings wichtige Aussagen der Absatzmarktforschung zu Fragen der Marktbeobachtung[2], zur Nutzung von Sekundärquellen und vor allem zu Möglichkeiten der Auswertung, Speicherung und Darstellung der Daten auf die Beschaffungsmarktforschung übertragen.

---

1) Vgl. bspw. Schäfer, E./Knoblich, H.: Grundlagen der Marktforschung, a.a.O.; Berekoven, L./Eckert, W./Ellenrieder, P.: Marktforschung, a.a.O.; Green, P.E./Tull, D.S.: Methoden und Techniken der Marketingforschung, Übers. v. R. Köhler und Mitarbeitern, Stuttgart 1982.
2) Vgl. Strothmann, K.H.: Marktforschung im Dienste des industriellen Einkaufs, a.a.O., S. 26.

3. Beschaffungsplanung als derivative Unternehmensplanung

Um die später folgenden Ausführungen zur Beschaffungsmarktforschung in einen Gesamtzusammenhang einordnen zu können, ist es erforderlich, auf die grundlegenden Problembereiche der Beschaffungsfunktion kurz einzugehen.
Da das „Handeln in Unternehmungen (und damit auch die Planung als gedankliche Antizipation des Handelns, d. Verf.) (...) als die Erfüllung von Aufgaben im Hinblick auf eine bestimmte Oberaufgabe (Marktaufgabe) angesehen"[1] werden kann, erscheint es sinnvoll, die folgenden Ausführungen an der grundsätzlichen Beschaffungsaufgabe zu orientieren.
Dazu soll die Beschaffungsaufgabe zunächst in den Kontext der Gesamtaufgabe der Unternehmung eingeordnet werden und anschließend durch die Objekt- und Verrichtungsdimension genauer spezifiziert werden. Da sich, wie oben schon beschrieben[2], die externen (marktlichen) Bedingungen der Aufgabenerfüllung geändert haben[3], erscheint es sinnvoll, auf eine umfassende Auffassung des Beschaffungsmarketings zwecks Bewältigung dieser Veränderungen hier explizit einzugehen. Schließlich dürfte es im Rahmen dieser Arbeit, die sich mit der Bereitstellung von marktbezogenen Informationen zur Erfüllung der Beschaffungsaufgabe beschäftigt, auch notwendig sein, zumindest überblickartig auf die Relevanz von Beschaffungsinformationen für die Beschaffungsplanung einzugehen. Allerdings können die genannten Problemfelder im folgenden nur kurz angerissen werden, da die Beschaffungsplanung ein zu weites Gebiet darstellt, um im Rahmen dieser Arbeit erschöpfend behandelt zu werden.

---

1) Grochla, E.: Unternehmungsorganisation, Reinbek bei Hamburg 1972, S. 38; vgl. auch Kosiol, E.: Einführung in die Betriebswirtschaftslehre, a.a.O., S. 80 ff.; vgl. auch S. 13 f. dieser Arbeit
2) Vgl. Abschnitt 1.1., S. 9 ff. dieser Arbeit
3) Vgl. zu den Bedingungen der Aufgabenerfüllung bspw. Grochla, E.: Einführung in die Organisationstheorie, a.a.O., S. 18 ff.

3.1 Die Beschaffungsaufgabe im Gefüge der betrieblichen Gesamtaufgabe

Versucht man zu klären, in welchem Verhältnis die Beschaffungsaufgabe, die später noch genauer umrissen wird, zur Gesamtaufgabe einer Unternehmung steht, so ist zunächst zu fragen, worin denn letztere eigentlich besteht. Versteht man unter einer Aufgabe "eine durch physische oder geistige Aktivitäten zu verwirklichende Soll-Leistung"[1], so stellt die Gesamtaufgabe einer Unternehmung "das konkrete Handlungsprogramm der Unternehmung dar. Es enthält die Art, die Menge und den Zeitpunkt für die zu erstellenden und im Markt abzusetzenden Güter oder Dienstleistungen."[2] Diese Gesamtaufgabe wird als das Sachziel der Unternehmung bezeichnet.[3] Das Sachziel der Unternehmung ist letztlich immer absatzmarktgerichtet, da ein Wesensmerkmal der Unternehmung in der Fremdbedarfsdeckung besteht.[4] Aufgabe einer Unternehmung ist also "im Gegensatz zur Konsumtion jede Art von werteschaffender Erzeugung (Werteerzeugung)."[5]

Das Sachziel als komplexe Aufgabe muß "zur Vorbereitung ihrer arbeitsteiligen Erfüllung in Teilaufgaben zerlegt werden"[6], die durch immer weitere Teilung einen immer größeren Detaillierungsgrad aufweisen.[7]
Gliedert man die Gesamtaufgabe der Unternehmung nach funktionalen Gesichtspunkten in "sämtliche Vorgänge der Beschaffung, Herstellung, Lagerung und des Absatzes von Gütern"[8]

---

1) Hoffmann, F.: Aufgabe, in: Handwörterbuch der Organisation, hrsg. v. E. Grochla, 2. Aufl., Stuttgart 1980, Sp.200; vgl. auch Frese, E.: Aufgabenanalyse und -synthese, in: Handwörterbuch der Organisation, a.a.O., Sp. 207 ff.

2) Grochla, E.: Unternehmungsorganisation, a.a.O., S. 38

3) Vgl. ebenda, S. 38; vgl. auch Kosiol, E.: Einführung in die Betriebswirtschaftslehre, a.a.O., S. 261 f.

4) Vgl. Kosiol, E.: Einführung in die Betriebswirtschaftslehre, a.a.O., S. 29.

5) Ebenda.

6) Frese, E.: Aufgabenanalyse und -synthese, a.a.O., Sp.208.

7) Vgl. Grochla, E.: Unternehmungsorganisation, a.a.O., S. 39.

8) Kosiol, E.: Einführung in die Betriebswirtschaftslehre, a.a.O., S. 29.

so wird deutlich, daß die Beschaffungsaufgabe ebenso wie Produktions- und Absatzaufgabe eine Teilaufgabe zur Erfüllung des Sachziels der Unternehmung darstellt. Wesentlich zur Erfüllung der Gesamtaufgabe ist dabei die Abstimmung der Teilaufgaben untereinander. Entscheidender als die Betrachtung der realen Güterprozesse in der Unternehmung, bei denen die Beschaffung von Inputfaktoren zwangsläufig immer am Anfang stehen muß, ist in diesem Zusammenhang die Analyse der planerischen Zusammenhänge zwischen den verschiedenen funktionalen Aufgabenbereichen[1], wobei hier nur die Realgüterprozesse Beschaffung, Produktion und Absatz betrachtet werden sollen.

Die Planungsabstimmung zwischen den Funktionsbereichen muß sich zur möglichst guten Erfüllung der Gesamtaufgabe langfristig an dem Bereich orientieren, aus welchem sich die größten Planungsrestriktionen ergeben.[2] Je nachdem welche Konstellationen auf den Märkten (Absatz- und Beschaffungsmärkte) und intern in der betrachteten Unternehmung vorliegen, sind damit unterschiedliche Aufgaben und Planungsdominanzen der verschiedenen funktionalen Unternehmungsbereiche denkbar. Innerhalb der Beschaffung ergeben sich daraus unterschiedliche Aufgabengewichtungen, die hier in Anlehnung an Biergans als Vollzugsplanung, Problemlösung und Datensetzung bezeichnet werden.[3]

Stellt, wie es heute wohl die Regel ist, der Absatzbereich durch Vorliegen eines Käufermarktes den Engpaß der Unternehmung dar, an dem sich die anderen Funktionen zu orientieren haben, so wird sich in vielen Fällen die Beschaffung als

---

1) Vgl. dazu auch Heyde, K.: Beschaffung als Kontrapunkt der Absatzwirtschaft in der Unternehmung, a.a.O., S. 167 ff.
2) Vgl. Biergans, B.: Zur Entwicklung eines marketingadäquaten Ansatzes und Instrumentariums für die Beschaffung, a.a.O., S. 48
3) Vgl. ebenda, S. 47 ff. und die dort angegebene Literatur.

Vollzug der aus dem Absatzbereich resultierenden, auf den Beschaffungsmarkt gerichteten Aufgaben ergeben. Die Aufgabe der Beschaffung ist damit rein derivativer Art, es verbleiben der Beschaffung keine strategischen, sondern allenfalls dispositive Entscheidungsalternativen. Jedoch muß dieser Extremfall der derivativen Beschaffungsaufgabe relativiert werden im Hinblick auf die Art, die Konkretheit der Vorgaben oder Vorschriften, die der Beschaffung durch den Absatz-, aber auch durch den Produktionsbereich gemacht werden können. Zwar ist es im Extremfall durchaus denkbar, daß andere Funktionsbereiche der Beschaffung den Bedarf völlig konkret, quasi als Stückliste, vorgeben, so daß die Beschaffungsaufgabe tatsächlich nur noch in der Vollzugs- oder Bereitstellungsplanung besteht. Die letztlich der Beschaffung verbleibende Aufgabe besteht dann im "Drücken des Preises" bei gegebenen, dem Bedarf entsprechenden Leistungen. In der Regel dürften jedoch zumindest einzelne Bedarfsarten relativ unkonkret vorgegeben sein, womit die Beschaffung einen größeren Handlungsspielraum erhält.[1]

Auch die Sicht der Beschaffungsaufgabe als Problemlösungsaufgabe gibt nicht den derivativen Charakter der Beschaffung auf.[2] Während jedoch beim vorstehend beschriebenen Aufgabenverständnis Handlungsanweisungen auszuführen sind, werden der Beschaffung in diesem Fall Zielanweisungen vorgegeben, so daß die Beschaffungsaufgabe eine zusätzliche initiative und strategische Dimension erhält. Damit ist die Beschaffungsaufgabe nicht mehr nur kostenorientiert wie im ersten Fall, sondern sie beinhaltet durch ihre Leistungsverantwortung für andere Funktionsbereiche auch Erfolgsverant-

---

1) Vgl. zur Konkretisierung des Bedarfs Abschnitt 3.3. dieser Arbeit

2) Vgl. Biergans, B.: Zur Entwicklung eines marketingadäquaten Ansatzes und Instrumentariums für die Beschaffung, a.a.O., S. 55

wortung für die gesamte Unternehmung.¹⁾ Eine solche Erfolgsverantwortung trägt die Beschaffung immer dann, wenn eben nicht alles, was benötigt wird, völlig unproblematisch zu beschaffen ist, sondern wenn sich auch, wie in der letzten Zeit zunehmend zu beobachten ist, auf den Beschaffungsmärkten Engpässe zeigen. Darüber hinausgehend kann die Beschaffung dadurch zum Unternehmenserfolg beitragen, daß sie Chancen auf den Beschaffungsmärkten erkennt und ausnutzt, indem beispielsweise besser geeignete Alternativen oder auch Innovationen der eigenen Unternehmung zugänglich gemacht werden.

Den Extremfall einer Engpaßbetrachtung und polaren Gegensatz zur Vollzugsplanung stellt die Beschaffung als Datensetzer dar.²⁾ Hierbei liegt der entscheidende Engpaß nicht im Absatz- oder Produktionsbereich, sondern in der Beschaffung selbst begründet. Sie setzt in diesem Fall insofern Restriktionen, als bestimmte benötigte Einsatzfaktoren nicht bereitgestellt werden können, so daß zur Aufrechterhaltung der gesamten Unternehmungstätigkeit unter Umständen auf weniger gut geeignete Objekte ausgewichen werden muß, die die Beschaffung den anderen Funktionsbereichen vorgibt.³⁾

---

1) Vgl. ausführlicher ebenda, S. 53 ff.; vgl. auch Rembeck, M.: Bipolarität der Beschaffung, in: Der industrielle Einkauf, 5. Jg., 1958, S.174 ff.; ders.: Die Unternehmung als zentraler Ansatzpunkt für Marktforschung und Markterkundung, in: Der Markt als Erkenntnisobjekt der empirischen Wirtschafts- und Sozialforschung, hrsg. v. M.Rembeck und G.P. Eichholz, Bern/Stuttgart 1969, S. 106 ff.; Brink, H.-J.: Strategische Beschaffungsplanung, in: ZfB, 53.Jg. 1983, Heft 11, S. 1090 ff.; Lietz, J.: Marketing im Beschaffungswesen, in: Rationalisierung, 18.Jg. 1967, Heft 4, S.76 ff.; Gross, H.: Der industrielle Einkäufer kauft Ideen und Werte anstatt Waren und Preise, in: Die Absatzwirtschaft, 2. März-Ausgabe 1964, S. 340.

2) Vgl. Biergans, B.: Zur Entwicklung eines marketingadäquaten Ansatzes und Instrumentariums für die Beschaffung, a.a.O., S. 54 f.

3) Vgl. dazu auch Arbeitskreis Hax der Schmalenbach-Gesellschaft: Unternehmerische Entscheidungen im Einkaufsbereich und ihre Bedeutung für die Unternehmens-Struktur, in: ZfbF, 24.Jg. 1972, S. 765 ff.

Ein Beispiel für eine solche Datensetzung durch die Beschaffung kann in einer nicht mehr möglichen Bereitstellung einer bestimmten Holzart für einen Möbelhersteller gesehen werden, der dann auf andere, weniger geeignete Hölzer ausweichen muß, um überhaupt das Sachziel der Unternehmung, die Herstellung und den Absatz von Möbeln, realisieren zu können. Auf die gesamte Abstimmungsproblematik in einem solchen Fall soll an dieser Stelle nicht eingegangen werden, da hier nur das grundsätzliche Aufgabenverständnis der Beschaffung angesprochen ist.

Wie jede Aufgabe, so läßt sich auch die Beschaffungsaufgabe durch die Verrichtungen (Tätigkeiten), die im Rahmen der Aufgabe durchzuführen sind, und die Objekte, an denen diese Verrichtungen vorgenommen werden sollen, näher beschreiben.[1] Über das hinausgehend, was bereits oben bei der Abgrenzung des Beschaffungsbegriffs dazu ausgeführt worden ist[2], soll in den nächsten beiden Abschnitten näher auf die Beschaffungsobjekte als Dimension der Beschaffungsaufgabe und auf die Verrichtung im Rahmen des Beschaffungsprozesses eingegangen werden.

3.2 Die Beschaffungsobjekte im Rahmen der Beschaffungsaufgabe

Wie oben bereits einschränkend festgestellt worden ist[3], werden hier explizit nur die Repetierfaktoren[4] Roh-, Hilfs- und Betriebsstoffe, Fertigteile und Handelswaren sowie von den Potentialfaktoren die Anlagen und damit zusammenhängende Dienstleistungen in die Betrachtung einbezogen. Um zu einer fundierteren Behandlung zu gelangen, genügt es jedoch nicht, diese Beschaffungsobjekte als Wert an sich aufzufassen, sondern es ist nach ihrer Zwecksetzung zu fragen.

---

1) Vgl. dazu auch Abschnitt 1.31 dieser Arbeit
2) Vgl. ebenda
3) Vgl. ebenda
4) Vgl. zur Unterscheidung zwischen Repetier- und Potentialfaktoren Heinen, E.: Einführung in die Betriebswirtschaftslehre, 7. Aufl., Wiesbaden 1980

Im Rahmen einer solchen finalen Betrachtung ist davon auszugehen, daß die verschiedenen Funktionsbereiche der Unternehmung unterschiedliche bzw. unterschiedlich gewichtete Anforderungen an die zu beschaffenden Objekte stellen. Unter einer Anforderung wird dabei eine bestimmte Merkmalsausprägung des Objekts verstanden, die eine Stelle in der Unternehmung fordert oder wünscht.
Durch eine Bündelung der verschiedenen Anforderungen unter Ausschaltung konfliktärer Anforderungen ergibt sich der Bedarf bezogen auf ein Beschaffungsobjekt. Während sich also die Anforderungen auf einzelne Stellen beziehen, richtet sich der Bedarf, komplexer als die Anforderungen, auf die gesamte Unternehmung. Zur Erklärung der Bedarfsbestimmung im Rahmen des Beschaffungsverhaltens ist es also notwendig, zwischen Bedarf und den diesem zugrundeliegenden Anforderungen zu unterscheiden, da erst nach einem internen Verhandlungsprozeß aus den möglicherweise konfliktären Anforderungen der Bedarf erwächst.[1]
Als Bedarfskategorien kommen das Objekt selbst (Objektbedarf) sowie die Modalitäten der Objekttransaktion (Modalitätsbedarf) in Betracht. Der Objektbedarf kann sich zum einen auf die Menge eines in einem bestimmten Zeitraum zu beschaffenden Objektes beziehen (Quantitätsbedarf), zum anderen auf die geforderten Leistungen des einzelnen Objekts. Obwohl man durchaus den Versuch unternehmen könnte, konkrete Anforderungen an Beschaffungsobjekte zu systematisieren[2], erscheint es im Rahmen dieser Arbeit zweckmäßig, nicht die konkreten Anforderungen, sondern die Mittel zur Gestaltung der Objektleistungen zur Systematisierung dieses Teils des Objektbedarfs heranzuziehen. Als Gestaltungsmittel kommen die in Abbildung 4 dargestellten Kategorien in Betracht.[3] Somit ergibt sich neben dem Quantitätsbedarf als zweiter Teil des Objektbedarfs der Gestaltungsmittelbedarf.

---

1) Vgl. dazu auch Abbildung 5, S. 57 dieser Arbeit
2) Vgl. zu einer solchen Strukturierung in einem anderen Zusammenhang Koppelmann, U.: Grundlagen des Produktmarketing, a.a.O., S.28 ff.
3) Vgl. analog ebenda, S. 138 ff.; vgl. zu den Gestaltungsmitteln ausführlicher auch Abschnitt 4.311 dieser Arbeit.

Bei den verdichteten Anforderungen an die Transaktionsmodalitäten, dem Modalitätsbedarf, können Anforderungen an die zu erbringenden monetären Gegenleistungen (Entgeltbedarf), an die Art und Weise der physischen Transaktion des Beschaffungsobjekts (Distributionsbedarf), an die Kommunikation zwischen Beschaffer und Lieferant (Kommunikationsbedarf) und an die vom Lieferanten im Zusammenhang mit dem Objekt stehenden Zusatzleistungen (Servicebedarf) gestellt werden.
Die folgende Abbildung zeigt den so gegliederten Bedarf im Überblick.

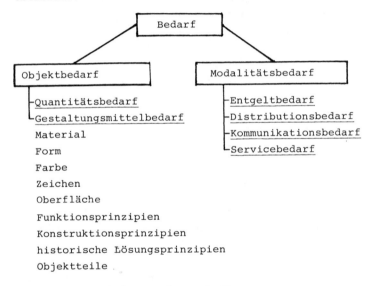

Abb. 4: Zur Gliederung des Bedarfs

Diesem Bedarf stehen nun bestimmte Merkmale des Objekts und bestimmte Verhaltensweisen der Lieferanten gegenüber. Davon wird das als Leistung bezeichnet, was geeignet ist, die verschiedenen Bedarfsausprägungen zu befriedigen.[1]
Da auch hier nicht irgendwelche Eigenschaften an sich interessieren, sondern nur im Hinblick auf eine mögliche Bedarfsbefriedigung, lassen sich die möglichen Lieferantenleistungen in der gleichen Weise gliedern wie der Bedarf.

---

1) Vgl. analog Koppelmann, U.: Grundlagen des Produktmarketing, a.a.O., S. 123.

In der Regel werden die einzelnen Ausprägungen der Bedarfsarten bzw. die dahinterstehenden Anforderungen und die verschiedenen Lieferantenleistungen nicht vollkommen identisch sein, wobei sich Unterschiede aus der Art und/oder aus der Intensität einer Bedarfsausprägung bzw. Lieferantenleistung ergeben können.

Aus dem Vergleich von Bedarf und Lieferantenleistungen ergibt sich die Beschaffungsqualität (Objektqualität und Modalitätsqualität) als Maß für die Kongruenz von Bedarf und Leistungen. Hierbei ist zu unterscheiden zwischen der intendierten Qualität, also dem Kongruenzgrad, den der Beschaffer anstrebt, und der faktischen Qualität, die sich durch den Vergleich real erbrachter Leistungen nach der Lieferung, der Zurverfügungstellung des Beschaffungsobjektes beim Beschaffer, durch die Nutzung des Objekts ergibt.[1] Die folgende Abbildung 5 soll die beschriebenen Zusammenhänge verdeutlichen helfen, wobei die verschiedenen Pfeile die unterschiedlichen Inhalte von Anforderungen, Bedarf und Leistungen symbolisieren sollen. Durch die verschiedenen Pfeillängen soll angedeutet werden, daß die einzelnen Inhalte unterschiedlich stark ausgeprägt sein können (Ausmaß von Anforderungen, Bedarf und Leistungen).

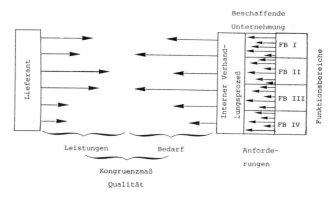

Abb. 5: Zum Zusammenhang von Anforderungen, Bedarf, Leistungen und Qualität

---

1) Vgl. zum Qualitätsbegriff analog Koppelmann, U.: Grundlagen des Produktmarketing, a.a.O., S. 202 ff.

Dieser Zusammenhang ist später insofern zu ergänzen, als nicht nur der Beschaffer Erwartungen bezüglich der Transaktionen mit einem Lieferanten hat, sondern auf der anderen Seite auch der Lieferant. Anders ausgedrückt bedeutet dies, daß der Lieferant seine Leistungen nicht aus Altruismus erbringt, sondern um damit seine eigenen Vorstellungen zu realisieren. Diesbezüglich sei jedoch auf Abschnitt 3.4 verwiesen, wo auf diesen Gedanken näher eingegangen wird.

3.3 Der Beschaffungsprozeß als Verrichtung der Beschaffungsaufgabe

Versucht man, die einzelnen Verrichtungen im Rahmen der Beschaffungsaufgabe zu ordnen, so liegt es nahe, dabei von ihrer zeitlichen Abfolge auszugehen, so daß sich der Beschaffungsprozeß als die Summe der zeitlich geordneten Beschaffungsverrichtungen ergibt.[1]

Am Beginn des Beschaffungsprozesses steht die Bedarfsplanung, d.h. die Fragestellung, was in welcher Menge mit welchen Modalitäten benötigt wird. In der Literatur wird vor allem der quantitative Aspekt der Bedarfsplanung sehr stark hervorgehoben.[2] Üblicherweise steht also die Planung der Bedarfsmenge im Vordergrund. Nur selten hingegen beschäftigt man sich mit der Frage, was und wie beschafft werden soll[3], also der Planung von Gestaltungsmittel- und Modalitätsbedarf. Einen Ansatzpunkt zur Ableitung solcher Bedarfsaspekte stellt die Überlegung Koppelmanns dar, Produktzielen im Absatzbereich verschiedene Beschaffungsobjektvariablen wie in Abbildung 6 zuzuordnen.
Da jedoch letztlich alle Bedarfsarten nicht nur von einem einzigen Funktionsbereich abhängen, sind in ein umfassendes Bedarfsplanungsmodell die Anforderungen aller Funktionsbereiche einzubeziehen. Durch interfunktionale Verhandlungen

---

1) Vgl. bspw. Heyde, K.: Beschaffung als Kontrapunkt der Absatzwirtschaft in der Unternehmung, a.a.O., S. 170.

2) Vgl. bspw. Grochla, E.: Grundlagen der Materialwirtschaft, a.a.O., S. 40 ff.; Harlander, N./Platz, G.: Beschaffungsmarketing und Materialwirtschaft, a.a.O., S. 172 ff.; Arnolds, H./Heege, F./Tussing, W.: Materialwirtschaft und Einkauf, a.a.O., S. 45 ff.; Hartmann, H.: Materialwirtschaft, 2. Aufl., Gernsbach 1983, S. 163 ff.; Oeldorf, G./Olfert, K.: Materialwirtschaft, a.a.O., S. 106 ff.; Wissebach, B.: Beschaffung und Materialwirtschaft, Herne/Berlin 1977, S. 18 ff.; Brink, H.-J.: Die Koordination funktionaler Teilbereiche der Unternehmung, Stuttgart 1981

3) Vgl. bspw. Grochla, E./Schönbohm, P.: Beschaffung in der Unternehmung, a.a.O., S. 120 ff.; Koppelmann, U.: Zur Verzahnung von Absatz- und Beschaffungsprozessen in Unternehmen, in: ZfbF, Heft 2, 1980, S. 121 ff.; Westermann, H.: Gewinnorientierter Einkauf, 3. Aufl., Berlin 1982.

Endproduktziele / Beschaffungsobjektvariable	Billiges Massenprodukt	Solides Produkt	Lookidentisches Produkt	Pionierprodukt	Mee-too-Produkt	Intelligentes Spitzenprodukt	Exklusives Spitzenprodukt
Starke Leistungsdeterminierung			X	X		X	X
Enge Leistungstoleranz			X			X	X
Leistungsschwankungen möglich	X				X		
Materialvariation möglich	X	X			X		
Imagestarkes Einbauteil					X		X
Herkunftsgleichgültigkeit	X	X	X		X		
Ubiquität	X				X		
Erhältlichkeitsbeschränkungen			X	X		X	X
Preisschwankungen bedeutsam	X	X			X		
Mengenanpassungsfähigkeit bedeutsam	X	(X)			X		

Abb. 6: Abhängigkeiten verschiedener Beschaffungsobjektvariablen von einigen Produktzielen 1)

---

1) entnommen aus Koppelmann, U.: Zur Verzahnung von Absatz- und Beschaffungsprozessen in Unternehmen, a.a.O., S.133; vgl. zur Überlegung, aus absatzbezogenen Daten Bedarfsschwerpunkte abzuleiten, auch Bergler, G.: Zusammenhänge zwischen Beschaffung und Absatz bei pharmazeutischen Markenartikeln, in: Zeitschrift für Betriebswirtschaft, Bd. I/1930, S. 629 ff.

müssen nicht kompatible Anforderungen eliminiert werden, worauf hier jedoch nicht näher eingegangen werden soll.[1] Auf die unterschiedlichen Konkretisierungsmöglichkeiten des Bedarfs und die sich daraus ergebenden Konsequenzen wurde oben bereits hingewiesen.[2]

Erst im Anschluß an die Bedarfsplanung sollte die Planung der Beschaffungsziele und -strategien erfolgen, da sowohl Ziel- als auch Strategieprioritäten und -komplementaritäten im konkreten Fall je nach Bedarfsart und Bedarfskonkretisierung erheblich differieren können. So ist es beispielsweise denkbar, daß die beschaffende Unternehmung bei einem warenbörslich gehandelten Rohstoff, der hinsichtlich Quantität und Gestaltung keine Probleme aufwirft, das Kostensenkungsziel verfolgt, während bei einem strategisch wichtigen Beschaffungsobjekt, dessen Fehlen die Aufrechterhaltung der betrieblichen Tätigkeit gefährden würde und bei dem eine ausgeprägte Abhängigkeit von einzelnen Lieferanten vorliegt, das Ziel der sicheren Versorgung oder flexibler Handlungsweisen im Vordergrund steht.[3] Deutlicher wird diese Überlegung noch bei der Planung der Beschaffungsstrategien, denn ob eine Standardisierungsstrategie verfolgt werden soll, ob Vorratshaltung oder fertigungssynchrone Lieferung erfolgt, hängt vom jeweiligen Objekt ab und kann davon losgelöst gar nicht entschieden werden.

Ziele sind nach Heinen[4] generelle Imperative, die durch

---

1) Vgl. hierzu auch die verschiedenen Modelle des Beschaffungsverhaltens beispielsweise bei Webster, F.E./Wind, Y.: Organisational Buying Behavior, a.a.O.; Backhaus, K.: Investitionsgüter-Marketing, a.a.O., S. 39 ff.; Engelhardt, W.H./Günter, B.: Investitionsgütermarketing, a.a.O., S. 31 ff.
2) Vgl. Abschnitt 3.1 dieser Arbeit.
3) Vgl. zu den Beschaffungszielen und -strategien detaillierter S. 63 f. dieser Arbeit
4) Vgl. Heinen, E.:Grundlagen betriebswirtschaftlicher Entscheidungen, 2. Aufl., Wiesbaden 1971, S. 49 ff.; vgl. dazu auch Bidlingmaier, J./Schneider, D.J.G.: Ziele, Zielsysteme und Zielkonflikte, in: Handwörterbuch der Betriebswirtschaft, 4. Aufl.,a.a.O., Sp. 4731 ff.

die Dimensionen Inhalt, erstrebtes Ausmaß und zeitlicher
Bezug gekennzeichnet sind. Ohne hier im einzelnen auf
Fragen entscheidungsbezogener Zielforschung einzugehen [1],
ist es wohl einleuchtend, daß sich die Vielfalt der Ziele
in einer Unternehmung danach systematisieren läßt, "inwieweit sie jeweils 'Mittelcharakter' für eine Verwirklichung
der übrigen Elemente der Zielmenge aufweisen."[2] Es entsteht somit eine Zielhierarchie mit verschiedenen Ebenen.
Auf der obersten Stufe stehen solche Ziele, die ihrerseits
nicht wiederum Mittel zur Verwirklichung anderer Ziele darstellen. Diese obersten Ziele können als Unternehmensziele
oder, da in Relation dazu alle anderen Ziele Mittelcharakter besitzen, als Basisziele bezeichnet werden. Einen
Überblick über solche grundlegenden Ziele gibt Koppelmann
(s. Abb. 7).

Auf der nächstniedrigeren Zielebene können die betrieblichen
Funktionsbereiche zur Gliederung herangezogen werden. Es
lassen sich damit also Beschaffungs-, Produktions-, Absatz-,
Forschungs- und Entwicklungs-, Finanz- und Personalziele
unterscheiden.

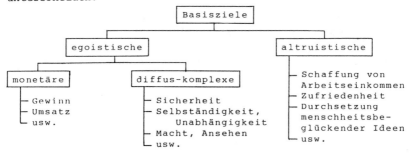

Abb. 7: Mögliche Basisziele nach Koppelmann [3]

---

1) Vgl. bspw. Bidlingmaier, J.: Unternehmerziele und Unternehmerstrategien, Wiesbaden 1964; ders.: Ziekonflikte
und Zielkompromisse im unternehmerischen Entscheidungsprozeß, Wiesbaden 1968; Bidlingmaier, J./Schneider, D.J.
G.: Ziele, Zielsysteme und Zielkonflikte, a.a.O.; Heinen,
E.: Grundlagen betriebswirtschaftlicher Entscheidungen,
a.a.O.; ders.: Grundfragen der entscheidungsorientierten
Betriebswirtschaftslehre, München 1976.

2) Heinen, E.: Grundlagen betriebswirtschaftlicher Entscheidungen, a.a.O., S. 103.

3) Koppelmann, U.: Grundlagen des Produktmarketing, a.a.O.,
S. 102.

Von den Funktionsbereichszielen interessieren im weiteren nur die erstgenannten Beschaffungsziele. Während sich jedoch beispielsweise in der Absatzmarketingliteratur detaillierte Ausführungen zu Zielfragen finden lassen[1], existieren in der Beschaffungsliteratur erst sporadische Ansätze einer Zieldiskussion. Ohne auf die dort genannten Ziele[2] näher einzugehen, werden hier in Anlehnung an Harlander/ Koppelmann die in Abbildung 8 dargestellten vier Beschaffungsziele unterschieden, denen auf einer weiteren Subzielebene verschiedene Beschaffungsstrategien zugeordnet sind.

Senkung der Beschaffungskosten	Steigerung der Beschaffungssicherheit	Steigerung der Beschaffungsflexibilität	Steigerung der Beschaffungsqualität
-Standardisierung	-Vorratshaltung	-Vorratshaltung	-Eigenentwicklung mit Fremdbezug
-fertigungssynchrone Lieferung	-Beschaffungsmärkteportfolio	-viele Beschaffungsmärkte	-Entwicklungskooperation
-Buy statt Make	-Lieferantenportfolio	-viele Lieferanten	-Kontrollintensivierung
-Kooperation	-Kontrollintensivierung	-Buy statt Make	-Make statt Buy
-etc.	-Alternativplanung	-etc.	-etc.
	-etc.		

Abb. 8: Beschaffungsziele und -strategien[3]

---

1) Vgl. bspw. Gutenberg, E.: Grundlagen der Betriebswirtschaft, Bd.2, Der Absatz, 17.Aufl., Berlin/Heidelberg/ New York 1984, S. 64ff.; Meffert, H.: Marketing, a.a.O., S. 71 ff.; Kotler, Ph.: Marketing-Management, a.a.O., S. 73 ff.; Bidlingmaier, J.: Marketing 1+2, a.a.O., S. 24 ff.

2) Vgl. bspw. Grochla, E./Schönbohm, P.: Beschaffung in der Unternehmung, a.a.O., S. 32 ff.; Lippmann, H.: Beschaffungsmarketing, a.a.O., S. 41 ff.; Stark, H.: Beschaffungsführung, a.a.O., S. 45 ff.; Seiler, H.: System- und entscheidungstheoretischer Modellansatz zur industriellen Beschaffungspolitik, Diss. St. Gallen 1977, S. 36 ff.

3) Vgl. Harlander, N./Koppelmann, U.: Integrierte Materialwirtschaft - ein Reizwort im wahrsten Sinne des Wortes, in: Beschaffung aktuell, Heft 9, 1983, S. 18 ff.; dieselben: Auf den Wein kommt's an ... und weniger auf die Schläuche, a.a.O., S. 22 ff.

Das Ziel 'Senkung der Beschaffungskosten' kann sich sowohl auf eine Senkung der Objekteinstandspreise als auch auf eine Senkung der Funktionskosten der Beschaffung beziehen.
Dazu im Konflikt steht in der Regel das Ziel 'Steigerung der Beschaffungsqualität', das auf eine Erhöhung des Kongruenzgrades zwischen Bedarf und Lieferantenleistungen abzielt. Das Ziel besteht in diesem Fall also darin, die Abweichungen der Lieferantenleistungen vom Bedarf möglichst gering zu halten.[1)]
Das Ziel 'Steigerung der Beschaffungssicherheit' impliziert, daß man diejenige Handlungsalternative wählt, bei der die (objektive oder subjektive) Wahrscheinlichkeit von unerwünschten Abweichungen möglichst gering ist. Dieses Ziel ist also auf Störungsvermeidung gerichtet.
Auf eine mögliche Störungsbewältigung hingegen bezieht sich das Ziel 'Steigerung der Beschaffungsflexibilität'. Hiernach wählt man diejenige Handlungsalternative aus, die nach Eintritt einer exogenen oder endogenen Veränderung möglichst viele Handlungsmöglichkeiten offen läßt.
Bei der Planung der Beschaffungsziele und -strategien ist zunächst das im Hinblick auf die Erreichung der Unternehmensziele dominante Beschaffungsziel festzulegen, dem dann Nebenziele unter Berücksichtigung der Kompatibilität zugeordnet werden. Anschließend ist die Kompatibilität der Beschaffungsziele mit anderen Funktionszielen zu überprüfen. Ähnlich kann man bei der Strategieplanung vorgehen, indem eine dem Beschaffungsziel entsprechende Hauptstrategie festgelegt wird, der dann kompatible Nebenstrategien zugeordnet werden können.

Die nächste Phase im Beschaffungsprozeß nach der Bedarfs- sowie Ziel- und Strategieplanung stellt die Gewinnung von Beschaffungsmarktinformationen dar. Da dies der Kerninhalt der vorliegenden Arbeit ist, kann hier auf eine Darstellung verzichtet werden.[2)]

---

1) Vgl. dazu auch Abschnitt 3.2 dieser Arbeit.
2) Vgl. dazu Kapitel 4 dieser Arbeit.

Liegen dem Entscheidungsträger die benötigten, durch Beschaffungsmarktforschung gewonnenen Informationen vor, so muß die <u>Auswahl der Beschaffungsmärkte</u> und dann konkreter <u>die Auswahl der Lieferanten</u> erfolgen, von denen beschafft werden soll. Während zur Wahl von Beschaffungsmärkten in der Literatur keine Aussagen zu finden sind[1], existieren zur Lieferantenwahl einige Kriterienbündel und auch Handlungsprogramme, nach denen die Wahl vorzunehmen ist.[2] Jedoch sind in der Regel diese Lieferantenwahlkriterien aufgrund ihrer Unvollständigkeit und die Scoring-Modelle als Verknüpfungsprogramme aufgrund der Scheingenauigkeit mit Skepsis zu betrachten.

Nach der Auswahl des/der Lieferanten muß der <u>Einsatz des beschaffungspolitischen Instrumentariums</u> geplant werden. Wie in Abschnitt 3.4 noch näher erläutert wird, werden hier bedarfsbezogene Instrumente (Forderungsinstrumente) sowie lieferantenanspruchsbezogene Instrumente (Anreizinstrumente) unterschieden. Der Unterschied zwischen den verschiedenen Bedarfsarten und den Forderungsinstrumenten besteht darin, daß der Bedarf lieferantenneutral geäußert wird, während

---

1) Anm.d.Verf.: Ein Ansatzpunkt zur Auswahl von Beschaffungsmärkten könnte in der in der Abbildung 54, S. 254 dargestellten Beschaffungsmärktetypologie gesehen werden.

2) Vgl. bspw. Adams, Ch.B.: Die Auswahl der Lieferanten, in: Einkauf mit Gewinn, hrsg. v. American Management Association (AMA); aus dem Amerikanischen "Purchasing for Profit", o.J., Düsseldorf/Wien 1963, S.146 ff.; Busch, H.F.: Der optimale Lieferant, in: Beschaffung aktuell, Heft 11, 1976, S. 40 ff.; Gahse, S.: Lieferantenbewertung mit Hilfe der Datenverarbeitung, a.a.O., S. 26 ff.; Heidelberger, E.: Lieferantenbewertung und Lieferantenbeurteilung, in: Beschaffung aktuell, Heft 6, 1978, S. 29 ff.; Meinecke, H.: Lieferantenwahl, in: Beschaffung aktuell, Heft 10, 1977, S. 49; Stark, H.: Anbieteranalyse - Instrument der aktiven Einkaufsvorbereitung, in: Beschaffung aktuell, Heft 6, 1979, S. 40 ff.; ders.: Scoring-Modelle für Einkaufsentscheidungen, a.a.O., S. 58 ff.; Tanew, G.: Lieferantenbewertungssystem - Entscheidungshilfe für die 'günstigste' Beschaffungsquelle, a.a.O.; dies.: Lieferantenbewertung, a.a.O.; Treffert, J.C.: Anbieterselektion, in: Beschaffung aktuell, Heft 6, 1980, S. 20 ff.; Zäpfel, G.: Entscheidungsprobleme bei der Beschaffung von Stoffen für ein gegebenes Fertigungsprogramm, Diss. Karlsruhe 1970, S. 229 ff.

die Instrumente immer an einen ganz bestimmten Lieferanten
gerichtet sind. Bei der Instrumentenplanung geht es also
darum, die Forderungs- und Anreizinstrumente bzw. deren
Variablenausprägungen so auszuwählen, daß der zugrundeliegende Bedarf mittelbar durch Berücksichtigung der Ansprüche
des konkreten Lieferanten möglichst gut befriedigt wird.[1]

Nach der realen Leistungserfüllung (Lieferung) durch den
Lieferanten erfolgt die <u>Beschaffungskontrolle</u>.[2] Diese kann
sich zum einen als dispositive Kontrolle auf die Überprüfung der konkreten Lieferantenleistungen beziehen, indem
analysiert wird, ob die erbrachten mit den vereinbarten
Leistungen übereinstimmen. In Analogie zu den verschiedenen Bedarfsarten sind hier also Mengen-, Gestaltungs- und
Modalitätskontrollen zu unterscheiden. Zum zweiten kann
aber auch im Sinne einer strategischen Kontrolle der
eigene Planungsprozeß überprüft werden. Somit wird in der
Bedarfskontrolle analysiert, ob bei der Abstimmung der
Funktionsbereichsanforderungen tatsächlich das bestmög-
liche Ergebnis erzielt worden ist. Die Ziel- und Strate-
giekontrolle beschäftigt sich mit den Fragen, ob das Haupt-
und die Nebenziele der Beschaffung zielführend in Bezug
auf die Unternehmensziele sind und ob die gewählten Beschaffungsstrategien die besten Alternativen zur Erreichung
der Beschaffungsziele darstellen. Weiterhin ist zu überprüfen, ob die gesetzten Ziele auch tatsächlich erreicht
worden sind. Die Informationskontrolle hat zu überprüfen,
ob die benötigten Informationen (Inhalte und Umfang) unter
Beachtung der festgelegten Anforderungen an die Informationen
dem relevanten Aktionsträger zur Verfügung gestellt worden
sind etc. Letztlich muß also die strategische Beschaffungskontrolle alle Phasen des Beschaffungsplanungsprozesses
berücksichtigen. Auf die Auswertung der Kontrollinforma-

---

1) Vgl. dazu detaillierter Abschnitt 3.4 dieser Arbeit.
2) Vgl. dazu bspw. Arnold, U.: Strategische Beschaffungspolitik, a.a.O.; Stark, H.: Beschaffungsführung,
   a.a.O., S. 105 ff.

tionen und deren Darstellung - im wesentlichen mittels Kennzahlen - soll hier nicht näher eingegangen werden.[1]

3.4 Beschaffungsmarketing als marktorientierte Beschaffungspolitik

Wie der Absatzbereich einer Unternehmung, so ist auch der Beschaffungsbereich dadurch gekennzeichnet, daß er eine Schnittstelle der Unternehmung zu Marktpartnern darstellt. Zur Fundierung einer Beschaffungsmarketingkonzeption ist es daher hilfreich, zunächst die grundsätzliche Konzeption des Absatzmarketings zu analysieren. "Marketing (hier im Sinne von Absatzmarketing, d.Verf.) ist die bewußt marktorientierte Führung des gesamten Unternehmens oder marktorientiertes Entscheidungsverhalten in der Unternehmung."[2] Somit wird "nicht mehr die Produktionskapazität, sondern die Nachfrage (...) zum Engpaß für die betriebliche Entwicklung."[3] Betrachtet man die dahinterstehenden Verhaltensmotive, so läßt sich Marketing auffassen als "eine menschliche Tätigkeit, die darauf abzielt, durch Austauschprozesse Bedürfnisse und Wünsche zu befriedigen bzw. zu erfüllen"[4], wobei ein Austausch nur dann stattfinden kann, wenn 1. zwei Parteien vorhanden sind, wenn 2. jede Partei über etwas verfügt, das für die andere von Wert sein könnte, wenn 3. jede Partei der Kommunikation und der Übergabe des

---

1) Vgl. dazu bspw. Grochla, E./Fieten, R./Puhlmann, M./ Vahle, M.: Erfolgsorientierte Materialwirtschaft durch Kennzahlen, Baden-Baden 1983; dieselben: Zum Einsatz von Kennzahlen in der Materialwirtschaft mittelständischer Industrieunternehmungen. Ergebnisse einer empirischen Analyse, in: ZfbF, Heft 6, 1982, S. 569 ff.
2) Meffert, H.: Marketing, a.a.O., S. 33.
3) Nieschlag, R./Dichtl, E./Hörschgen, H.: Marketing, 8. Aufl., Berlin 1975, S. 18.
4) Kotler, Ph.: Marketing-Management, a.a.O., S. 19.

Wertobjekts fähig ist und wenn es 4. jeder Partei freisteht, das Angebot anzunehmen oder abzulehnen.[1] Wie die folgende Abbildung zeigt, besteht also der Grundsatz der Absatzmarketingkonzeption darin, daß die eigene Zielerreichung angestrebt wird durch eine nachhaltige Befriedigung der Marktpartnerwünsche.

Ausgangspunkt	Mittel	Ziele
Produkte	Marketingpolitische Instrumente	Gewinnerzielung über ein entspechendes Umsatzvolumen

Altes Marketingkonzept

Ausgangspunkt	Mittel	Ziele
Nachfragerwünsche	Marktforschung → Marketing-Mix	Gewinnerzielung über die nachhaltige Befriedigung der Kundenwünsche

Neues Marketingkonzept

Abb. 9: Grundlage einer Absatzmarketingkonzeption[2]

Es bleibt indes zu prüfen, ob eine solche unmodifizierte Übernahme der Absatzmarketingkonzeption für die Beschaffung sinnvoll ist.

Analysiert man zunächst die Beschaffungsliteratur hinsichtlich der dort genannten Instrumente bzw. Maßnahmen, mit denen der Beschaffer dem Marktpartner (Lieferanten) gegenübertreten kann, so stellt man fest, daß die Instrumentenkataloge, von wenigen Ausnahmen abgesehen, nur Forderungen

---

1) Vgl. Kotler, Ph:: Marketing-Management, a.a.O., S. 21; Anm.d.Verf.: Auf die soziologische Fundierung dieser Austauschprozesse wird hier nicht näher eingegangen. Vgl. dazu ausführlich Biergans, B.: Zur Entwicklung eines marketingadäquaten Ansatzes und Instrumentariums für die Beschaffung, a.a.O., S. 111 ff.

2) Entnommen aus Bidlingmaier, J.: Marketing 1, a.a.O., S. 14

des Beschaffers an den Lieferanten beinhalten.[1] Hierin zeigt sich der entscheidende Unterschied des beschaffungspolitischen gegenüber dem absatzpolitischen Marketinginstrumentarium, nämlich der, daß im Beschaffungsmarketing <u>konkrete</u> Wünsche des Beschaffers an den Marktpartner existieren (der Bedarf), die als entsprechend konkrete Forderungen gestellt werden. Geht man aber von der obigen Überlegung aus, daß ein Austausch nur dann zustande kommt, wenn er für beide Parteien von Nutzen ist, so ist zu fragen, was denn den Lieferanten dazu bringt, auf die Forderungen des Beschaffers einzugehen. Den alleinigen Nutzen für den Marktpartner im monetären Gegenwert, dem Preis für das Beschaffungsobjekt zu sehen, wie dies implizit bei den rein forderungsorientierten Instrumentarien geschieht, erscheint zu wenig, da dem Beschaffer eine Vielzahl anderer Maßnahmen zur Verfügung stehen, die für den Lieferanten Vorteile bedeuten können. Sporadisch wird in der Literatur in diesem Zusammenhang auf Maßnahmen der Lieferantenpflege bzw. Lieferantenförderung hingewiesen.[2] Somit konstituiert sich eine Beschaffungsmarketingkonzeption unter Berücksichtigung

---

1) Vgl. bspw. Harlander, N./Platz, G.: Beschaffungsmarketing und Materialwirtschaft, a.a.O., S. 55 ff.; Berg, C.C.: Beschaffungsmarketing, Würzburg/Wien 1981, S. 22 ff.; Grochla, E./Schönbohm, P.: Beschaffung in der Unternehmung, a.a.O., S. 64 ff.; Stark, H.: Beschaffungsführung, a.a.O., S. 68 ff.; Seiler, H.: System- und entscheidungstheoretischer Modellansatz zur industriellen Beschaffungspolitik, a.a.O., S. 57 ff.; Theisen, P.: Beschaffungspolitik, in: Handwörterbuch der Absatzwirtschaft, hrsg. v. B. Tietz, Stuttgart 1974, Sp.338 ff.

2) Vgl. bspw. Arnolds, H./Heege, F./Tussing, W.: Materialwirtschaft und Einkauf, a.a.O., S. 229 ff.; Mai, A.: Lieferantenwahl, a.a.O., S. 211 ff.; Stark, H.: Lieferantenpflege - ein Instrument aktiver Einkaufspolitik, in: Beschaffung aktuell, Heft 8,1978, S. 19 ff.; ders.: Strategien zur Leistungssicherung bei kleineren Lieferanten, in: Einkauf/Materialwirtschaft, Heft 64,1979, S. 17 ff.; Treis, B.: Das beschaffungspolitische Instrumentarium, in: Der Markt 1971, S. 89 ff.

der Marktpartnerseite wie in Abbildung 10, wobei der Beschaffungsverhandlungsprozeß geprägt wird durch die Forderungen und Anreize des Beschaffers auf der einen und die Beiträge und Erwartungen des Lieferanten auf der anderen Seite.[1]

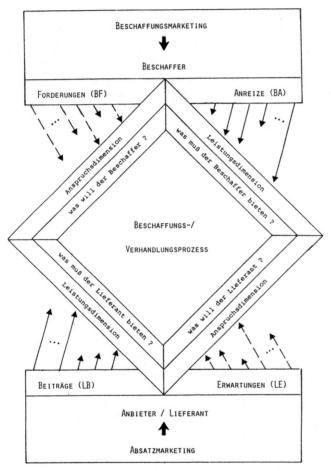

Abb. 10: Zur Konzeption des Beschaffungsmarketings[2]

---

[1] Vgl. zur grundsätzlichen Vorstellung einer Beschaffungsmarketingkonzeption auch Kern, F.: Die Marketingtabus der Einkäufer, a.a.O., S. 96 ff.; Köckmann, P.: Preiserhöhungen strategisch richtig behandeln, in: Beschaffung aktuell, Heft 2, 1983, S. 32

[2] entnommen aus Biergans, B.: Zur Entwicklung eines marketingadäquaten Ansatzes und Instrumentariums für die Beschaffung, a.a.O., S. 128.

Weit über die bisherigen Instrumentenkataloge hinausgehend, entwickelte Biergans ein System forderungspolitischer und eines anreizpolitischer Beschaffungsinstrumente, auf die hier jedoch nicht näher eingegangen werden kann.[1]

Zu beachten ist bei dieser - zunächst gedanklichen - Trennung beschaffungspolitischer Maßnahmen in Forderungen und Anreize jedoch, daß die Zuordnung einer <u>konkreten</u> Maßnahme zu einem dieser Bereiche nur tendenzieller Art ist, da nur im speziellen Fall entschieden werden kann, ob eine Maßnahme eine Forderung an oder einen Anreiz für den Lieferanten darstellt.[2]

Auf die Problematik der Instrumentenverknüpfung sei an dieser Stelle nur hingewiesen, eine auf Beschaffungsobjektmerkmalen basierende Lösungsmöglichkeit findet sich bei Biergans.[3]

3.5 Beschaffungsinformationen als Grundlage der Beschaffungsplanung

Vieles ist bis heute zum Informationsbegriff, zur Notwendigkeit von Information, zum Informationsverhalten, zu Kosten und Nutzen von Information etc. ausgeführt worden.[4] An dieser Stelle kann es aber nicht darum gehen, diese umfangreiche Literatur zu informationswirtschaftlichen

---

1) Vgl. dazu Biergans, B. Zur Entwicklung eines marketingadäquaten Ansatzes und Instrumentariums für die Beschaffung, a.a.O., S. 204 ff.
2) Vgl. ebenda, S. 210 ff.
3) Vgl. ebenda, S. 342 ff.
4) Vgl. dazu bspw. Wittmann, W.: Unternehmung und unvollkommene Information, Köln/Opladen 1959; ders.: Entscheiden unter Ungewißheit, Wiesbaden 1975; ders.: Information, in: Handwörterbuch der Organisation, hrsg. v. E. Grochla, 2. Aufl., Stuttgart 1980, Sp.894 ff.; Berthel, J.: Informationen und Vorgänge ihrer Bearbeitung in der Unternehmung, Berlin 1967; ders.: Betriebliche Informationssysteme, Stuttgart 1975; ders.: Information, in: Handwörterbuch der Betriebswirtschaft, hrsg. v. E. Grochla u. W. Wittmann, 4.Aufl., Stuttgart 1975; Wacker, W.H.: Betriebswirtschaftliche Informationstheorie, Opladen 1971; Witte, E.: Das Informationsverhalten in Entscheidungsprozessen, Tübingen 1972;Grochla, E.: (Fortsetzung der Fußnote s. nächste Seite)

Fragestellungen zu rekapitulieren, da dies den Rahmen der
vorliegenden Themenstellung sprengen würde und überdies
kein Erkenntnisfortschritt zu erwarten wäre. Statt dessen
soll hier kurz dargelegt werden, inwieweit die Beschaffungsmarktforschung durch die Bereitstellung bestimmter
Beschaffungsinformationen zu einer Verbesserung der Planungs- und Entscheidungsprozesse in der Beschaffung beitragen kann.

Üblicherweise wird unter Information nach Wittmann "zweckorientiertes Wissen (verstanden, d.Verf.), wobei der Zweck
in der Vorbereitung des Handelns liegt."[1] Da eine solche
Vorbereitung des Handelns im Sinne einer Antizipation hypothetischer, in der Zukunft liegender Entscheidungen als
Planung bezeichnet wird, können Informationen nach den
einzelnen Phasen des Planungs- bzw. Entscheidungsprozesses
gegliedert werden, d.h. hierbei steht die Frage im Vordergrund, wozu, in welcher Phase des Entscheidungsprozesses
Informationen benötigt werden. Somit lassen sich Anregungs-
und Probleminformationen, Alternativen- und Entschlußinformationen, Realisierungsinformationen und Kontrollinformationen unterscheiden.[2]

Fortsetzung der Fußnote 4) von S. 71
Betriebliche Planung und Informationssysteme, Reinbek bei
Hamburg 1975; Mag, W.: Entscheidung und Information,
München 1977; Niggemann, W.: Optimale Informationsprozesse in betriebswirtschaftlichen Entscheidungssituationen, Wiesbaden 1973; Berthel, J./Moews, D.: Information und Planung in industriellen Unternehmungen, Berlin
1970; Rehberg, J.: Wert und Kosten von Informationen,
Frankfurt/Main, Zürich 1983; Römheld, D.: Informationssysteme und Management-Funktionen, Wiesbaden 1973;
Platz, H.P.: Die Überwindung informationswirtschaftlicher Engpässe in der Unternehmung, Berlin 1980;
Pietzsch, J.: Die Information in der industriellen
Unternehmung, Köln/Opladen 1964.

1) Wittmann, W.: Information, in: Handwörterbuch der Organisation, a.a.O., Sp. 894; vgl. zur Kritik an dieser
und anderen Definitionen von Information bspw. Kirsch,
W.: Einführung in die Theorie der Entscheidungsprozesse,
2. Aufl., Bd.II, S. 79.

2) Vgl. Wacker, W.H.: Betriebswirtschaftliche Informationstheorie, a.a.O., S. 100 ff.

Bezieht man diese grundlegende Überlegung nun auf den in
Abschnitt 3.3 beschriebenen Beschaffungsprozeß, so können
auf einem höheren Abstraktionsniveau nach dem Informations-
zweck die folgenden Informationsarten unterschieden werden:

1. Informationen für die Bedarfsplanung,
2. Informationen für die Ziel- und Strategieplanung,
3. Informationen für die Marktforschungsplanung,
4. Informationen für die Planung des
   Märkte- und Lieferantenportfolios
5. Informationen für die Instrumentalplanung,
6. Informationen für die Kontrollplanung.

Doch nicht nur der Zweck der Information läßt sich als
Systematisierungskriterium heranziehen, sondern ebenso
die Herkunft der Information, also die Frage, aus welcher
Planungsphase sich die Information ergibt. Damit können
Informationen gleichfalls nach den Beschaffungsprozeß-
phasen unterschieden werden, mit dem Unterschied, daß
jetzt nicht wie oben der informationelle Input in die
Prozeßphasen, sondern der entsprechende Output betrachtet
wird. Somit ergeben sich als Informationsarten:

1. Informationen über den Bedarf,
2. Informationen über verfolgte Ziele und Strategien,
3. Informationen über Beschaffungsmärkte,
4. Informationen über das eigene Märkte- und
   Lieferantenportfolio,
5. Informationen über die eingesetzten Instrumente,
6. Informationen über Kontrollergebnisse.

Grundsätzlich können nun durch Kombination von Informationsinput und -output alle Prozeßphasen in informationeller Hinsicht miteinander verknüpft werden, indem beispielsweise
Informationen über Beschaffungsziele und -strategien (Infor-
mationsoutput) als Einflußfaktoren in die Planung des Lieferantenportfolios eingehen (Informationsinput), da die Zu-
sammensetzung des Portfolios unter anderem von dem verfolg-

ten Beschaffungsziel abhängt, was wohl keiner besonderen
Begründung bedarf. Eine solche Betrachtung aller denkbaren
Informationsströme erscheint im Rahmen der vorliegenden
Arbeit jedoch unnötig weit, da hier nur diejenigen Informationsbeziehungen relevant sind, die die Prozeßphase 'Marktforschung' tangieren.

Daher werden in Abbildung 11 nur diejenigen Informationsströme berücksichtigt, die Herkunft (Output) und Zweck (Input) von Informationen bezüglich der Beschaffungsmarktforschung betreffen. Dabei werden ein zeitlich vor- und ein
zeitlich nachgelagerter Beschaffungsprozeß betrachtet, um
auch die Abhängigkeiten zwischen verschiedenen Planungsprozessen verdeutlichen zu können.

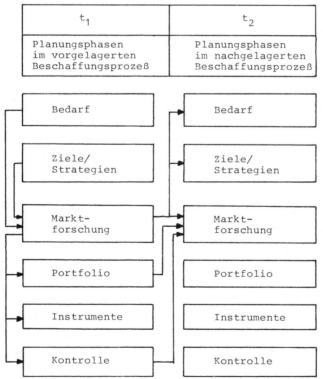

Abb. 11: Marktforschungsrelevante Informationsströme
in Beschaffungsprozessen

Hinsichtlich der informationellen Beziehungen der Beschaffungsmarktforschung zu anderen Prozeßphasen läßt sich also festhalten, daß die Beschaffungsmarktforschung

1. zurückgreift auf Informationen über den Bedarf sowie über Ziele und Strategien aus dem gleichen Beschaffungsprozeß,

2. zurückgreift auf Informationen über Beschaffungsmärkte, das bestehende Märkte- und Lieferantenportfolio sowie auf Kontrollinformationen aus vorgelagerten Beschaffungsprozessen,

3. Informationen bereitstellt für die Portfolio-, Instrumenten- und Kontrollplanung im gleichen Beschaffungsprozeß,

4. Informationen bereitstellt für die Bedarfs- sowie Ziel- und Strategieplanung in nachgelagerten Beschaffungsprozessen.

(ad 1.) Wie sich später noch deutlich zeigen wird[1], benötigt die Beschaffungsmarktforschung Informationen sowohl über Bedarfsaspekte als auch über Ziele und Strategien, da beides in wesentlichem Maße die Auswahl der zu erhebenden Informationsinhalte beeinflußt. Da diesem Gesichtspunkt an späterer Stelle große Bedeutung beigemessen wird, soll hier auf eine genauere Erläuterung verzichtet werden.

(ad 2.) In diesem Fall ist es denkbar, daß die Beschaffungsmarktforschung auf Informationen aus einer früher durchgeführten Primärerhebung zurückgreift und dieses Datenmaterial nun im Rahmen der Sekundärmarktforschung für einen anderen Zweck auswertet.[2]

---

1) Vgl. Abschnitt 4.32, S. 160 ff. dieser Arbeit
2) Vgl. zur Unterscheidung zwischen Primär- und Sekundärmarktforschung S. 201 f. dieser Arbeit

Informationen über das bestehende Märkte- bzw. Lieferantenportfolio können notwendig sein, um festzulegen, über welche Beschaffungsmärkte und Lieferanten überhaupt Informationen gewonnen werden sollen (Informationsumfang). Der Zusammenhang zwischen speziellen Kontrollinformationen und der Beschaffungsmarktforschung ist sehr eng. So liefert beispielsweise die Kontrolle der Lieferantenleistungen (z.B. Wareneingangskontrolle) Informationen, die unmittelbar in die Beschaffungsmarktforschung bezüglich der Lieferantenleistungen und Leistungstrends eingehen.

(ad 3.) Daß die Beschaffungsmarktforschung solche Informationen bereitstellt, die zur Auswahl von Beschaffungsmärkten und Lieferanten dienen, liegt im Kern ihres Aufgabenbereiches und braucht hier wohl nicht ausgeführt zu werden. Durch die Ermittlung von Lieferantenleistungen und Lieferantenansprüchen[1] gibt die Beschaffungsmarktforschung aber auch Hinweise darauf, welche forderungs- und anreizpolitischen Beschaffungsinstrumente[2] lieferantenadäquat eingesetzt werden können. Ebenso können Ergebnisse der Beschaffungsmarktforschung für die Kontrollplanung bedeutsam sein, indem beispielsweise Leistungsschwächen einzelner Lieferanten festgestellt werden, so daß in der Leistungskontrolle diesen schwächeren Leistungsbereichen besonderes Gewicht beigemessen wird.

(ad 4.) Schließlich ist der Fall möglich, daß die Beschaffungsmarktforschung Anregungen gibt für eine später erfolgende Bedarfs- bzw. Ziel- und Strategieplanung.

---
1) Vgl. zu diesen Informationsinhalten Abschnitt 4.31, S. 139 ff. dieser Arbeit
2) Vgl. dazu genauer Abschnitt 3.4, S. 67 ff. dieser Arbeit

So ist es beispielsweise vorstellbar, daß durch
initiativ-strategische Beschaffungsmarktforschung
neue Substitutionsobjekte gefunden werden, die in
einer späteren Bedarfsplanung berücksichtigt werden
können, oder daß kooperationsfähige Beschaffungskonkurrenten ausgemacht werden, so daß später die
Strategie einer Beschaffungskooperation ins Auge
gefaßt werden kann.

4. Beschaffungsmarktforschung als Entscheidungsprozeß[1)]

4.1 Zur Bildung eines problemrelevanten Aussagensystems

Es wurde oben bereits darauf hingewiesen, daß neben der im vorigen Kapitel vorgenommenen Einordnung der Beschaffungsmarktforschung in die Gesamtaufgabe der Beschaffung das Ziel der vorliegenden Arbeit darin besteht, das Entscheidungsfeld 'Beschaffungsmarktforschung' zu strukturieren, um so letztlich Handlunganweisungen zu entwickeln, was im Rahmen der Beschaffungsmarktforschung unter welchen Bedingungen sinnvollerweise getan werden sollte.[2)]
Diese Intention deckt sich mit der von Grochla in einem anderen Zusammenhang erhobenen Forderung nach einer praktischen Orientierung, bei der „letztlich instrumentale Aussagen (entwickelt werden, d. Verf.), in denen die Beschreibungen und Erklärungen vorkommender Größen so geordnet werden, daß ihre Bedeutung als Ziele, Restriktionen, Aktionsparameter und Wirkungen (...) erkennbar wird."[3)]
Bevor aber ein System solcher Aussagen über die Realität[4)] schließlich dargestellt werden kann, ist es erforderlich, einige grundsätzliche Überlegungen über mögliche Arten der Realitätsabbildung und über Anforderungen, die an solche Abbildungen zu stellen sind, zu beschreiben. Weiterhin ist zu erläutern, auf welche Weise Aussagensysteme über die

---

1) Vgl. zu diesem Kapitel auch die zusammenfassende Darstellung bei Stangl, U./Koppelmann, U.: Beschaffungsmarktforschung - ein prozessuales Konzept, a.a.O., S. 347 ff.

2) Vgl. Abschnitt 1.2, S. 13 ff. dieser Arbeit

3) Grochla, E.: Einführung in die Organisationstheorie, a.a.O., S. 55

4) Anm. d. Verf.: Unter einem Aussagensystem wird hier in Analogie zum allgemeinen Systembegriff eine geordnete Menge von Aussagen und zwischen diesen Aussagen bestehenden Beziehungen verstanden. Vgl. zum Systembegriff bspw. Ulrich, H.: Der allgemeine Systembegriff, in: Grundlagen der Wirtschafts- und Sozialkybernetik, hrsg. v. J. Baetge, Opladen 1975, S. 33 ff.; Forrester, J.W.: Grundsätze einer Systemtheorie, Wiesbaden 1972, S. 9 ff.; Stichwort 'System', in: Grundbegriffe der Unternehmungsplanung, hrsg. v. N. Szyperski u. U. Winand, Stuttgart 1980, S. 47

Realität gewonnen werden können und welche dieser im folgenden nach Grochla als Forschungsstrategien[1] bezeichneten Vorgehensweisen in diesem Rahmen als zweckmäßig anzusehen ist.

4.11 Grundlagen der Modellbildung

Wie oben angedeutet[2], soll hier ein Aussagensystem über ein bestimmtes Realitätssegment aufgestellt werden. Dies bedeutet, daß einem Originalsystem, hier dem realen Entscheidungsfeld 'Beschaffungsmarktforschung' ein Abbildungssystem zugeordnet wird, wobei das Abbildungssystem bestimmten Anforderungen hinsichtlich der Relation zum Originalsystem genügen muß, auf die später noch näher einzugehen sein wird. Eine solche Abbildung eines Originalsystems wird gemeinhin als Modell bezeichnet.[3] Modelle seien definiert als „kognitive, sprachliche oder materiale Abbildungen von Objektsystemen, wobei bestimmte, von der Art des Originals und des Abbildungsmittels abhängige Ähnlichkeitserfordernisse erfüllt sind."[4]
Als konstitutive Merkmale von Modellen lassen sich somit die Abbildung, die Verkürzung und, was aus obiger Definition nicht explizit hervorgeht, die Pragmatik nennen.

Mit dem <u>Abbildungsmerkmal</u> ist der schon mehrfach erwähnte Sachverhalt angesprochen, daß „Modelle stets Modelle von etwas (sind, d. Verf.), nämlich Abbildungen, Repräsentationen natürlicher oder künstlicher Originale, die selbst wieder Modelle sein können."[5] Hinsichtlich der Art der

---

1) Vgl. Grochla, E.: Einführung in die Organisationstheorie, a.a.O., S. 67 f.
2) Vgl. S. 78 dieser Arbeit
3) Vgl. Troll, K.F.: Zur Problematik quantitativer Marketing-Modelle, Beiträge zum Produktmarketing, Bd. 1, hrsg. v. U. Koppelmann, Köln 1975, S. 17
4) Köhler, R.: Modelle, in: Handwörterbuch der Betriebswirtschaft, 4. Aufl., a.a.O., Sp. 2708
5) Stachowiak, H.: Allgemeine Modelltheorie, Wien/New York 1973, S. 131

Abbildung unterscheidet Köhler kognitive, sprachliche und materiale Modelle[1], Troll nennt ikonische, analoge und formale (symbolische) Abbildungsarten.[2] Die Frage nach der Abbildungsart berührt in starkem Maße die später noch darzustellenden Forschungsstrategien und soll daher an dieser Stelle nur insofern beantwortet werden, als hier schon bestimmte Möglichkeiten als unzweckmäßig ausgeschlossen werden können. Kognitive Abbildungen stellen subjektinterne Modelle dar[3] und können, da hier eine intersubjektive Modelldarstellung beabsichtigt ist, folglich nicht herangezogen werden. Materiale oder enger ikonische (bildhafte), „nicht-linguistische Gebilde der realen Subjektumwelt"[4], wie beispielsweise Fotographien, Plastiken oder Schaltkreise, materialisieren das Abbild des Originalsystems und können daher hier auch ausgeschlossen werden, da in dieser Arbeit ex definitione eine wie auch immer geartete linguistische Abbildung des Originalsystems angestrebt wird. Die verbleibenden Abbildungsmöglichkeiten sprachlicher Art in mehr oder weniger formalisierter und quantifizierter Form hängen, wie schon erwähnt, stark mit der jeweiligen Forschungsstrategie zusammen und werden daher erst an späterer Stelle betrachtet.

Das zweite konstitutive Modellmerkmal stellt das <u>Verkürzungsmerkmal</u> dar. Damit ist die Tatsache gemeint, „daß Modelle im allgemeinen nicht alle Attribute des durch sie repräsentierten Originals (erfassen, d. Verf.), sondern nur solche, die den jeweiligen Modellerschaffern und/oder Modellbenutzern relevant scheinen"[5] Problematisch daran ist, daß

---

1) Vgl. Köhler, R.: Modelle, a.a.O., Sp. 2701 ff.
2) Vgl. Troll, K.F.: Zur Problematik quantitativer Marketing-Modelle, a.a.O., S. 20 f.
3) Vgl. Köhler, R.: Modelle, a.a.O., Sp. 2701 ff.
4) Ebenda, Sp. 2701 f.
5) Stachowiak, H.: Allgemeine Modelltheorie, a.a.O., S. 132; vgl. auch Troll, K.F.: Zur Problematik quantitativer Marketing-Modelle, a.a.O., S. 17 ff.

erst die Kenntnis aller Originalattribute die exakte Wahl
der relevanten Modellattribute erlaubt[1], so daß bei dem in
dieser Arbeit vorliegenden Problemfeld hinsichtlich der
Wahl der Modellattribute keine Optimallösung, sondern nur
ein befriedigendes Ergebnis angestrebt werden kann.

Damit zusammenhängend ist als drittes Modellmerkmal die
Pragmatik zu nennen. Dieser von Troll als Subjektivierungsmerkmal bezeichnete Aspekt berücksichtigt die Tatsache, daß
„eine pragmatisch vollständige Bestimmung des Modellbegriffs
(...) nicht nur die Frage zu berücksichtigen (hat, d. Verf.),
wovon etwas Modell ist, sondern auch, für wen, wann und
wozu bezüglich seiner je spezifischen Funktion es Modell
ist."[2] Als Dimensionen der Pragmatik als Modellmerkmal
können somit die Subjektdimension (für wen?), die Zeitdimension (wann?) und die Finaldimension (wozu?) genannt werden.

Aus der Fülle möglicher Modellsystematisierungen[3] soll nur
eine, für die weiteren Ausführungen besonders bedeutsame
Gliederung herausgegriffen werden, deren Gliederungskriterium der Aussagengeltungsbereich des Modells darstellt.
Danach können Erfassungsmodelle (Beschreibungsmodelle, deskriptive Aussagensysteme), Erklärungsmodelle (explanatorische Aussagensysteme) und Entscheidungsmodelle (praxeologische Aussagensysteme) unterschieden werden.
Erfassungsmodelle „stellen Satzsysteme dar, die Objekte eines
Gegenstandsbereiches nach bestimmten Aspekten geordnet darstellen"[4], ohne jedoch allgemeine „Beziehungen zwischen
Tatbeständen eines Realitätsbereiches"[5] abzubilden. Sie

---

1) Vgl. Stachowiak, H.: Allgemeine Modelltheorie, a.a.O.,
   S. 132
2) Ebenda, S. 133; vgl. auch Troll, K.F.: Zur Problematik
   quantitativer Marketing-Modelle, a.a.O., S. 19
3) Vgl. dazu die Zusammenstellung bei Troll, K.F.: Zur Problematik quantitativer Marketing-Modelle, a.a.O., S. 23
4) Grochla, E.: Modelle als Instrumente der Unternehmungsführung, in: ZfbF, 21. Jg. 1969, S. 386
5) Ebenda, S. 386

dokumentieren also die Realität, beispielsweise typische Fälle oder auch nur einen besonders wichtigen. Auch statistische Kennzahlen sind hierzu zu zählen.[1]
Erklärungsmodelle bauen auf den Erfassungsmodellen auf und gehen darüber hinaus, indem sie „miteinander verbundene nomologische Hypothesen"[2] bilden, um reale Beziehungszusammenhänge aufzuzeigen.[3] Ein solcher Anspruch der Erklärung und Prognose realer Erscheinungen setzt aber zur Überprüfung der Hypothesen die Konfrontation mit der Realität voraus, also die empirische Absicherung der erklärenden Aussagensysteme.[4] Auf diesen Aspekt der empirischen Überprüfung hypothetischer Aussagensysteme wird bei der Behandlung der Forschungsstrategien noch näher eingegangen.
Die höchste Stufe der Modellbildung stellen Entscheidungsmodelle dar, die zusätzlich zu erklärenden Aussagensystemen Zielsetzungen, Randbedingungen und Entscheidungsvariablen enthalten.[5] Entscheidungsmodelle geben an, „unter welcher Zielsetzung welche Maßnahmen für bestimmte Aufgaben unter den jeweils herrschenden Bedingungen bei Berücksichtigung der Wirkungen ergriffen werden können."[6] Wie bereits mehrfach erwähnt, ist es das Ziel der vorliegenden Arbeit, solche Aussagen für den Bereich der Beschaffungsmarktforschung zu entwickeln. Somit müssen auch hier die Phasen der Deskription und Explanation zumindest implizit durchlaufen werden, um so letztlich zu einem praxeologischen Aussagensystem zu gelangen. Bevor aber im nächsten Abschnitt nun darauf eingegangen wird, welche Forschungsstrategien zur Modellbildung grundsätzlich angewandt werden können und welche dieser Stra-

---

1) Vgl. Grochla, E.: Einführung in die Organisationstheorie, a.a.O., S. 69
2) Grochla, E.: Modelle als Instrumente der Unternehmungsführung, a.a.O., S. 388
3) Vgl. Grochla, E.: Einführung in die Organisationstheorie, a.a.O., S. 70
4) Vgl. Grochla, E.: Modelle als Instrumente der Unternehmungsführung, a.a.O., S. 388; Köhler, R.: Modelle, a.a.O., Sp. 2714
5) Vgl. Grochla, E.: Modelle als Instrumente der Unternehmungsführung, a.a.O., S. 389; vgl. auch Köhler, R.: Modelle, a.a.O., Sp. 2712
6) Grochla, E.: Einführung in die Organisationstheorie, a.a.O., S. 70

tegien für das hier gegebene Problemfeld als die zweckmäßigste erscheint, soll zumindest kurz noch auf die entscheidende an ein Modell zu stellende Anforderung hingewiesen werden.

Aus der Konstitution eines Modells als Abbild eines Originalsystems ergibt sich die Forderung, „daß Modelle das ihnen zugrunde liegende Original (in unserem Falle die Realität) sowohl der Elemente als auch der Relationen der Elemente zueinander exakt abbilden müssen"[1] (Isomorphie), indem zwischen den Elementen und Relationen des Originalsystems und denen des Modells umkehrbar eindeutige Zuordnungen bestehen.[2] Da jedoch wegen der Verkürzung und Pragmatik von Modellen nicht alle Elemente und Relationen abgebildet werden, läßt sich der Isomorphieanspruch insofern reduzieren, als nicht mehr eine Strukturgleichheit zwischen Original und Modell postuliert wird, sondern eine ausreichende Ähnlichkeit (Homomorphie), die auch dann gegeben ist, wenn eine eindeutige Abbildung des Originals im Modell umgekehrt nicht eindeutig ist.[3]

Die Forderung nach Isomorphie klingt zunächst nahezu trivial, wenn man bedenkt, daß ein Modell doch gerade ein möglichst genaues Abbild eines Originalsystems sein soll. Berücksichtigt man aber, daß in den meisten Fällen gar nicht alle Elemente und Relationen des Originalsystems bekannt sind - und dies gilt auch für die vorliegende Problemstellung -, berücksichtigt man weiterhin, daß man nicht weiß, ob die bekannten Elemente und Relationen auch alle problemrelevanten umfassen, so wird deutlich, daß die Isomorphieforderung erhebliche Probleme bei der Modellbildung verursachen kann. Aus dem oben erwähnten Grund kann dieses Problem jedoch verkleinert werden, indem die weniger starke Forderung nach Homomorphie gestellt wird.

---

[1] Troll, K.F.: Zur Problematik quantitativer Marketing-Modelle, a.a.O., S. 88
[2] Vgl. Köhler, R.: Modelle, a.a.O., Sp. 2706
[3] Vgl. ebenda, Sp. 2706; vgl. auch die formale Darstellung von Isomorphie und Homomorphie bei Troll, K.F.: Zur Problematik quantitativer Marketing-Modelle, a.a.O., S. 90

4.12 Forschungsstrategien zur Modellbildung

Die nachfolgende Beschreibung möglicher Forschungsstrategien orientiert sich an der Darstellung bei Grochla, der die formal-analytische, die empirische und die sachlich-analytische Forschungsstrategie unterscheidet.[1]

Bei der formal-analytischen Forschungsstrategie steht das Ziel im Vordergrund, Problemstrukturen vereinfacht und mehr oder weniger abstrakt zu beschreiben. „Vorherrschend sind dabei die Erarbeitung entscheidungslogischer Methoden und Modelle sowie eine quantifizierende Betrachtungsweise."[2]
Die bei Verfolgung dieser Strategie vorzunehmende starke Abstraktion von der Realität bedingt, daß hierbei das Problem der Isomorphie entscheidende Bedeutung erhält.
Neben dem Isomorphieproblem bestehen besondere Schwierigkeiten formal-analytischer Entscheidungsmodelle darin, daß aufgrund des notwendigen Datenumfangs oft nur spezifische Teilprobleme einer Lösung nähergebracht werden können, wobei sich zudem die Modellbildung weniger an der Abbildung realer Verhältnisse, sondern vielmehr an der „Anwendung eines komplexen Methodenvorrats im Hinblick auf bestimmte Problemlösungen"[3] orientiert.
Da aber das Ziel der vorliegenden Arbeit darin besteht, für das relativ breite und komplexe Entscheidungsfeld 'Beschaffungsmarktforschung' praktisch anwendbare Hilfestellung zu geben, erscheint es nicht zweckmäßig, eine formal-analytische Forschungsstrategie zwecks Erstellung eines quantitativen Entscheidungskalküls zu verfolgen, da auf diese Weise zwar eventuell Lösungsmethoden für ein Formalproblem entwickelt werden könnten, die jedoch aufgrund der starken Abstraktion des Formalproblems vom Realproblem kaum praktisch relevante Hilfestellung bei Entscheidungsproblemen

---

1) Vgl. Grochla, E.: Einführung in die Organisationstheorie, a.a.O., S. 72 ff.
2) Ebenda, S. 85; vgl. auch Sieben, G./Schildbach, Th.: Betriebswirtschaftliche Entscheidungstheorie, 2. Aufl., Düsseldorf 1980, S. 14 ff.
3) Grochla, E.: Einführung in die Organisationstheorie, a.a.O., S. 85; vgl. dazu auch Troll, K.F.: Zur Problematik quantitativer Marketing-Modelle, a.a.O., S.88 ff.; Köhler, R.: Modelle, a.a.O., Sp. 2714

im Rahmen der Beschaffungsmarktforschung geben könnten.

Das Ziel der empirischen Forschungsstrategie besteht darin, „bestimmte Aussagen über die Realität zu prüfen"[1]. Dazu ist es erforderlich, auf der explanatorischen Forschungsstufe (Erklärungsmodelle) operationale kausale Aussagen zu formulieren, also Annahmen über Ursache-Wirkungs-Zusammenhänge zu treffen, die dann mit Hilfe der Methodik von empirischer Sozialforschung bzw. induktiver Statistik auf ihren Wahrheitsgehalt bezüglich der Realität überprüft werden.[2] Auf die komplexe Problematik empirischer Forschung sei an dieser Stelle nur hingewiesen.[3] Von größerer Relevanz dürfte die Frage sein, inwiefern die Empirie zur Entwicklung eines umfassenden Entscheidungsrahmens der Beschaffungsmarktforschung beitragen kann. Die „Bestätigung oder Modifikation hypothetischer Zusammenhangsbehauptungen in empirischen Untersuchungen"[4] setzt voraus, daß solche Hypothesen überhaupt existieren. In der oben dargestellten Literaturanalyse[5] wurde jedoch deutlich, daß ein solches handlungsorientiertes Aussagensystem für den Gesamtkomplex 'Beschaffungsmarktforschung' bis heute nicht besteht. Da aber in der vorliegenden Arbeit gerade dem Gesamtzusammenhang der Beschaffungsmarktforschung besonderes Interesse beigemessen wird, erscheint auch die empirische Forschungsstrategie hier nicht zielführend zu sein.

Als letzte der möglichen Forschungsstrategien ist die sachlich-analytische Strategie zu nennen. Hierbei steht die Suche nach neuen Aussagen im Vordergrund, die durch Plausibilitäts-

---

1) Grochla, E.: Einführung in die Organisationstheorie, a.a.O., S. 78
2) Vgl. ebenda, S. 78 ff.
3) Vgl. ebenda, S. 79 ff. sowie die dort angeführte Literatur
4) Ebenda, S. 66
5) Vgl. Kapitel 2, S. 26 ff. dieser Arbeit

Überlegungen und möglicherweise bereits festgestellte Teilzusammenhänge gewonnen werden.[1] „Im Vordergrund steht eine Art gedankliche Simulation der Realität mit dem Erkenntnisziel, die Beziehungen transparent zu machen und hieraus direkt Handlungsempfehlungen abzuleiten."[2] Es muß allerdings darauf hingewiesen werden, daß die bei der sachlich-analytischen Strategie entwickelten Aussagen im zweiten Schritt einer empirischen Überprüfung bedürfen, um ihre Gültigkeit festzustellen.[3] Durch die Konfrontation eines so gewonnenen heuristischen Entscheidungsmodells[4] mit der Realität können die aufgestellten Hypothesen bestätigt oder falsifiziert und damit modifiziert werden.
„Gerade diese schrittweise 'trial and error'-Annäherung an ein brauchbares Modell besitzt heuristischen Wert, auch als Vorstufe stärker generalisierender Hypothesen."[5]
Berücksichtigt man die schon mehrfach erwähnte Zielsetzung dieser Arbeit, Entscheidungshilfen für das Gesamtproblem 'Beschaffungsmarktforschung' zu geben, beachtet man weiterhin, daß, wie auch schon erwähnt, bis heute kein entscheidungsbezogenes Gesamtmodell existiert, so ist hier die sachlich-analytische Forschungsstrategie zweifellos als die zweckmäßigste anzusehen.
Im folgenden Abschnitt soll nun vor der eigentlichen Modellbeschreibung dessen grundsätzlicher Aufbau dargestellt werden.

---

1) Vgl. Grochla, E.: Einführung in die Organisationstheorie, a.a.O., S. 72
2) Ebenda, S. 72
3) Vgl. ebenda, S. 74; vgl. auch Köhler, R.: Modelle, a.a.O., Sp. 2713 f.
4) „Heuristische Entscheidungsmodelle sind, wie die Algorithmen der traditionellen Entscheidungstheorie, Handlungsvorschriften, die festlegen, welches Verhaltensmuster in einer bestimmten Klasse von Umweltsituationen (dem Aufgabenbereich des Modells) anzuwenden ist, damit sich das agierende System 'rational' verhält." (Klein, H.: Heuristische Entscheidungsmodelle, Wiesbaden 1971, S. 47)
5) Köhler, R.: Modelle, a.a.O., Sp. 2713

4.13 Zum Aufbau des heuristischen Entscheidungsmodells der Beschaffungsmarktforschung

Versucht man also, Entscheidungshilfen zu geben, was in der Beschaffungsmarktforschung unter welchen Bedingungen zu tun sei, so steht man vor einem komplexen Problem. Aus den oben beschriebenen Gründen scheint es am sinnvollsten zu sein, ein heuristisches Entscheidungsmodell zu entwickeln, wobei "in die Formulierung des Entscheidungsmodells (mangels besser bewährter Kenntnisse) persönliche ad-hoc-Annahmen der Entscheidungsträger eingehen. Es werden also Teile des subjektinternen Umweltmodells explizit übernommen und im Laufe der Modellanwendung evtl. korrigiert. Die in diesem Zusammenhang vorgesehenen Transformationsschritte entsprechen den Heuristiken des menschlichen Problemlösungsverhaltens. Sie spiegeln die in verhaltenswissenschaftlichen Analysen festgestellte Suchsystematik wider, wie sie Entscheidungsträger zur Bewältigung schlecht-strukturierter Probleme anwenden."[1]

Es kann hier also nicht darum gehen, alle im Rahmen der Beschaffungsmarktforschung auftretenden Fragen im Sinne der modelltheoretisch orientierten Entscheidungslogik zu klären, "indem alle Informationen, Entscheidungsalternativen und Bewertungskriterien in einem einzigen umfassenden, rationalen und simultanen Problemlösungsakt verdichtet

---

1) Köhler, R.: Modelle, a.a.O., 2712; vgl. dazu auch Klein. H.K.: Heuristische Entscheidungsmodelle, a.a.O.

werden."[1] Wesentlich erfolgversprechender erscheint es, das gesamte Entscheidungsfeld in überschaubare Teilkomplexe zu zerlegen, diese sukzessiv zu lösen und prozessual miteinander zu verknüpfen.[2]
Bei dem Versuch, solche Teilbereiche abzugrenzen, liegt es nahe, von der Definition der Beschaffungsmarktforschung auszugehen. Im Sinne der oben angeführten Definition[3] lassen sich die Komplexe

- Bereitstellung von
- Informationen über Beziehungen zu Anbietern von
- Leistungen mit Hilfe
- bestimmter Techniken

unterscheiden. Anders ausgedrückt bedeutet dies, daß zu entscheiden ist, welche Leistungsbereiche (Beschaffungsobjekte) zu untersuchen sind, welche Informationen wie, d.h. mit welchen Methoden und Quellen erhoben werden sollen und wie diese Informationen zu verarbeiten, zu speichern und darzustellen sind.

Versucht man nun, diese Felder prozessual miteinander zu verknüpfen, so liegt es nahe, in diesem Prozeß mit den Beschaffungsobjekten zu beginnen, da Entscheidungen in diesem Feld in starkem Maße die Entscheidungen in den anderen Bereichen beeinflussen. So hängen beispielsweise die zu erhebenden Informationen wesentlich vom jeweiligen Beschaffungsobjekt ab. Sowohl die relevanten Beschaffungsobjekte als auch die zu erhebenden Informationen determinieren die

---

1) Witte, E.: Entscheidungsprozesse, in: Handwörterbuch der Organisation, hrsg.v. E.Grochla, 2. Aufl., Stuttgart 1980, Sp.634; vgl. zu den Möglichkeiten entscheidungsorientierter Modellbildung auch Kirsch, W./Esser, W.-M.: Entscheidungstheorie, in: Handwörterbuch der Organisation, hrsg. v. E.Grochla, 2. Aufl., Stuttgart 1980, Sp.651 ff.; Dinkelbach, W.: Entscheidungstheorie, in: Handwörterbuch der Betriebswirtschaft, 4. Aufl., a.a.O., Sp. 1290; vgl. dazu auch Abschnitt 4.12, S. 84 ff. dieser Arbeit
2) Vgl. Witte, E.: Entscheidungsprozesse, a.a.O., Sp. 634 f.; Hax, H.: Entscheidungsprozesse, in: Handwörterbuch der Betriebswirtschaft, 4. Aufl., a.a.O., Sp. 1281 ff.
3) Vgl. Abschnitt 1.32, S. 22 ff. dieser Arbeit

Entscheidungen bezüglich der anzuwendenden Methoden und
Quellen. Die Wahl bestimmter Verfahren der Auswertung und
Darstellung der Informationen wiederum wird durch die vorstehenden Felder sowie empfänger- (subjekt-)abhängige Faktoren bestimmt, so daß sich eine prozessuale Verknüpfung
wie in Abbildung 12 ergibt:

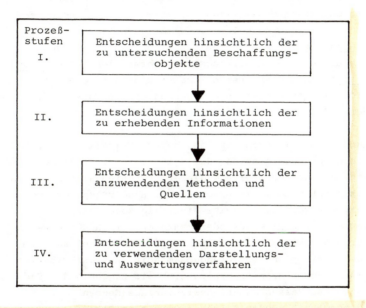

Abb. 12: Der Entscheidungsprozeß der Beschaffungsmarktforschung I

Bei einer Detaillierung dieses Prozesses ergeben sich als
wesentliche Punkte zum einen die Detaillierung innerhalb
der einzelnen Entscheidungsfelder, zum anderen diejenige
zwischen den vier Feldern.
Das erste betrifft den Entscheidungsprozeß innerhalb der
verschiedenen Entscheidungsfelder. Es muß also auf einer
niedrigeren Abstraktionsstufe geklärt werden, wie der
Entscheidungsprozeß beispielsweise zur Auswahl eines zu

untersuchenden Objekts verläuft. Dies ist für alle vier
Felder zu untersuchen. Ohne hier schon zu sehr ins Detail
zu gehen - was schließlich in den folgenden Abschnitten
geschehen soll - läßt sich folgendes sagen:
Ausgangspunkte in den Entscheidungsfeldern sind die jeweiligen Grundgesamtheiten, d.h. es ist zunächst darzustellen,
welche Objekte grundsätzlich zur Marktforschung herangezogen werden <u>können,</u> welche Informationen überhaupt <u>möglich sind</u>, welche Methoden und Quellen benutzt werden
<u>können</u> und welche Auswertungs- und Darstellungsarten <u>möglich sind</u>. In diesem ersten Schritt sind also die Entscheidungsalternativen in den verschiedenen Entscheidungsfeldern möglichst vollständig zu erfassen.

Im zweiten Schritt geht es dann darum, Kriterien darzustellen, die der Verkleinerung der Alternativenzahl dienen
können. Mit der Darstellung dieser Kriterien allein ist es
jedoch nicht getan. Es müssen ebenso Handlungsprogramme
beschrieben werden, die eine sinnvolle Kombination der
Kriterien zur Wahl einer oder mehrerer der in der jeweiligen Grundgesamtheit enthaltenen Möglichkeiten erlauben.
Aus der Verknüpfung von Grundgesamtheit, Auswahlkriterien
und Handlungsprogrammen ergibt sich als Ergebnis des Entscheidungsprozesses das zu analysierende Segment der
Grundgesamtheit. Somit lassen sich die in Abbildung 12
beschriebenen Entscheidungsfelder, wie in Abbildung 13 (s.
S. 91) dargestellt, wiederum als Entscheidungsprozeß begreifen.

Was nun noch zu klären ist, betrifft die Verbindung der
in Abbildung 12 dargestellten und in Abbildung 13 detaillierten einzelnen Entscheidungsfelder. Wie später noch
deutlicher zu sehen sein wird, gehen die Entscheidungen
(Analysesegmente) vorgelagerter Prozeßstufen als Teilkriterien in die Filterungsschritte nachgelagerter Entscheidungsfelder ein. So sind beispielsweise die im ersten

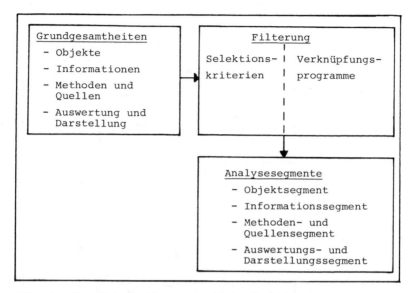

Abb. 13: Der Entscheidungsprozeß in den einzelnen Entscheidungsfeldern der Beschaffungsmarktforschung

Schritt ausgewählten, für die Marktforschung relevanten Beschaffungsobjekte wichtige Kriterien für die Selektion bestimmter Informationen. Sowohl die Objekte als auch die zu erhebenden Informationen dienen weiterhin der Auswahl geeigneter Methoden und Quellen etc. Detaillierter als in Abbildung 12 läßt sich also der Prozeß der Beschaffungsmarktforschung wie in Abbildung 14 (s. S. 92) darstellen.

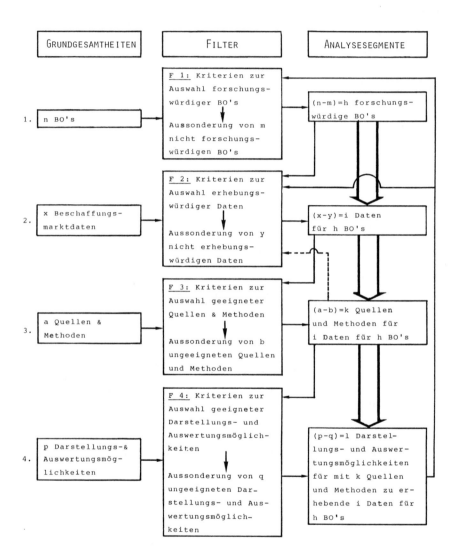

Abb. 14: Der Entscheidungsprozeß der Beschaffungsmarktforschung II

Zum bisher Gesagten sind noch zwei weitere Punkte hinzuzufügen. Der erste betrifft die in diesem Prozeß enthaltenen Rückkopplungen vom Analysesegment 3 zum Filter 2 sowie vom Analysesemgent 4, dem Ergebnis des Gesamtprozesses, zu den Filtern 1 und 2. Dies bedeutet, daß dieser Prozeß nicht als starres Schema zu verstehen ist, sondern daß durchaus Rückschritte in vorgelagerte Entscheidungsstufen notwendig sein können. So ist beispielsweise der Fall denkbar, daß in Schritt 2 zu erhebende Informationen festgelegt worden sind und sich in Schritt 3 zeigt, daß diese Informationen aufgrund mangelnder Quellenverfügbarkeit gar nicht erhebbar sind. Hier ist es dann nötig, in die Prozeßphase 2 zurückzugehen und andere Informationen festzulegen, die möglichst Rückschlüsse auf den zu erhebenden Sachverhalt zulassen.

Ein etwas anders gelagerter Sachverhalt liegt der Rückkopplung vom Ergebnis des Prozesses zu den Filtern 1 und 2 zugrunde. Da die Kriterien in diesen Filtern, wie sich später noch deutlicher zeigen wird[1], zum Teil aus angebotsbestimmten Merkmalen bestehen, müssen diese permanent auf dem neuesten Stand gehalten werden. So kann sich beispielsweise aufgrund der Marktforschungsergebnisse herausstellen, daß vorher getroffene Annahmen über das Lieferausfallrisiko bei einem bestimmten Lieferanten präzisiert bzw. revidiert werden müssen.
Dies bedeutet aber gleichzeitig, daß in diesem Modell ein gewisser Informationsgrad des mit der Beschaffungsmarktforschung Beauftragten bereits vor Beginn der eigentlichen Marktforschungstätigkeit vorausgesetzt werden muß. Würde man diese Prämisse nicht aufstellen, so ließen sich keine entscheidungsbezogenen Aussagen machen, da dann alle nur denkbaren Sachverhalte - in Ermangelung irgendwelcher Kenntnisse - untersucht werden müßten. Hier ist also der Punkt 'Systematik der Marktforschung' angesprochen; es wird im folgenden unterstellt, daß die Entscheidungsträger - beispielsweise durch unsystematische Markter-

---

1) Vgl. Abschnitte 4.22 und 4.32 dieser Arbeit

kundung - über bestimmte Vorinformationen verfügen, auf die sie bei ihren Entscheidungen im Rahmen der Beschaffungsmarktforschung zurückgreifen können.[1] Im übrigen dürfte diese Prämisse auch eher der Realität entsprechen als die Annahme, der Entscheidungsträger besitze überhaupt keine Information über relevante Beschaffungsmärkte, denn das würde ja heißen, daß inkompetente Entscheidungen gefällt würden.

4.2 Objekte der Beschaffungsmarktforschung

Es ist kaum überraschend, daß sich die bis heute vorliegende Literatur zur Beschaffungsmarktforschung darüber einig ist, daß nicht für alle Beschaffungsobjekte Marktforschung betrieben werden kann, denn "allein die Anzahl der in einer Unternehmung zu beschaffenden Güter spricht dagegen, daß für sie alle Beschaffungsmarktforschung betrieben wird. Es müssen also aus der Gesamtheit aller Produkte (und der übrigen Beschaffungsobjekte, Anm.d.Verf.) besonders gewichtige Produkte oder Produktgruppen bestimmt werden, deren Markt vom Beschaffungsmarktforscher ergründet werden soll."[2]

---

1) Vgl. dazu bspw. die Unterscheidung in (unsystematische) Markterkundung und (systematische) Marktforschung z.B. bei Behrens, K.Chr.: Marktforschung, Wiesbaden 1959, S. 20 ff.; ders.: Demoskopische Marktforschung, a.a.O., S. 24 ff.; Hüttner, M.: Grundzüge der Marktforschung, a.a.O., S. 29; Schäfer, E./Knoblich, H.: Grundlagen der Marktforschung, a.a.O., S. 6 f.

2) Rembeck, M./Eichholz, G.P.: Leitfaden für die industrielle Beschaffungsmarktforschung. Mit Beispiel, hrsg. v. RKW/BIE, 3. Aufl., Frankfurt/Main 1976, S. 13; vgl. dazu ähnlich Kraljic, P.: Neue Wege im Beschaffungsmarketing, a.a.O., S. 74 f.; ders.: Vom Einkaufs- zum Liefermanagement, Teil II, a.a.O., S. 33; Stark, H.: Beschaffungsmarktforschung und Beschaffungsmarketing, in: Der Beschaffungsmarkt 1982, Sonderheft Beschaffung aktuell, 10/1982, S. 5 ff.; Lippmann, H.: Beschaffungsmarketing, a.a.O., S. 68; Harlander, N./Platz, G.: Beschaffungsmarketing und Materialwirtschaft, a.a.O., S. 37; Blum, J.W.: Marktübersicht - die erste Aufgabe für den Einkauf, in: Blick durch die Wirtschaft v. 1.8.1968, S. 5

Implizit dürfte jedoch hier nicht die Anzahl der Beschaffungsobjekte an sich, sondern die damit verbundene Nutzen- und Kostenanalyse angesprochen sein. In diese Richtung weist auch Lippmanns Aussage: "Das Budget der Beschaffungsmarktforschung ist begrenzt und somit auch deren Leistungsfähigkeit. Aus der Vielzahl der benötigten Objekte kann nur für wenige Forschung betrieben werden, die über das reine Auffinden der Beschaffungsquelle hinausgeht, d.h. es muß selektiert werden."[1] Allerdings erscheint es für grundsätzliche Überlegungen nicht sinnvoll zu sein, von einem bestehenden, zu geringen Budget auszugehen und somit die Selektion marktforschungsrelevanter Beschaffungsobjekte auf die Fragestellung zu reduzieren, "welche Erzeugnisse von Anfang an in die Marktanalyse und -beobachtung einbezogen werden müssen und welche Produkte erst bei einer möglichen Ausweitung der zuständigen Marktforschungsstelle in die Betrachtung eingeschlossen werden können."[2] Diese Fragestellung kann natürlich von Interesse sein (vor allem, wie auch Strothmann selbst schreibt, bei erstmaliger Aufnahme von Beschaffungsmarktforschungsaktivitäten), erscheint hier allerdings zu eng.

Grundsätzlich ist vielmehr zu fragen, für welche Beschaffungsobjekte Marktforschung betrieben werden soll, so daß der Nutzen der gewonnenen Informationen größer ist als die mit deren Erhebung verbundenen Kosten. Diese Überlegung ist aber theoretischer Natur und praktisch kaum nutzbar, da weder die Kosten der Informationsgewinnung noch der daraus eventuell resultierende Nutzen ex ante prognostizierbar sind[3], schon gar nicht bei strategischer Betrachtungsweise. Daher ist es erfolgversprechender, diese Kosten-Nut-

---

1) Lippmann, H.: Beschaffungsmarketing, a.a.O., S. 68.
2) Strothmann, K.-H.: Marktforschung im Einkauf, in: Rationalisierung, Heft 7, 1966, S. 163; ders.: Marktforschung im Einkauf, in: Forschen - Planen - Entscheiden, Heft 3, 1966, S. 90 ff.; vgl. auch ders.: Marktorientierung im Beschaffungswesen, Frankfurt/Main 1967, S.26; vgl. ähnlich Blum, J.W.: Marktübersicht - die erste Aufgabe für den Einkauf, a.a.O.
3) Vgl. Rehberg, J.: Wert und Kosten von Informationen, a.a.O., besonders S. 184 ff.

zen-Abwägung dadurch zu operationalisieren, daß erwartete Kosten und erwarteter Nutzen einer Information bei der Beschreibung der Selektionskriterien als übergeordnete Gesichtspunkte berücksichtigt werden, ohne jedoch danach zu systematisieren.

Im folgenden soll nun noch einmal kurz auf die in Frage kommenden Beschaffungsobjekte eingegangen werden, bevor dann die Kriterien und die Vorgehensweise zur Objektselektion beschrieben werden.

4.21 Grundsätzlich heranziehbare Beschaffungsobjekte

Wie oben schon mehrfach erwähnt, lassen sich als Beschaffungsobjekte, wenn man einen weiten Beschaffungsbegriff unterstellt, Roh-, Hilfs- und Betriebsstoffe, in das Endprodukt eingehende Fertigteile, Handelswaren, Anlagen (Investitionsgüter), Dienstleistungen, Rechte, Informationen, Energie, Kapital und Personal unterscheiden.[1] Grundsätzlich kann Beschaffungsmarktforschung für alle im Rahmen von Beschaffungsüberlegungen betrachteten Objekte geraten sein. Da aus oben schon beschriebenen Gründen die Objekte 'Kapital' und 'Personal' hier nicht miteinbezogen werden - sie werfen doch, gerade für die Beschaffungsmarktforschung, zu viele andersartige Probleme auf, die den Rahmen dieser Arbeit sprengen würden - bleiben neben den materiellen Objekten noch Dienstleistungen, Rechte, Informationen und Energie.

Hier scheint eine weitere Untergliederung nötig. Die materiellen Objekte auf der einen sowie Dienstleistungen auf der anderen Seite lassen sich durch eine Vielzahl gleicher bzw. ähnlicher Merkmale beschreiben. Dies gelingt im Vergleich dazu bei Rechten, Informationen und Energie nur mit Einschränkungen. Daher dürfte es gerechtfertigt sein, die weiteren Ausführungen im wesentlichen an den erstge-

---

1) Vgl. Abschnitte 1.31 und 3.2 dieser Arbeit.

nannten Objektkategorien zu orientieren. Eine Anwendung dieses Modells auf die übrigen Beschaffungsobjekte ist aber bei Präzisierung und partieller Detaillierung der Selektionskriterien durchaus denkbar.[1]

In der Literatur wird im allgemeinen der Objektumfang noch weiter eingegrenzt. In der engsten Auffassung beschränkt sich die Darstellung der Beschaffungsmarktforschung auf diejenige für Rohstoffe.[2] Weitergehende Objektabgrenzungen betrachten alle Verbrauchsfaktoren (Roh-, Hilfs- und Betriebsstoffe)[3] oder zusätzlich auch Potentialfaktoren (Anlagen).[4] Seltener werden außer den materiellen Beschaffungsobjekten auch Dienstleistungen in die Betrachtung einbezogen.[5] Hier soll darüber hinaus also der Umfang der einbezogenen Objektkategorien weiter ausgedehnt werden, um so Erkenntnissen einen Schritt näherzukommen, die sich auf alle Beschaffungsobjekte anwenden lassen.[6]

---

1) Vgl. auch Abbildung 1 dieser Arbeit.
2) Vgl. bspw. Schäfer, E.: Betriebswirtschaftliche Marktforschung, a.a.O., S. 32 ff.; Knoblich, H.: Der Kupfer-Weltmarkt, a.a.O.; Nikolaus, Th.: Marktforschung für den industriellen Einkauf, in: Der Marktforscher, 5.Jg. 1961, S. 13 ff.; Werm, H.: Beschaffungsmarktforschung für Rohstoffe, in: Rationalisierung, Heft 10, 1974, S. 226 ff.
3) Vgl. bspw. Arnolds, H./Heege, F./Tussing, W.: Materialwirtschaft und Einkauf, a.a.O., S. 104.
4) Vgl. bspw. Strache, H. (Hrsg.): Beschaffungsmarktforschung, a.a.O., S. 13.
5) Vgl. bspw. Harlander, N./Platz, G.: Beschaffungsmarketing und Materialwirtschaft, a.a.O., S. 38.
6) Anm.d.Verf.: Die (berechtigte) Forderung von Grochla/ Kubicek (s. Abschn.1.1 dieser Arbeit) nach einer 'umfassenden' betriebswirtschaftlichen Beschaffungslehre dürfte bei der entscheidungsorientierten Zielsetzung der vorliegenden Arbeit kaum in einem Schritt zu erfüllen sein.

4.22 Kriterien zur Objektselektion

4.221 Selektionskriterien in der Literatur

4.221.1 Beschaffungswert

Bei der Analyse der vorliegenden Literatur stellt man fest, daß dort, wo Selektionskriterien beschrieben werden, eines nahezu immer genannt wird, nämlich der Beschaffungswert des Objekts pro Periode. Dies ist auch nicht weiter verwunderlich, ist doch die Beschaffungslehre bis heute, von wenigen Ausnahmen abgesehen, sehr viel stärker kosten- als leistungsorientiert. Außerdem besteht ein entscheidender 'Vorteil' des Kriteriums 'Beschaffungswert' darin, relativ leicht handhabbar zu sein. Wichtiges Hilfsmittel hierbei stellt die sogenannte ABC-Analyse[1] dar, die auf der Erkenntnis basiert, daß der Wertanteil der verschiedenen Objekte am Gesamtbeschaffungswert nicht gleichverteilt, sondern in höchstem Maße ungleichverteilt ist. So wird aufgrund praktischer Erfahrungen beispielsweise angenommen, daß ca. 10% der Beschaffungsobjekte (Anzahl) ca. 70% des wertmäßigen Beschaffungsvolumens, weitere 15% der Objekte weitere 20% des Wertes und 75% der Objekte nur 10% des Wertes ausmachen. Graphisch läßt sich dieser Sachverhalt wie in den Abbildungen 15 und 16 ausdrücken (s. S. 99).

---

[1] Vgl. zur ABC-Analyse in einem anderen Zusammenhang auch Mink, E.: ABC-Analyse, was nun? ..., in: Beschaffung aktuell, Heft 7, 1978, S. 15 ff.

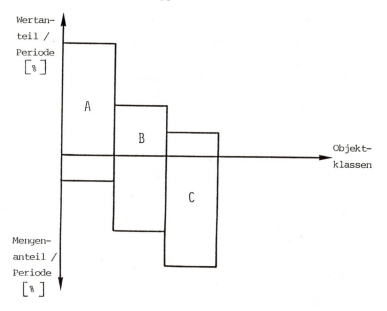

Abb. 15: Typisierung der Beschaffungsobjekte nach ihrem Anteil am Beschaffungswert (ABC-Analyse) I

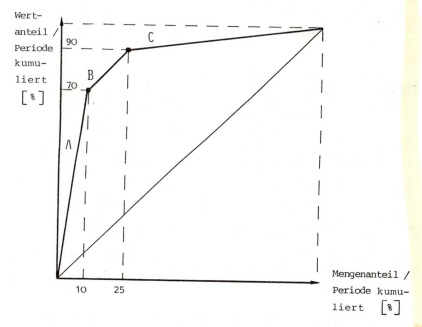

Abb. 16: Typisierung der Beschaffungsobjekte nach ihrem Anteil am Beschaffungswert (ABC-Analyse) II

Die literarischen Aussagen bezüglich der Objektauswahlkriterien lassen sich nun danach ordnen, welches Gewicht der ABC-Analyse und damit dem Beschaffungswert des Objekts von den einzelnen Autoren beigemessen wird. Dabei lassen sich im wesentlichen drei Gruppen unterscheiden:

1. Beschaffungswert als dominantes Auswahlkriterium
2. Beschaffungswert als gleichrangig neben anderen stehendes Kriterium
3. Beschaffungswert als untergeordnetes bzw. unbedeutendes Kriterium

Die erste Auffassung, daß der Beschaffungswertanteil eines Objekts am Gesamtbeschaffungswert und damit das Instrument der ABC-Analyse bei weitem das Wichtigste bei der Objektselektion sei, wird von den meisten Autoren vertreten.[1]

Mehr oder weniger abgeschwächt findet sich häufig die Meinung, daß "in erster Linie und als wichtigstes Hilfsmittel die sogenannte 'ABC-Analyse'"[2] dazu diene, marktforschungsrelevante Objekte zu ermitteln, da durch dieses Verfahren

---

[1] Vgl. bspw. Bliesener, M./Scharff, G.: Marktforschung, Lehrwerk Industrielle Beschaffung, Bd. II, Frankfurt/Main 1970, S. 37; Blom, F.: Zukunftsorientierte Beschaffungsmarktforschung - Schlüssel zum Beschaffungsmarkt, in: 25 Jahre Düsseldorfer Einkäufer-Club, hrsg. v. Düsseldorfer Einkäufer-Club, Düsseldorf 1983, S. 52; Blum, J.W.: Beschaffungsmarktforschung, in: Handbuch der Marktforschung, a.a.O., S. 861; Schmidbauer, B.: Marktforschung im Dienste des Einkaufs, in: Betriebswirtschaftsmagazin, Heft 6, 1971, S. 286 f.; Ellenrieder, J.: Marktforschung im Dienste des Einkaufs, in: Beschaffung aktuell, Heft 12, 1974, S. 22; Rembeck, M./Eichholz, G.P.: Leitfaden für die industrielle Beschaffungsmarktforschung, a.a.O., S. 13; Lohrberg, W.: Eine Entscheidungshilfe für die Objektauswahl der Beschaffungsmarktforschung, in: Maschinenmarkt, 84.Jg. 1978, Nr. 65, S. 1271 f.

[2] Rembeck, H./Eichholz, G.P.: Leitfaden für die industrielle Beschaffungsmarktforschung, a.a.O., S. 13.

"die zu beschaffenden Sachgüter je nach ihrer Bedeutung für die eigene Unternehmung in unterschiedliche Dringlichkeitsklassen eingestuft werden"[1] können. "Meist genügt es daher, wenn sich die Beschaffungsmarktforschung auf Produkte der A-Gruppe beschränkt."[2]

Dieser Argumentation ist aus folgenden Gründen zu widersprechen. Zum einen sind durchaus Fälle dergestalt denkbar, daß Beschaffungsschwierigkeiten bei Objekten mit sehr niedrigem Beschaffungswert erhebliche Störungen im betrieblichen Leistungserstellungs- und -verwertungsprozeß verursachen können. "Dabei wird es besonders auch auf die 'empfindlichen' (Gefahr der bedingten oder unbedingten Abhängigkeit der eigenen Leistungen von den Vorleistungsmöglichkeiten) Leistungen ankommen, so daß nicht nur die mengenmäßig oder wertmäßig ins Gewicht fallenden und zur Entnahme vorgesehenen Vorleistungen zu verfolgen sind, sondern daß auch die weder wert- noch mengenmäßig ins Gewicht fallenden, jedoch für den Vollzug der Fertigung unentbehrlichen Güter und Dienste Berücksichtigung finden."[3] Zu denken wäre hier beispielsweise an ein Halbleiterbauteil mit niedrigem Beschaffungswertanteil pro Periode (z.B. integrierte Schaltung), ohne das jedoch hochkomplexe elektronische Produkte nicht herstellbar sind. Hier sind es also gänzlich andere Kriterien, die es eventuell geraten erscheinen lassen, Beschaffungsmarktforschung für dieses Objekt zu betreiben.

Nur selten wird auf der anderen Seite ganz klar, ob denn nun für alle A-Objekte oder nur für einen Teil davon der Markt erforscht werden soll. Lippmann fordert ersteres:

---

1) Rembeck, M./Eichholz, G.P.: Leitfaden für die industrielle Beschaffungsmarktforschung, a.a.O., S. 13.
2) Harlander, N./Platz, G.: Beschaffungsmarketing und Materialwirtschaft, a.a.O., S. 37; vgl. auch Lippmann, H.: Besonderheiten der Beschaffungsmarktforschung, in: Handbuch Marketing, hrsg. v. J. Koinecke, Gernsbach 1978, S. 1364.
3) Rembeck, M.: Die Unternehmung als zentraler Ansatzpunkt für Marktforschung und Markterkundung, a.a.O., S. 116.

"Die Beschaffung dieser Produkte (der A-Produkte, Anm.d. Verf.) sollte auf jeden Fall marktforscherisch abgesichert sein."[1] Auch dieser Meinung, Beschaffungsmarktforschung sei für alle A-Objekte notwendig, kann nicht gefolgt werden. Es kann doch Beschaffungsobjekte mit hohem Wert geben, deren Beschaffung jedoch völlig risikolos und unproblematisch ist[2], und bei denen Beschaffungsmarktforschung in höchstem Maße unwirtschaftlich wäre.

Es zeigt sich insgesamt also, daß die von vielen vertretene dominante Stellung des Beschaffungswertes als Objektselektionskriterium in keiner Weise haltbar ist. Auch das Argument, durch die ABC-Analyse sei die Objektselektion leicht handhabbar[3], überzeugt nicht, denn was nützt die leichte Handhabung, wenn sich unter Umständen unrichtige Folgerungen ergeben? Den Gegenpol zur oben beschriebenen Auffassung stellt eine Aussage von Kraljic dar: "Erfahrungsgemäß decken einige wenige Produkte schon einen Großteil des Einkaufsvolumens ab. So entfielen beispielsweise in einem Unternehmen der Prozeßindustrie fast 75 Prozent des jährlichen Einkaufswertes auf zwei Prozent der Produkte. Als entscheidender für die strategische Bedeutung eines Einkaufsproduktes erweist sich jedoch die Versorgungsdominanz bzw. -komplexität sowie das daraus resultierende Beschaffungsrisiko."[4] Der gleichen Meinung scheint Stark zu sein, der als innerbetriebliche Auslöser für Beschaffungsmarktforschung Kostenüberlegungen, Veränderungen im Pro-

---

1) Lippmann, H.: Besonderheiten der Beschaffungsmarktforschung, a.a.O., S. 1364; vgl. anders Lohrberg, W.: Eine Entscheidungshilfe für die Objektwahl der Beschaffungsmarktforschung, a.a.O., S. 1271 ff.; Blom, F.: Punktbewertungsverfahren in der Beschaffungsmarktforschung, in: Beschaffung aktuell, Heft 2, 1981, S. 68 ff.
2) Anm.d.Verf.: Was dies in operationalisierter Form bedeutet, wird an den später noch darzustellenden Selektionskriterien deutlich werden.
3) Vgl. Schmidbauer, B.: Marktforschung im Dienste des Einkaufs, a.a.O.; Ellenrieder, J.: Marktforschung im Dienste des Einkaufs, a.a.O.
4) Kraljic, P.: Neue Wege im Beschaffungsmarketing, a.a.O., S. 75 f.

gramm sowie größere Beschaffungsmarktorientierung zwecks Nutzung von Chancen nennt. Die Marktgegebenheiten, die zur Beschaffungsmarktforschung führen, beziehen sich alle auf den Risikoaspekt der Beschaffung.[1)]

Wenngleich die von Kraljic und Stark genannten Aspekte durchaus zutreffend sind, so dürfte jedoch auch die Unterbetonung des Beschaffungswertes problematisch sein. Die Objektselektion der Beschaffungsmarktforschung sollte sowohl Kosten- als auch Leistungsaspekte beinhalten und somit den Beschaffungswert gleichrangig neben anderen Selektionskriterien berücksichtigen. Beide Autoren nennen einige leistungsorientierte Kriterien, auf deren Behandlung in der Literatur noch kurz eingegangen werden soll, bevor dann ein Systematisierungsvorschlag relevanter Objektselektionskriterien dargestellt wird.

4.221.2 Leistungsorientierte Kriterien

Analysiert man die Literatur hinsichtlich der leistungsorientierten Selektionskriterien, so stellt man fest, daß sie bei den verschiedenen Autoren auf völlig unterschiedlichen Abstraktionsniveaus liegen. Auch das Maß der Vollständigkeit differiert erheblich. Nur beispielhaft - eine vollständige Darstellung ist hier aus Raumgründen nicht möglich[2)] -, sollen neben oben schon zitierten Beispielen

---

1) Vgl. Stark, H.: Beschaffungsmarktforschung und Beschaffungsmarketing, a.a.O., S. 7
2) Vgl. außer den im folgenden beschriebenen Quellen bspw. Strache, H.: Preise senken/Gewinn einkaufen, 3. Aufl., Lage/Lippe 1975, S. 177 f.; o.V.: Neue Medien erschließen eine zweigleisige Kostensenkungsstrategie, in: Handelsblatt v. 23./24.4.1982, S. 26 f.; o.V.: Der Einkauf zwischen Betrieb und Markt, in: Beschaffung aktuell, Heft 9, 1982, S. 36 f.

noch einige Zusammenstellungen herausgegriffen werden.

Schmidbauer-Juraschek[1] nennt außer dem an erster Stelle stehenden 'Wertvolumen' noch die beiden Kriterien 'Produktionstechnische Bedeutung' und 'Grad der Beschaffungsschwierigkeit', ohne allerdings auszuführen, was er damit meint. Bei Schmidbauer[2] und ebenso später bei Ellenrieder[3] gibt es nach der dominanten ABC-Analyse noch die Kriterien 'Besondere Wichtigkeit für die Produktion' und 'Begrenztes Angebot'. Ausführlicher ist der Kriterienkatalog von Strothmann[4], der als Kriterien 'Einkaufswerte, Einkaufsmengen, Marktrisiken, Qualitätsunterschiede hinsichtlich der technischen Funktion, starke Veränderungen der Produkteigenschaften durch technischen Fortschritt und kurzfristige Änderungen der Marktsituation' nennt. Ebenso wie Stark (s.S. 102f.) versuchen auch Harlander/Platz[5] und Lippmann[6], die Selektionskriterien nach dem Ort ihrer Entstehung in innerbetriebliche und außerbetriebliche zu unterscheiden. Erstere sprechen dabei "betriebliche Bedingungen wie Mindestqualitäten oder Kombinationsüberlegungen"[7] und auf der anderen Seite "besondere Marktdaten (hohes Einkaufsrisiko, technischer Fortschritt, Mangel an Substitutionsgütern, politische Einflüsse und Rohstoffspekulationen)"[8]

---

1) Vgl. Schmidbauer-Juraschek, B.: Marktforschung im Dienste des Einkaufs, in: Der Erfolg, Heft 24, 1966, S. 1147.
2) Vgl. Schmidbauer, B.: Marktforschung im Dienste des Einkaufs, a.a.O., S. 287
3) Vgl. Ellenrieder, J.: Marktforschung im Dienste des Einkaufs, a.a.O., S. 22.
4) Vgl. Strothmann, K.-H.: Marktforschung im Einkauf, in: Rationalisierung, Heft 7, 1966, S.163; ders.: Marktforschung im Einkauf, in: forschen - planen - entscheiden, Heft 3, 1966, S.88; ders.: Marktorientierung im Beschaffungswesen, a.a.O., S. 25 f.; Fürlinger, M.: Die Entscheidung für Beschaffung oder Eigenfertigung im Hinblick auf die Unternehmungsführung, Diss. Stuttgart 1971, S. 57
5) Vgl. Harlander, N./Platz, G.: Beschaffungsmarketing und Materialwirtschaft, a.a.O., S. 38.
6) Vgl. Lippmann, H.: Beschaffungsmarketing, a.a.O., S.68 ff.
7) Harlander, N./Platz, G.: Beschaffungsmarketing und Materialwirtschaft, a.a.O., S. 38.
8) Ebenda.

an. Lippmann spricht neben dem Verbrauchswert vom 'Störpotential' der Objekte, d.h. es sind solche Objekte auszuwählen, "deren Nichtvorhandensein die Einzelwirtschaft am empfindlichsten stört"[1], sowie vom Beschaffungsrisiko, das er bestimmt sieht durch eine Verkäufermarktsituation oder "fehlende Substitutionsmöglichkeit hinsichtlich des Objektes oder der Beschaffungsquelle".[2] Der wohl in sich geschlossenste Kriterienkatalog findet sich bei Lohrberg[3], der die Kriterien danach unterscheidet, ob sie zu laufender oder fallweiser Marktforschung[4] für ein Objekt führen. Kriterien, die zu <u>laufender Marktforschung</u> führen, sind bei Lohrberg:

- Beschaffungswert (als eindeutig dominantes Kriterium)
- Häufigkeit der Veränderungen der Marktsituation
- Bedeutung des Beschaffungsgutes für die Aufrechterhaltung der Produktion
- Standort des(r) Lieferanten
- Einfluß der vorgelagerten Marktstufen
- Häufigkeit und Ausmaß der Preisveränderungen
- Häufigkeit des Beschaffungsvorganges

Zu <u>fallweiser Beschaffungsmarktforschung</u> rät Lohrberg bei den <u>außerbetrieblichen Anlässen</u>[5]
- Abnahme des Lieferantenwettbewerbs
- Unzureichende Angebotsmengen oder Ungewißheit über deren zu erwartende Größe
- Mangelnde Zuverlässigkeit der Lieferanten
- Unbefriedigende Marktstellung der eigenen Unternehmung am Beschaffungsmarkt
- Preissteigerungen

---

1) Lippmann, H.: Beschaffungsmarketing, a.a.O., S. 68.
2) Ebenda.
3) Vgl. Lohrberg, W.: Eine Entscheidungshilfe für die Objektwahl der Beschaffungsmarktforschung, a.a.O., S. 1272 f.; ders.: Grundprobleme der Beschaffungsmarktforschung, a.a.O., S. 85 ff.; vgl. ähnlich Bichler, K.: Beschaffungs- und Lagerwirtschaft, Wiesbaden 1981, S. 31 f.
4) Anm.d.Verf.: Auf diese Unterscheidung wird in Abschnitt 4.41 noch zurückzukommen sein.
5) Anm. d. Verf.: Lohrberg verwendet in diesem Zusammenhang die Begriffe 'Kriterium', 'Anlaß' und 'Ursache' synonym.

sowie den innerbetrieblichen Ursachen
- Planungs- und Entscheidungsprobleme der Beschaffungsabteilung sowie anderer Funktionsbereiche
- Beschaffung neuer Produktionsfaktoren
- Überprüfung der bisherigen beschaffungspolitischen Verhaltensweise

Zu diesem Kriterienkatalog ist anzumerken, daß er wesentliche Selektionskriterien beinhaltet. Allerdings erscheint die dominante Stellung des Beschaffungswertes[1], wie schon ausgeführt, nicht gerechtfertigt. Auch die Unterscheidung in Kriterien, die zu laufender Marktforschung führen, und solche, die fallweise Aktivitäten nahelegen, ist strenggenommen hier verfrüht. Diese Frage betrifft nämlich ein Methodenproblem der Beschaffungsmarktforschung und hat mit der Auswahl des Objektes zunächst nichts zu tun. Auch wenn diese Methodenalternative eng mit den Objektselektionskriterien zusammenhängt, ist sie doch aus logischen Gründen zunächst davon zu trennen und wird daher hier erst später behandelt.[2]

Ein weiterer Kritikpunkt liegt in der teilweise starken Überschneidung der Kriterien untereinander. So stellt beispielsweise die 'Beschaffung neuer Produktionsfaktoren' ein 'Planungs- und Entscheidungsproblem der Beschaffungsabteilung' dar und ist diesem Auswahlkriterium somit nicht neben-, sondern unterzuordnen.

Insgesamt läßt sich bezüglich der Objektselektionskriterien in der Literatur also festhalten, daß die Systematisierungsversuche in der Regel nicht vollständig, nicht überschneidungsfrei oder nicht operational, da zu abstrakt, sind.
Im folgenden Abschnitt soll daher der Versuch unternommen werden, unter Vermeidung dieser Kritikpunkte die relevanten Objektselektionskriterien zu systematisieren und zu beschreiben.

---

1) Vgl. dazu auch Abschnitt 4.231 dieser Arbeit.
2) Vgl. Abschnitt 4.42 dieser Arbeit.

4.222 Zur Systematisierung relevanter Objektselektionskriterien

Vor der Beschreibung der verschiedenen Selektionskriterien soll kurz die Grundüberlegung dargestellt werden, auf der die folgende Systematisierung basiert.
Es wird hier davon ausgegangen, daß dann Marktforschung für ein bestimmtes Beschaffungsobjekt notwendig ist, wenn die bewertete Wahrscheinlichkeit von Divergenzen zwischen Bedarf und Leistungen ein bestimmtes Maß übersteigt. Anders ausgedrückt bedeutet dies, daß Marktforschung anzuraten ist, wenn Inkongruenzen zwischen dem Bedarf der Unternehmung und den diesem Bedarf gegenüberstehenden Leistungen des Beschaffungsmarktes wahrscheinlich sind.[1]
Die Ursachen für eine solche mögliche Inkongruenz können auf der Seite des beschaffenden Unternehmens darin liegen, daß Beschaffungsziele bzw. -strategien geändert werden sollen. Eine zweite innerbetriebliche Ursache ist in der mehr oder weniger ausgeprägten Bedarfskontinuität zu sehen. Auf der Leistungsseite ist das Inkongruenzrisiko global mit 'Beschaffungsmarktrisiko' zu umschreiben.

Mit der erwarteten Diskrepanz zwischen Bedarf und Leistungen allein ist es jedoch nicht getan. Es könnte ja der Fall gegeben sein, daß diese Inkongruenz das beschaffende Unternehmen gar nicht interessiert, da die Auswirkungen aus Beschaffersicht minimal sind. Die Inkongruenzwahrscheinlichkeit ist also noch einmal daran zu messen, welche Konsequenzen für das beschaffende Unternehmen daraus resultieren. Die Konsequenzen einer erwarteten Bedarfs-/Leistungs-Inkongruenz sind zum einen an den betrieblichen Risiken zu messen. Damit ist die Fragestellung angesprochen,

---

1) Anm.d.Verf.: Insofern scheint die Unterscheidung in inner- und außerbetriebliche Kriterien gerechtfertigt. Vgl. Lohrberg, W.: Eine Entscheidungshilfe für die Objektwahl der Beschaffungsmarktforschung, a.a.O., S. 1270 ff.; Harlander, N./Platz, G.: Beschaffungsmarketing und Materialwirtschaft, a.a.O., S. 23 ff.

welche Folgen eine solche Inkongruenz für die Aufrechterhaltung der betrieblichen Leistungserstellung und -verwertung hat. Daß auch die wertmäßige Bedeutung des Beschaffungsobjektes ein Maß für die Inkongruenzkonsequenzen ist, bedarf wohl an dieser Stelle keiner Erläuterung mehr.
Einen Überblick über die aus dieser Grundüberlegung resultierenden Objektselektionskriterien gibt Abbildung 17.

Ziel- oder Strategieänderungen
- Zieländerungen
    - Zielinhaltsänderung
    - Zielausmaßänderung
    - Zielzeitänderung
- Strategieänderungen

Bedarfskontinuität
- Kontinuierlicher Bedarf
- Unregelmäßiger Bedarf
- Erstmaliger Bedarf
- Einmaliger Bedarf

Beschaffungsrisiken
- Marktrisiken
    - Lieferausfallrisiko
    - Leistungsrisiko
    - Entgeltrisiko
- Betriebliche Risiken
    - Objektbewirtschaftungsrisiko
    - Produktionsrisiko
    - Absatzrisiko
    - Finanzrisiko

Wertmäßige Bedeutung des Beschaffungsobjektes
- Absoluter Wert
- Relativer Wert

Abb. 17: Objektselektionskriterien der Beschaffungsmarktforschung

Diese Kriterien werden nun in den folgenden Abschnitten detaillierter beschrieben.

4.222.1 Ziel- oder Strategieänderungen

Wie oben schon ausgeführt[1], werden hier die Beschaffungsziele

- Senkung der Beschaffungskosten,
- Steigerung der Beschaffungssicherheit,
- Steigerung der Beschaffungsflexibilität und
- Steigerung der Beschaffungsqualität

unterschieden. In einer Mittelrelation zu den Beschaffungszielen stehen Beschaffungsstrategien als Maßnahmenbündel zum Zweck der Zielerreichung.[2] Für die weiteren Ausführungen erscheinen besonders wesentlich die Strategien

- fertigungssynchrone Lieferung
- Vorratshaltung
- Standardisierung
- Beschaffungskooperation
- Eigenentwicklung mit Fremdbezug
- Lieferantenportfolio und
- Beschaffungsmärkteportfolio[3],

wobei auf die nicht ganz leicht zu lösende Kompatibilitätsproblematik hier nicht näher eingegangen werden kann. Diskussionswürdig erscheint an dieser Stelle die Zuordnung von fertigungssynchroner Lieferung und Vorratshaltung zu den Beschaffungsstrategien, da beide Maßnahmenbündel auch als Bereitstellungsprinzipien der Materialwirtschaft angesehen werden.[4] Allerdings ist die Alternative 'fertigungssynchrone Lieferung versus Vorratshaltung' sowohl bezüg-

---

1) Vgl. Abschnitt 3.3 dieser Arbeit
2) Vgl. zur Mittel-Zweck-Relation von Zielen bspw. Heinen, E.: Grundfragen der entscheidungsorientierten Betriebswirtschaftslehre, a.a.O., S. 123 ff.
3) Vgl. zu diesen Beschaffungsstrategien Koppelmann, U.: Strategien zur Vorbeugung beschaffungsbedingter Betriebsunterbrechungen, in: BFuP, Heft 5, 1980, S. 426 ff.; ders.: Zur Risikominderung im Beschaffungsbereich, in: Jahrbuch für Betriebswirte 1982, hrsg. v. W. Kresse Stuttgart 1981, S. 173 ff.; vgl. anders Winand, U./ Welters, K.: Beschaffung und strategische Unternehmungsführung, in: Beschaffung und Unternehmungsführung, hrsg. v. N. Szyperski u. P. Roth, a.a.O., S. 5 ff.
4) Vgl. bspw. Grochla, E.: Grundlagen der Materialwirtschaft, a.a.O., S. 24 ff.; Arnolds, H./Heege, F./ Tussing, W.: Materialwirtschaft und Einkauf, a.a.O., S. 71; Bichler, K.: Beschaffungs- und Lagerwirtschaft, 2. Aufl., Wiesbaden 1984, S. 22 ff.

lich der Bedingungen[1] als auch hinsichtlich der Konsequenzen so eng mit dem Beschaffungsmarkt verknüpft, daß eine Zuordnung zu den Beschaffungsstrategien begründet erscheint.[2]

Es ist nun der Fall denkbar, daß Ziel- und/oder Strategieinhaltsänderungen ins Auge gefaßt werden, daß man sich also beispielsweise überlegt, ob es nicht sinnvoll ist, von einer bislang verfolgten Vorratshaltung auf fertigungssynchrone Lieferung überzugehen. In diesem Fall kann es, sofern nicht bereits entsprechende Informationen vorliegen, notwendig sein, Beschaffungsmarktforschung zu betreiben, um zu prüfen, ob solche Überlegungen überhaupt realistisch sind. Beispielsweise muß erhoben werden, ob aktuelle oder potentielle Lieferanten in der Lage und willens sind, diese Leistung zu erbringen, und mit welchen Konsequenzen (z.B. im Hinblick auf die Beschaffungskosten) eine solche Entscheidung verbunden sein kann.

Jedoch nicht nur die Überlegung, möglicherweise Inhalte von Zielen oder Strategien zu ändern, kann Anlaß für Beschaffungsmarktforschung sein, auch Ausmaßänderungen bzw. Änderungen des zeitlichen Bezugs von Zielen oder Strategien können dazu führen. Wird beispielsweise das Ziel 'Erhöhung der Beschaffungsqualität' insofern operationalisiert, als man als Ziel vorgibt 'Verringerung der Toleranzen beim Werkstoff X um 10% im Zeitraum Y', so kann dieses Ziel im Zielzeitraum erhöht werden, indem man das angestrebte Ausmaß der Toleranzverringerung beispielsweise auf 15% erhöht. Aus den gleichen Gründen wie bei der Zielinhaltsänderung ist dann unter Umständen Marktforschung für dieses Objekt erforderlich. Daß auch die Veränderung des zeitlichen Zielbezugs, also beispielsweise die Verkürzung des Zielzeitraumes, diese Konsequenz nach sich ziehen kann, bedarf nach den obigen Ausführungen wohl keiner Erläuterung mehr. Gleiches gilt konsequenterweise auch für die Strategiedimensionen.

---

1) Vgl. zu den marktlichen Bedingungen Grochla, E.: Grundlagen der Materialwirtschaft, a.a.O., S. 26 f.
2) Vgl. ähnlich Wissebach, B.: Beschaffung und Materialwirtschaft, a.a.O., S. 155 ff.

4.222.2 Bedarfskontinuität

Ein zweites betriebliches Kriterium für die Objektselektion stellt, konkreter als Ziel- bzw. Strategieänderungen, die Kontinuität oder im anderen Fall die Neuartigkeit des Bedarfs dar. Hier lassen sich grundsätzlich vier Fälle unterscheiden.
'Kontinuierlicher Bedarf' liegt dann vor, wenn ein Objekt in der Vergangenheit schon mehrfach beschafft worden ist, und wenn dies aller Voraussicht nach auch in Zukunft so sein wird. Weiterhin liegen die einzelnen Bedarfsfälle zeitlich relativ nahe beieinander.
'Unregelmäßiger Bedarf' ist im Gegensatz dazu durch längere und darüber hinaus verschiedene Zeitintervalle zwischen den Bedarfsfällen gekennzeichnet.
In der Materialwirtschaft ist eine ähnliche Systematisierung unter dem Begriff RSU- bzw. XYZ-Analyse bekannt.[1] Dabei wird das Material nach seinem Verbrauchsverlauf gegliedert, wobei R-(X-)Material durch konstanten oder geringfügig schwankenden, S-(Y-)Material durch saisonal schwankenden oder trendförmig verlaufenden und U-(Z-)Material durch völlig unregelmäßigen Verbrauch gekennzeichnet ist. Im Rahmen dieser Arbeit erscheint es zweckmäßig, die beiden ersten Gruppen analog zu 'kontinuierlicher Bedarf' zusammenzufassen und nur den unregelmäßigen Bedarf separat zu behandeln.

Im Unterschied zu diesen ersten beiden Fällen sind 'Erstmaliger Bedarf' und 'Einmaliger Bedarf' durch die Neuartigkeit gekennzeichnet, wobei im erstmaligen Bedarfsfall davon ausgegangen wird, daß dieser Bedarf sich im Zeitablauf zu kontinuierlichem oder unregelmäßigem Bedarf entwickeln wird.

Fragt man sich nun, inwiefern das Kriterium 'Bedarfskontinuität' für die Objektselektion von Bedeutung ist, so läßt sich feststellen, daß - abstrahiert von anderen Kriterien - allenfalls kontinuierlicher und erstmaliger Bedarf tendenziell Marktforschungsaktivitäten nahelegen. Dies bedeutet

---

[1] Vgl. bspw. Grochla, E.: Grundlagen der Materialwirtschaft, a.a.O., S. 31 f.; Hartmann, H.: Materialwirtschaft, a.a.O., S. 117 ff.

jedoch nicht, daß die Kriterienausprägungen 'Unregelmäßiger Bedarf' und 'Einmaliger Bedarf' für die Selektionsentscheidung unbedeutend seien; sie helfen, wie auch die beiden erstgenannten Ausprägungen, ein konkretes Objekt in Verbindung mit den übrigen Kriterien richtig einzuschätzen. Aus diesem Grund kann, auch wenn auf diesem Abstraktionsniveau keine konkreten Aussagen zur Objektselektion aufgrund der Bedarfskontinuität getroffen werden können, auf dieses Kriterium nicht verzichtet werden.

4.222.3 Beschaffungsrisiken

Das wohl wichtigste und auch inhaltlich umfangreichste Kriterium zur Objektselektion stellt das Beschaffungsrisiko dar. Dabei bedeutet Risiko grundsätzlich "die Möglichkeit (Gefahr) einer Fehlentscheidung, d.h. die Möglichkeit eines Eintretens eines oder mehrerer ungünstiger Ereignisse, für die die gefällte Entscheidung unter der gewählten Zielsetzung nicht optimal war."[1] Beschaffungsrisiko ist somit zu verstehen als die Gefahr, daß Ereignisse eintreten, die dazu führen, daß die gefällte Beschaffungsentscheidung unter Berücksichtigung der zugrundeliegenden Beschaffungsziele nicht optimal war.

Für die Auswahl von Beschaffungsobjekten für die Beschaffungsmarktforschung interessieren an dieser Stelle aufgrund der gewählten Systematisierung der Selektionskriterien[2] von den insgesamt denkbaren ungünstigen Ereignissen in erster Linie die externen, d.h. die durch den Beschaffungsmarkt bedingten. Es ist also im folgenden zu klären, welche Ereignisse auf dem Beschaffungsmarkt dazu führen können, daß eine Beschaffungsentscheidung sich als nicht optimal herausstellt. Dieser Gesichtspunkt wird im folgenden als Beschaffungsmarktrisiko bezeichnet.

---

[1] Philipp, F.: Risiko und Risikopolitik, in: Handwörterbuch der Betriebswirtschaft, 4. Aufl., a.a.O., Sp. 3454
[2] Vgl. S. 107 f. dieser Arbeit

Allerdings ist es möglich, daß selbst bei Eintritt negativer
Ereignisse auf dem Beschaffungsmarkt die Beschaffungsentscheidung zielführend ist, nämlich dann, wenn das Beschaf-
fungsmarktereignis keine negativen Konsequenzen im Unternehmen hervorruft. So wäre beispielsweise denkbar, daß
kurzfristige Lieferengpässe auftreten, daß aber das beschaffende Unternehmen ein umfangreiches Lager unterhält,
wodurch diese Lieferengpässe überbrückt werden können.
Ein weiterer Fall wäre darin vorstellbar, daß Werkstoffe
mit zu großen Toleranzen geliefert werden, welche aber aufgrund der Produktionsmittelausstattung im Unternehmen dennoch
verarbeitet werden können. Diese Beispiele zeigen, daß das
Beschaffungsrisiko im Sinne der oben angeführten Definition durch zwei Komponenten bestimmt wird, nämlich durch
das Beschaffungsmarktrisiko einerseits und die betrieblichen Konsequenzen andererseits, die im folgenden als
betriebliche Risiken bezeichnet werden.

Zunächst soll jedoch geklärt werden, welche ungünstigen
Ereignisse auf dem Beschaffungsmarkt eintreten können.
In Abbildung 18 ist eine Risiko-Rangfolge strategisch wich-
tiger Rohstoffe dargestellt, die auf den Risikokriterien
'Ausmaß der Importabhängigkeit', 'Substitutionsmöglichkeit',
'Gefahr politisch bedingter Angebotsstörungen', 'Konzentra-
tionsgrad der Weltreserven' und 'Schrottanteil am Gesamt-
verbrauch' basiert.[1)]

---

1) Anm. d. Verf.: Da die im Auftrag des Bundeswirtschafts-
ministeriums durchgeführte Studie des 'Instituts zur
Erforschung technologischer Entwicklungslinien, Hamburg' zur Verschlußsache erklärt worden ist, lassen
sich hier die Operationalisierung und Gewichtung der
Kriterien nicht näher beschreiben. Auch ohne Kenntnis
dieser Tatbestände scheint jedoch die Risiko-Aussage
für Asbest aufgrund der veränderten Bedingungen heute
in dieser Form nicht mehr zu gelten.

Rohstoff	Wert
Asbest	94
Niob	89
Titan-Rutil	88
Chrom	84
Platin	76
Kobalt	75
Mangan	74
Molybdän	73
Vanadium	72
Wolfram	72
Phosphat	68
Zinn	60
Antimon	57
Nickel	54
Bauxit	51
Kupfer	50
Silber	49
Blei	44
Zink	42
Flußspat	40

Abb. 18: Risiko-Rangfolge strategisch wichtiger Rohstoffe[1]

Hierzu ist anzumerken, daß die Substitutionsmöglichkeit kein Kriterium für das Beschaffungsmarktrisiko, sondern für eventuelle Konsequenzen darstellt und daher für die hier zugrundeliegende Überlegung an dieser Stelle irrelevant ist. Weiterhin ist die Aufzählung der Risikokriterien, wie dies auch in anderen Veröffentlichungen zu dem Komplex 'Beschaffungsrisiko'[2] der Fall ist, unvollständig und nur für einen speziellen Fall gültig. Daher wird im folgenden versucht, mögliche Beschaffungsmarktrisiken zweckbezogen, nämlich im Hinblick auf die Auswahl marktforschungsrelevanter Beschaffungsobjekte möglichst vollständig zu systemati-

---

1) Entnommen aus Jägeler, F.J.: Jetzt helfen nur noch Milliarden, in: manager magazin, Heft 10,1978, S. 60 ff.

2) Vgl. bspw. Koppelmann, U.: Zur Risikominderung im Beschaffungsbereich, in: Jahrbuch für Betriebswirte 1982, a.a.O.; eine recht umfangreiche Erörterung möglicher Beschaffungsrisiken findet sich bei Henzel, F.: Beschaffung, Absatz, Marktbeobachtung, in: Die Handelshochschule - Die Wirtschaftshochschule, 8.Lief., Bd.6, Wiesbaden 1950, S. 41 ff.

sieren. Dabei wird das Beschaffungsmarktrisiko in die
Bereiche 'Lieferausfallrisiko', 'Leistungsrisiko' und
'Entgeltrisiko' untergliedert. Das 'Lieferausfallrisiko'
bezeichnet den denkbar ungünstigsten Fall, nämlich die
Gefahr der ein- oder mehrmaligen Nichtbelieferung im Bedarfsfall. Das 'Leistungsrisiko' stellt eine abgeschwächte Ereig-
nisgruppe dar, in der diejenigen Ereignisse zusammengefaßt
sind, die zwar nicht zu einem Lieferausfall führen, die
jedoch zur Folge haben, daß die Leistungen des Beschaffungsmarktes nicht dem Bedarf des beschaffenden Unternehmens entsprechen. Das 'Entgeltrisiko' ist, obwohl es sich
hierbei auch um ein Leistungsrisiko, nämlich um ein Moda-
litätsleistungsrisiko handelt, aufgrund seiner Bedeutung
für die betriebliche Praxis gesondert angeführt und bezeichnet die Gefahr von ungünstigen Preisentwicklungen für
das beschaffende Unternehmen.

In Abbildung 19 werden diesen Risikogruppen denkbare Einflußfaktoren auf einem mittleren Abstraktionsniveau zugeordnet,
wobei die Zuordnung danach erfolgt, welche Folge (Lieferausfall, nicht bedarfsadäquate Leistung, ungünstige Preisentwicklung) ein bestimmtes Ereignis im ungünstigsten Fall haben
kann. Diejenigen Ereignisse und Einflüsse, die hier unter
'Lieferausfallrisiko' subsumiert sind, können in weniger
ungünstigen Fällen somit auch zu nicht bedarfsadäquater
Leistung bzw. zu einer ungünstigen Preisentwicklung führen.

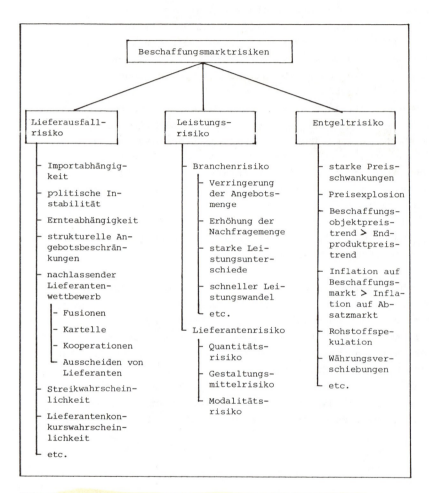

Abb. 19: Beschaffungsmarktrisiken als Objektselektionskriterium

Daß die Importabhängigkeit, die politische Instabilität in
der Region, aus der beschafft wird, und die Ernteabhängigkeit bei einem Beschaffungsobjekt das Lieferausfallrisiko
vergrößern, bedarf wohl keiner Erklärung.
Die Einflüsse 'Strukturelle Angebotsbeschränkungen' und
'Nachlassender Lieferantenwettbewerb' beziehen sich auf
den Monopolisierungsgrad des Angebots, wobei ersteres die
statische, letzteres die dynamische Betrachtung darstellt.
Ein klassisches Beispiel für strukturelle Angebotsbeschränkungen stellen die sogenannten Rohstoffabkommen dar. Solche
kartellartigen Zusammenschlüsse zur Monopolisierung des
Angebots existieren beispielsweise für Kaffee, Kakao,
Zucker[1], Weizen, Olivenöl, Zinn, Kupfer, Bauxit u.a.[2]
Durch die darin festgelegten Höchstabgabemengen wird die
Gefahr der Nichtbelieferung im Bedarfsfall erheblich vergrößert.
Auch der Einfluß solcher Rohstoffabkommen auf die Höhe des
Beschaffungsrisikos kann aber nicht isoliert von anderen
Faktoren gesehen werden. In Fällen des Angebotsüberhangs
bei einem Rohstoff beispielsweise versuchen die einem solchen Abkommen angeschlossenen Anbieter zumeist, die vertraglich festgelegte Höchstabgabemenge zu umgehen, so daß
aufgrund der egoistischen Motive der einzelnen Vertragspartner das Ziel der Rohstoffabkommen in einer solchen Situation nicht erreicht wird.
Die gleichen Konsequenzen für das Lieferausfallrisiko können sich ergeben, wenn ein Staat nahezu ausschließlicher
Anbieter für einen bestimmten Rohstoff ist, da in diesem
Fall der durch die Rohstoffabkommen angestrebte Zustand,
nämlich die Monopolisierung des Angebots, durch die regionale Konzentration des Rohstoffvorkommens schon besteht.
In weniger ungünstigen Fällen können strukturelle Angebots-

---

1) Vgl. dazu auch o.V.: Zuckerabkommen - Süße Last, in:
   Wirtschaftswoche Nr. 27 v. 1.7.1983, S. 21.
2) Vgl. bspw. Bundesministerium für Wirtschaft (Hrsg.):
   Aufzeichnungen über bestehende Rohstoffabkommen und über
   den Stand der Verhandlungen in der UNCTAT über Einzelrohstoffe, Ind.Nr.VC 6-090205-, Bonn 1981; Senti, R.:
   Internationale Rohprodukteabkommen, Diessenhofen 1978;
   Tietzel, M.: Überblick über bestehende Rohstoffabkommen,
   in: Außenwirtschaft, Bd.16, Heft 4,1977, S. 372 ff.

beschränkungen, wie oben grundsätzlich schon erwähnt, auch das Leistungs- bzw. Entgeltrisiko erheblich vergrößern.

Fusionen[1], Kooperationen[2] und die Bildung von Kartellen[3] auf der Angebotsseite sowie das Ausscheiden von Lieferanten aus dem Markt stellen Ursachen für nachlassenden Lieferantenwettbewerb dar. Ebenso wie strukturelle Angebotsbeschränkungen kann auch dieser Sachverhalt dazu führen, daß im Bedarfsfall die entsprechende Leistung nicht mehr zur Verfügung steht, das Lieferausfallrisiko wird also erhöht.

Ein etwas anderer Gesichtspunkt steht bei den beiden letzten der hier erwähnten Anhaltspunkte für das Lieferausfallrisiko im Vordergrund. Während es sich bei den vorgenannten um aktuelle und somit relativ leicht beurteilbare Ursachen handelt, stehen Streik- und Lieferantenkonkurswahrscheinlichkeit auf einer anderen Ebene, da sie sich auf Zukünftiges beziehen. Die Streikwahrscheinlichkeit läßt sich global aufgrund von Erfahrungen aus der Vergangenheit einschätzen. So ist in der Metallindustrie der Bundesrepublik Deutschland der Bezirk Nord-Württemberg/Nordbaden als streikfreudig bekannt, im europäischen Raum gelten besonders Italien und Großbritannien als streikgefährdet. Sehr viel schwieriger allerdings stellt sich die Beurteilung der Streikwahrscheinlichkeit in einer konkreten Situation dar, da es von den Entscheidungen der beteiligten Tarifparteien abhängt, ob es zu einem Streik kommt oder nicht. Anhaltspunkte hierfür können das Auslaufen von Tarifverträgen sowie Äußerungen der Tarifparteien über kontroverse Themen wie Lohnerhöhungen, Arbeitszeitverkürzung oder Entlassungen in größerem Umfang sein.
Ebenso schwierig ist die Einschätzung der Lieferantenkonkurswahrscheinlichkeit, doch auch hier kann es vor einer

---

3) Vgl. zum Begriff: Pausenberger, E.: Fusion, in: Handwörterbuch der Betriebswirtschaft, a.a.O., Sp.1604 ff.
5) Vgl. zum Begriff: Gerth, E.: Kooperation, zwischenbetriebliche, in: Handwörterbuch der Betriebswirtschaft, a.a.O., Sp. 2257 ff.
4) Vgl. zum Begriff: Günther, E.: Kartelle, in: Handwörterbuch der Betriebswirtschaft, a.a.O., Sp. 2134 ff.

systematischen Marktforschung Anhaltspunkte geben wie z.B. Zahlungsverzug des Lieferanten oder Presseberichte, die ohne gezielte Informationssuche zur Kenntnis genommen werden.[1]

Das <u>Leistungsrisiko,</u> also die Gefahr der nicht bedarfsadäquaten Lieferung, läßt sich weiter danach untergliedern, ob das Risiko die gesamte Branche oder nur einzelne Lieferanten betrifft.

Ein wesentlicher Anhaltspunkt des <u>Branchenrisikos</u> ist im Mengenaspekt zu sehen. Verringert sich für das in Frage kommende Beschaffungsobjekt die Gesamtangebotsmenge des relevanten Marktes oder erhöht sich die dem gegenüberstehende Gesamtnachfragemenge, so kann es im Extremfall zu einem Nachfrageüberhang kommen, so daß die Angebotsmenge die Nachfragemenge nicht mehr decken kann. Diese Situation in einer Branche kann für das beschaffende Unternehmen zur Folge haben, daß das erforderliche Beschaffungsobjekt nicht mehr in der benötigten Menge bereitzustellen ist.

Der zweite Aspekt des Branchenrisikos bezieht sich auf die Gestaltungsmittelleistungen des Objekts. Hier besteht das Risiko darin, Objekte mit einer, bezogen auf den Bedarf, mangelhaften Leistungsfähigkeit zu beschaffen. Anders ausgedrückt bedeutet dies, daß man aufgrund der Intransparenz des Marktes die marktlichen Chancen zu nutzen nicht in der Lage ist. Im wesentlichen hängt dieses Risiko wohl davon ab, ob für ein Beschaffungsobjekt bei verschiedenen Lieferanten starke Unterschiede hinsichtlich der Leistungsfähigkeit bestehen (statische Betrachtung) bzw. ob ein Markt durch einen schnellen Leistungswandel (technologischen Fortschritt) gekennzeichnet ist (dynamische Betrachtung). Besonders bei technologisch hochkomplexen Beschaffungsobjekten dürfte dieser Aspekt des Leistungsrisikos von entscheidender Bedeutung sein.

---

1) Vgl. zu diesem Zusammenhang auch Abschnitt 4.1 dieser Arbeit.

Neben dem Leistungsrisiko einer Branche ist auch das des einzelnen Lieferanten von Bedeutung. Die Gefahr der nicht bedarfsadäquaten Lieferung kann sich auf das Objekt selbst, aber auch auf die Modalitäten, also die Vermarktungsmaßnahmen des Lieferanten beziehen. Im ersten Fall lassen sich Quantitäts- und Gestaltungsmittelrisiko unterscheiden. Das Quantitätsrisiko, also die Gefahr, nicht die von einzelnen Lieferanten benötigten Mengen zu erhalten, korreliert beispielsweise positiv mit deren Kapazitätsauslastung. Je näher ein Lieferant an seiner Kapazitätsgrenze arbeitet, desto höher ist das Quantitätsrisiko einzuschätzen.

Das Gestaltungsmittelrisiko bezieht sich auf die Materialisation der durch den Lieferanten intendierten Objektleistungen mit Hilfe der Gestaltungsmittel, so daß sich im günstigsten Fall das daraus ergebende Einzelobjektleistungsbündel mit dem diesem gegenüberstehenden Bedarf deckt.[1] Die Mittel, durch die sich jedes Objekt gestalten läßt, können wie in Abbildung 20 gegliedert werden.

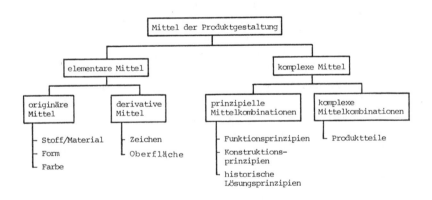

Abb. 20: Zur Systematisierung der Produktgestaltungsmittel [2]

---

1) Vgl. Abschnitt 3.2 dieser Arbeit.
2) Vgl. zu den Mitteln und auch zum Prozeß der Produktgestaltung ausführlich Koppelmann, U.: Grundlagen des Produktmarketing, a.a.O., S. 132 ff.

In der Regel wird jedoch eine vollständige Kongruenz von Gestaltungsbedarf und Gestaltungsleistungen nicht gegeben sein; das Gestaltungsmittelrisiko beschreibt also die Gefahr des Überschreitens eines tolerierbaren Inkongruenzmaßes.

Als letzter Teilbereich des Lieferantenrisikos ist das Modalitätsrisiko zu nennen. Es bezieht sich auf die Modalitäten der Objektbeschaffung bzw., aus entgegengesetzter Sicht, auf die Vermarktungsmaßnahmen des Lieferanten. Als Vermarktungsinstrumente stehen diesem neben der Entgeltpolitik, die, wie oben schon erwähnt, aufgrund ihrer Bedeutung aus dem Modalitätsrisiko ausgegliedert und gesondert aufgeführt ist, die Service-[1], Distributions- und Kommunikationspolitik zur Verfügung.

Besondere Bedeutung dürfte in der Regel dem Servicerisiko zukommen. Dabei ist beispielsweise an die Gefahr nicht eingehaltener Lieferzeiten, -mengen oder -qualitäten zu denken. Auch das Kundendienstrisiko kann hier insofern bedeutsam sein, als beispielsweise Wartungs- oder Reparaturarbeiten nicht ordnungsgemäß durchgeführt werden oder benötigte Ersatzteile nach einer bestimmten Zeit nicht mehr geliefert werden können. Neben dem Liefer- und dem Kundendienstrisiko ist in diesem Zusammenhang auch an das Garantierisiko zu denken. Hiermit ist die Gefahr angesprochen, daß sich der Lieferant in Streitfällen uneinsichtig zeigt, woraus sich dann bei eventuellen gerichtlichen Auseinandersetzungen Probleme für beide Seiten ergeben können.
Im Rahmen der Distributionspolitik ist vor allem das Logistikrisiko relevant. Hier ist beispielsweise an die vom Lieferanten eingesetzten Transportmittel, an Zahl und Standorte von Lägern (Zentral- oder Außenläger) sowie an die Art der Objektverpackung zu denken. In diesem Fall wird

---

[1] Vgl. dazu auch Sieber, M.: Kundendienst - Begriff für Leistung, Erwartung und Verantwortung, in: Beschaffung akutell, Heft 3, 1983, S. 22 f.

wieder die enge Vernetzung verschiedener Risiken deutlich, da diese logistischen Risiken sich häufig unmittelbar auf die oben erwähnten Lieferrisiken auswirken dürften.
Das Kommunikationsrisiko bezieht sich grundsätzlich auf die Gefahr, daß notwendige Informationen zwischen der beschaffenden Unternehmung und dem Lieferanten nicht im erforderlichen Umfang oder auch zu spät ausgetauscht werden. In diesem Bereich ist eine Vielzahl negativer Ereignisse denkbar, so zum Beispiel, daß der Lieferant bei einer Spezifikation zwecks Angebotsabgabe etwas anderes auffaßt, als der Beschaffer gemeint hat, oder daß er es möglicherweise versäumt, auf andere, eventuell günstigere Problemlösungsmöglichkeiten aufmerksam zu machen. Ebenso ist es beispielsweise denkbar, daß der Lieferant nicht ausreichend auf den richtigen Umgang mit dem Beschaffungsobjekt hinweist. Dies kann sich auf die Bedienung einer Maschine oder Anlage beziehen, aber auch zum Beispiel auf erforderliche Schutzmaßnahmen bei der Verarbeitung eines bestimmten Rohstoffs. Diese wenigen Beispiele sollten genügen, um deutlich zu machen, an welche Risiken hinsichtlich der Transaktionsmodalitäten gedacht werden muß.

Die dritte hier zu erwähnende Risikogruppe neben Lieferausfall- und Leistungsrisiko soll an dieser Stelle als <u>Entgeltrisiko</u> bezeichnet werden. Dieses Risiko betrifft all die Bereiche, die sich unmittelbar mit den Beschaffungsobjektkosten in Verbindung setzen lassen. Auf einzelne Lieferanten bezogen bedeutet dies, daß neben dem Preis selbst auch Rabatte, Zahlungsbedingungen und Kredite zu berücksichtigen sind.
Es erscheint in diesem Zusammenhang jedoch nicht sinnvoll, nur die entgeltpolitischen Maßnahmen der einzelnen Lieferanten zu betrachten. Hilfreicher zur Einschätzung des Entgeltrisikos dürfte die Analyse von preisbeeinflussenden Marktfaktoren sein, wie sie in Abbildung 19 (s. S. 116) beispielhaft aufgeführt sind.

Der Unterschied zwischen den ersten beiden Faktoren liegt allein darin, daß bei 'starken Preisschwankungen' die Preise im Zeitablauf auch wieder nachgeben, während bei der 'Preisexplosion' ein stetiger und steiler Preisanstieg zu verzeichnen ist. Insofern läßt sich die Preisexplosion als Extremfall der Preisschwankungen auffassen.

Einen weitergehenden Aspekt beinhaltet das folgende Kriterium: Als besonders ungünstig müssen nämlich Preissteigerungen auf dem Beschaffungsmarkt gelten, wenn sie sich nicht auf den Absatzmarkt abwälzen lassen. In diesem Fall ist also der Preissteigerungstrend des Beschaffungsobjekts größer als der des Absatzobjekts, was in entscheidendem Maße die Ertragskraft des Unternehmens negativ beeinflußt.

Die letzten drei Faktoren gehen noch weiter zurück und beschreiben mögliche Einflüsse auf die Preisentwicklung. Während das Kriterium 'Rohstoffspekulation' nur für bestimmte Beschaffungsobjekte, eben Rohstoffe, Bedeutung hat[1], beziehen sich die preisbeeinflussenden Faktoren 'hohe Inflation'[2] und 'Währungsverschiebungen' auf die regionale Marktabgrenzung und sind vor allem für die Beurteilung des Entgeltrisikos auf ausländischen Märkten von Bedeutung.

Wie oben schon erläutert, ist es für die Einschätzung des Beschaffungsrisikos jedoch nicht nur bedeutsam, das Marktrisiko zu kennen, sondern es muß auch geklärt werden, welche Konsequenzen ungünstige Marktereignisse im beschaffenden

---

1) Anm. d. Verf.: Bekannt geworden ist beispielsweise die Silberspekulation 1979/80, die die Silberpreise extrem in die Höhe trieb. Besonders betroffen war davon die Fotoindustrie, die zur Herstellung von Filmen und Fotopapier große Mengen Silbernitrat benötigt. Vgl. dazu o.V.: Silber-Fieber, in: Wirtschaftswoche Nr. 5 v. 1.2.1980, S. 95; o.V.: Edelmetall-Technologie - Als Schmuck zu schade, in: Wirtschaftswoche Nr. 9 v. 29.2.1980, S. 28 ff.

2) Anm. d. Verf.: Aus Beschaffersicht ist dabei relevant, ob die Inflation auf dem Beschaffungsmarkt größer ist als die auf dem Absatzmarkt, da im anderen Fall die Inflationsrate quasi als 'durchlaufender Faktor' durch die Unternehmung betrachtet werden kann.

Unternehmen hervorrufen. Hierbei bietet es sich an, die
Analyse anhand der betrieblichen Funktionsbereiche vorzunehmen. Es lassen sich als betriebliche Risiken im wesentlichen somit unterscheiden:
- Objektbewirtschaftungsrisiko
- Produktionsrisiko
- Absatzrisiko
- Finanzrisiko.

Das Objektbewirtschaftungsrisiko bezieht sich auf die üblicherweise der Materialwirtschaft zugeschriebenen Aufgaben Lagerung, Verteilung (Transport) und Entsorgung.[1] In diesen Bereichen können in Verbindung mit Beschaffungsmarktrisiken erhebliche Gefahren für das beschaffende Unternehmen liegen. Zwei Beispiele mögen dies verdeutlichen: Zum einen ist es das Ausmaß der Lagerhaltung, wovon, wie oben schon einmal erwähnt, in erheblichem Umfang die Beurteilung von Quantitätsrisiken abhängt. Auf der anderen Seite kann jedoch auch die Lagerhaltung selbst Risiken verursachen, die sich in erster Linie auf die Gestaltungsqualität beziehen. Hier ist beispielsweise daran zu denken, daß zu lagernde Objekte durch Faulen, Rosten oder anderes verderben können. Ein weiterer Aspekt des Objektbewirtschaftungsrisikos liegt in der Entsorgung, die denkbar ist als Wiederverwendung, Verkauf oder Beseitigung. Diese Entsorgungsmöglichkeiten hängen natürlich von der Art der Gestaltung des Beschaffungsobjekts ab, so daß vor allem bei Wiederverwendung und Verkauf Gestaltungsmittelrisiken auf dem Beschaffungsmarkt als besonders bedeutsam einzuschätzen sind.

Hinsichtlich des Produktionsrisikos sind vor allem quantitative und qualitative Maschinenpotentiale sowie Mitarbeiterpotentiale zu betrachten. Einflußfaktoren auf das Produktionsrisiko sind dabei beispielsweise die Art der Maschinenausstattung (Universal- oder Spezialmaschinen),

---

1) Vgl. bspw. Grochla, E.: Grundlagen der Materialwirtschaft, a.a.O., S. 18; Oeldorf, G./Olfert, K.: Materialwirtschaft, a.a.O., S. 20 f.; Arnolds, H./Heege, F./Tussing, W.: Materialwirtschaft und Einkauf, 3. Aufl., a.a.O., S. 18 ff.

die Qualifikation und Motivation der in der Produktion beschäftigten Mitarbeiter[1], die Auslastung der Produktionskapazität und, auf die oben beschriebene Objektbewirtschaftung ausgedehnt, die Art des Bereitstellungs- und Verarbeitungsprozesses.
Als ein Versuch, das Produktionsrisiko zu verringern, sei hier das 'Kanban-System'[2] genannt, bei dessen Anwendung jedoch wegen der Verringerung der Bestände Marktrisiken hinsichtlich Quantität und Lieferzeit Bedeutung erlangen können.

Das durch das Beschaffungsobjekt determinierte Absatzrisiko hängt von dem auf dem Absatzmarkt verfolgten Produktziel ab. Das Produktziel ist dabei aufzufassen als eines der Instrumentalziele des Marketing-Mix und stellt aufgrund der besonderen Bedeutung der Produktpolitik eine Klammer für die anderen Instrumentalziele (Service-, Distributions-, Kommunikations- und Entgeltziele) dar.[3]
Eine Übersicht über die nach dem Leistungsniveau der Produkte geordneten möglichen Produktziele gibt Abbildung 21.

---

[1] Anm. d. Verf.: Je geringer Qualifikation und Motivation der Mitarbeiter sind, desto größer dürften üblicherweise Be- und Verarbeitungsrisiken, beispielsweise die Gefahr der Ausschußproduktion, einzuschätzen sein. In einem solchen Fall gewinnen Gestaltungsmittelrisiken auf dem Beschaffungsmarkt konsequenterweise besondere Bedeutung, da durch die internen Gegebenheiten diese Risiken in ihren Konsequenzen noch verstärkt werden. Ähnliches gilt auch für eine Maschinenausstattung, bei der selbst schon eine Grenzen akzeptabler Abweichungen erreicht werden, so daß bei Hinzutreten beschaffungsmarktbedingter Abweichungen diese Grenzen überschritten werden.

[2] Vgl. zum 'Kanban-System' bspw. Wildemann, H.: KANBAN-Rationalisierung des Materialflusses, in: Beschaffung aktuell Heft 2, 1983, S. 18 ff.; Monden, Y.: Adaptable Kanban System Helps Toyota Maintain Just-In-Time-Production, in: Industrial Engineering, Heft 5, 1981, S. 36; Stark, H.: Kanban-orientierte Zulieferung, in: Beschaffung aktuell, Heft 3, 1984, S. 19; Kiesel, J.: Japanische Erfolgsfaktoren des Kanban-Systems, in: Beschaffung aktuell, Heft 3, 1984, S. 25 ff.; Varnholt, N.T.: Die Diskussion um Kanban, in: Beschaffung aktuell, Heft 3, 1984, S.20 ff.; Türke, D.: Kanban - utopisch oder machbar?, in: Beschaffung aktuell, Heft 3, 1984, S. 28 ff.; o.V.: Kanban Fertigungssteuerung - Experimente mit Inseln, Wirtschaftswoche Nr. 19 v. 6.5.1983, S. 49 ff.

[3] Vgl. Koppelmann, U.: Grundlagen des Produktmarketing, a.a.O., S. 16 ff. und 105 ff.

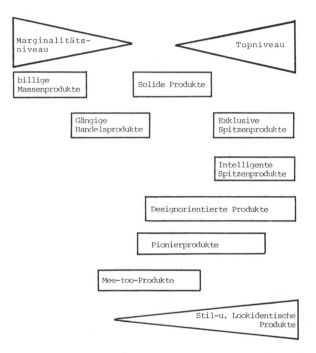

Abb. 21: Produktziele im Absatzmarketing[1]

Ohne auf die Produktziele im einzelnen näher einzugehen[2], soll an zwei Beispielen verdeutlicht werden, inwiefern diese Ziele das Beschaffungsrisiko beeinflussen.

Das Produktziel 'Billige Massenprodukte' ist u.a. bestimmt durch "längst bekannte Problemlösungen"[3], hohe Absatzmengen und niedrige Preise.[4] Daraus ergeben sich für die Beschaffungsobjekte, die in diese Produkte eingehen, be-

---

1) Vgl. Koppelmann, U.: Grundlagen des Produktmarketing, a.a.O., S. 113
2) Vgl. zur Erläuterung und näheren Bestimmung der Produktziele ebenda, S. 105 ff.
3) Ebenda, S. 106
4) Vgl. ebenda, S. 106

stimmte Bedarfsschwerpunkte wie Quantität, Entgelt und Lieferzeit[1], während der gesamte Bereich des Gestaltungsmittelbedarfs weniger bedeutsam ist. Daraus folgt konsequenterweise, daß Lieferausfall-, Quantitäts- und Entgeltrisiken des Beschaffungsmarktes bei Verfolgung dieses Produktziels höher einzuschätzen sind als gleich stark ausgeprägte Gestaltungsmittelrisiken.

Der entgegengesetzte Fall ergibt sich bei dem Produktziel 'Exklusive Spitzenprodukte'. Diese sind gekennzeichnet durch höchste Preise, damit zusammenhängende niedrige Stückzahlen sowie umfangreiche Servicemaßnahmen; „lediglich die Lieferbereitschaft kann eine Ausnahme bilden, weil ja gerade durch die nicht sofortige Lieferbereitschaft der Exklusivitätseindruck gesteigert werden kann."[2] In diesem Fall ist also besonders ein mögliches Gestaltungsmittelrisiko von Bedeutung, während Quantitäts-, Modalitäts- und Entgeltrisiken im Vergleich dazu kaum eine Rolle spielen.[3]

Das _Finanzrisiko_ wird im wesentlichen durch die Liquidität des beschaffenden Unternehmens bestimmt. Durch sie werden die Aktions- und Reaktionsmöglichkeiten auf Entwicklungen im Beschaffungsmarkt insofern eingegrenzt, als bei geringer Liquidität grundsätzlich alle ungünstigen Ereignisse auf dem Beschaffungsmarkt stärker auf das Unternehmen durchschlagen als bei hoher Liquidität, da im ersten Fall die Handlungsspielräume durch finanzielle Restriktionen stark eingeengt sind.

---

1) Vgl. zum Zusammenhang von Produktzielen und Bedarfsschwerpunkten auch Koppelmann, U.: Zur Verzahnung von Beschaffungs- und Absatzprozessen in Unternehmen, a.a.O., S. 121 ff.
2) Koppelmann, U.: Grundlagen des Produktmarketing, a.a.O., S. 107.
3) Vgl.auch ders.: Zur Verzahnung von Beschaffungs- und Absatzprozessen in Unternehmen, a.a.O., S. 121 ff. Vgl. in diesem Zusammenhang auch die Ausführungen zur Bedarfsplanung in Abschnitt 3.3, S. 59 ff. dieser Arbeit, besonders Abb. 6, S. 60

Ein ebenfalls vorstellbares Forschungs- und Entwicklungsrisiko ist in diesem Zusammenhang bedeutungslos, was darin begründet ist, daß sich alle Beschaffungsrisiken bei der hier vorliegenden Zwecksetzung der Objektselektion für die Beschaffungsmarktforschung auf ein konkretes Beschaffungsobjekt beziehen, während in der Forschungs- und Entwicklungsabteilung in der Regel kein 'fertiges' Objekt, sondern Vorstellungen, Ideen und Entwicklungen im Vordergrund stehen.

4.222.4 Wertmäßige Bedeutung des Beschaffungsobjekts

Selbstverständlich ist neben den vorstehend beschriebenen Kriterien Ziel- bzw. Strategieänderungen, Bedarfskontinuität und Beschaffungsrisiken auch der Beschaffungswert für die Auswahl des Beschaffungsobjekts von Bedeutung. An dieser Stelle ist es jedoch nicht mehr erforderlich, auf dieses Kriterium näher einzugehen; es kann vielmehr auf die Ausführungen in Abschnitt 4.221.1 verwiesen werden, da der Beschaffungswert als Objektselektionskriterium, wie schon oben ausgeführt, in der Literatur hinreichend ausführlich behandelt ist.
Hier soll nur noch kurz auf zwei Betrachtungsmöglichkeiten eingegangen werden, nämlich auf den absoluten und den relativen Beschaffungswert.

Unter 'Absoluter Beschaffungswert' ist der Beschaffungswert des Objekts pro Einheit (Einstandspreis) bzw. pro Periode zu verstehen, ohne daß ein Vergleich mit anderen Beschaffungsobjekten vorgenommen wird. 'Relativer Beschaffungswert' setzt diesen Vergleich voraus, indem entweder die Objekteinheitswerte miteinander verglichen werden, oder aber ein Objektbeschaffungswert pro Periode in Beziehung gesetzt wird zu einem anderen (Beziehungswert) oder zum gesamten Beschaffungsvolumen (Gliederungswert). Der letzte Fall dürfte für die Selektionsentscheidung aufgrund des umfassenderen Aussagegehalts von besonderer Bedeutung sein und führt schließlich zur oben schon beschriebenen ABC-Analyse.[1]

---

1) Vgl. Abschnitt 4.221.1 dieser Arbeit.

4.23 Vorgehensweise zur Objektselektion

Nach der Beschreibung der für die Auswahl marktforschungsrelevanter Beschaffungsobjekte bedeutsamen Kriterien ist nun zu klären, wie, d.h. mit welcher Vorgehensweise, diese Kriterien in einem konkreten Fall miteinander verknüpft werden können, um zu einer sinnvollen Selektionsentscheidung zu gelangen. In der Literatur existieren zu diesem Problem einige wenige Ansätze, die zunächst dargestellt und kritisch analysiert werden sollen, bevor dazu eine Alternative beschrieben wird.

4.231 Ansätze in der Literatur

Die in der Literatur dargestellten Ansätze zur Vorgehensweise unterscheiden nach der Methode der Beschaffungsmarktforschung in die Auswahl des Objekts für laufende und die für fallweise Beschaffungsmarktforschung. Die auf Lohrberg zurückgehende[1] und von Blom[2] übernommene Vorgehensweise läßt sich durch einige wesentliche Aspekte kennzeichnen:

1. Unterscheidung der Selektionskriterien in solche, die zu laufender, und solche, die zu fallweiser Beschaffungsmarktforschung führen.[3]

2. Auswahl des Beschaffungsobjekts zu fallweiser Beschaffungsmarktforschung, wenn mindestens eines der entsprechenden Kriterien erfüllt ist.

3. Bewertung der Beschaffungsobjekte anhand der ABC-Analyse.[4]

---

1) Vgl. Lohrberg, W.: Eine Entscheidungshilfe für die Objektwahl der Beschaffungsmarktforschung, a.a.O., S. 1270 ff.; ders.: Grundprobleme der Beschaffungsmarktforschung, a.a.O. S. 39.

2) Vgl. Blom, F.: Punktbewertungsverfahren in der Beschaffungsmarktforschung, a.a.O., S. 68 ff.; Strache, H. (Hrsg.): Beschaffungsmarktforschung, a.a.O., S. 26 ff.; Blom, F.: Zukunftsorientierte Beschaffungsmarktforschung - Schlüssel zum Beschaffungsmarkt, a.a.O., S. 51 ff.

3) Vgl. Abschnitt 4.221.2 dieser Arbeit

4) Vgl. Abschnitt 4.221.1 dieser Arbeit

4. Nur für A-Objekte: Verknüpfung der Selektionskriterien zur laufenden Beschaffungsmarktforschung mit Hilfe eines Scoring-Modells.

Einen Überblick über die vorgeschlagene Vorgehensweise für laufende Beschaffungsmarktforschung bietet Abbildung 22.

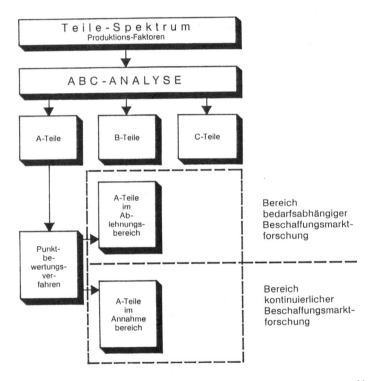

Abb. 22: Vorgehensweise zur Objektselektion bei Blom[1]

---

1) Entnommen aus Strache, H. (Hrsg.): Beschaffungsmarktforschung, a.a.O., S. 28.

Zur Erstellung des Scoring-Modells werden folgende Phasen genannt:

1. Regelung von Meinungsverschiedenheiten innerhalb der Gruppe.
2. Wahl der Bewertungskriterien.
3. Wahl und Beschreibung der Bewertungsskalen.
4. Punktzuordnung.
5. Gewichtung der Kriterien.
6. Bestimmung des Verknüpfungsprinzips.[1]

Somit ergibt sich schließlich ein Tableau, wie in Abbildung 23 dargestellt.

Auswahlkriterien	Kriteriengewichte	Punktwerte	Partialwerte
Häufigkeit der Veränderungen der Marktsituation	15	0 1 ② 3 4	30
Bedeutung des Beschaffungsgutes für die Aufrechterhaltung der Produktion	15	0 1 2 3 ④	60
Standort des (der) Lieferanten	10	0 ① 2 3 4	10
Einfluß der vorgelagerten Marktstufen	20	0 1 2 ③ 4	60
Häufigkeit und Ausmaß der Preisveränderungen	30	0 ① 2 3 4	30
Häufigkeit des Beschaffungsvorganges	10	0 1 ② 3 4	20
		Gesamtpunktzahl	210

Abb. 23: Beispiel eines Scoring-Modells für laufende Beschaffungsmarktforschung bei Lohrberg [2]

In diesem Beispiel sind zur Verdeutlichung der Vorgehensweise sowohl für die Kriteriengewichte als auch für die Bewertungen der einzelnen Kriterien (Punktwerte) fiktive Urteile angenommen worden. Beispielsweise wurde für das

---
[1] Vgl. Lohrberg, W.: Eine Entscheidungshilfe für die Objektwahl der Beschaffungsmarktforschung, a.a.O., S.1270 f.
[2] Vgl. ebenda, S. 1272.

Kriterium 'Bedeutung des Beschaffungsgutes für die Aufrechterhaltung der Produktion' ein Gewichtungsfaktor von 15 (%) festgelegt. Der beispielhaft angenommene Punktwert von 4 bedeutet, daß das Beschaffungsobjekt für die Aufrechterhaltung der Produktion extrem wichtig ist. Aus der Multiplikation von Kriteriengewicht und Punktwert ergibt sich der jeweils auf ein Kriterium bezogene Partialwert; durch (in diesem Beispiel) Addition der Partialwerte erhält man die Gesamtpunktzahl von hier 210.
Hat man alle in der ABC-Analyse ermittelten A-Objekte nach diesem Verfahren bewertet, so sollen die Objekte nach ihrer Gesamtpunktzahl geordnet werden. Die Entscheidung, für welche Objekte laufende Beschaffungsmarktforschung betrieben werden soll, macht Lohrberg von der zur Verfügung stehenden finanziellen und personellen Kapazität abhängig, indem er fordert, bei dem Objekt mit der höchsten Gesamtpunktzahl zu beginnen und solange Objekte mit immer niedrigeren Gesamtpunktzahlen einzubeziehen, wie noch zusätzliche Kapazität zur Verfügung steht.

Gegenüber diesem Vorschlag zur Objektselektion sind allerdings einige kritische Überlegungen angebracht.
Zunächst erscheint die Unterteilung der Kriterien zwecks laufender bzw. fallweiser Beschaffungsmarktforschung an dieser Stelle verfrüht.[1] Weiterhin wird nicht ganz deutlich, wie eine Vorgehensweise zur Auswahl von Beschaffungsobjekten für fallweise Beschaffungsmarktforschung konkret aussehen soll. So erscheint es beispielsweise sehr fraglich, ob bereits bei Erfüllung des einen Kriteriums 'Abnahme des Lieferantenwettbewerbs' Beschaffungsmarktforschung notwendig ist. Andere Gesichtspunkte sind hierbei wohl auch zu berücksichtigen. Weiterhin wird nicht klar, ob auch, wie es in Abbildung 22 scheint, fallweise (bedarfsabhängige) Beschaffungsmarktforschung nur für A-Objekte durchgeführt werden soll. Sollte das so sein, so wären hier einige kritische Überlegungen angebracht.

---

1) Vgl. zu diesem Kritikpunkt auch Abschnitt 4.221.2 dieser Arbeit.

Die wesentliche Kritik richtet sich jedoch nicht gegen die vorgeschlagene Vorgehensweise zur Auswahl der Beschaffungsobjekte für fallweise, sondern gegen diejenige für laufende Beschaffungsmarktforschung. Einerseits erscheint es, wie oben schon ausgeführt, nicht haltbar, den Beschaffungswert als übergeordnetes Selektionskriterium aufzufassen und somit kontinuierliche Beschaffungsmarktforschung allein für A-Objekte zu betreiben. Die hinter diesem Vorschlag erkennbare Vorstellung von Beschaffung berücksichtigt nämlich nur deren unmittelbaren Kostencharakter, nicht jedoch die Leistungsaspekte der Beschaffung.

Der zweite Kritikpunkt richtet sich gegen die Verwendung eines Scoring-Modells zur Auswahl der besonders wichtig erscheinenden A-Objekte. Wenngleich der Versuch, ein komplexes Entscheidungsproblem transparenter zu gestalten, grundsätzlich zu begrüßen ist, so ergeben sich doch bei der Anwendung eines solchen Verfahrens schwerwiegende Probleme und Gefahren. Wie auch Lohrberg selbst ausführt, sind bei der Konzeption des Modells allein schon schwierige Entscheidungen zu fällen.[1] Weiterhin müssen durch die relativ starke Konkretisierung des formalisierten Entscheidungsverhaltens entscheidende Prämissen gesetzt werden. So kann beispielsweise die Wahl des Verknüpfungsprinzips der Teilurteile abhängen vom Risikobewußtsein der Entscheider, von der Zahl der zu beurteilenden Alternativen und von der Kompromißbereitschaft bei der Berücksichtigung der wesentlichen Aspekte.[2] "Die naheliegende Frage, wovon es möglicherweise abhängt , welches der (...) Scoring-Modelle die jeweilige Urteilsbildung am besten repräsentiert, kann bis heute (jedoch,d.Verf.) noch nicht beantwortet werden. Es besteht lediglich Evidenz dafür, daß die Urteilsbildung tatsächlich sehr unterschiedlich voll-

---

[1] Vgl. Lohrberg, W.: Eine Entscheidungshilfe für die Objektwahl der Beschaffungsmarktforschung, a.a.O., S.1270 ff.; Andritzky, K.: Der Einsatz von Scoring-Modellen für die Produktbewertung, in: Die Unternehmung, Heft 1,1976, S. 21 ff.

[2] Vgl. Andritzky, K.: Der Einsatz von Scoring-Modellen für die Produktbewertung, in: Die Unternehmung, Heft 1,1976, S. 35.

zogen werden kann."[1] Letztendlich führt die Verwendung eines Scoring-Modells durch die formalisierte und rechnerische Vorgehensweise zu einer Scheingenauigkeit, die leicht die Probleme und Prämissen vergessen läßt, und somit zu möglicherweise schlechteren Ergebnissen als ohne Verwendung dieses Entscheidungsverfahrens führt.

4.232 Entscheidungsprozeßorientierter Ansatz zur Verknüpfung der Selektionskriterien

Auch hier soll versucht werden, das komplexe Problem der Kriterienverknüpfung transparenter zu machen. Jedoch bleibt der folgende Vorschlag auf einem höheren Abstraktionsniveau als die Scoring-Modelle, da sich bei diesen, wie oben ausgeführt, durch die Konkretisierung keine neuen Erkenntnisse, sondern tendenziell nur Probleme und Gefahren ergeben.

Bei dem hier vorgeschlagenen Verknüpfungsverfahren sind in einem ersten Schritt die Beschaffungsobjekte anhand der oben dargestellten Selektionskriterien zu bewerten, d.h. es ist zu fragen, ob Ziel- bzw. Strategieänderungen geplant sind, ob es sich um kontinuierlichen, unregelmäßigen, erst- oder einmaligen Bedarf handelt, wie Markt- und betriebliche Risiken einzuschätzen sind und wie sich das Objekt in der ABC-Analyse darstellt. Nach einer solchen Bewertung des Beschaffungsobjekts sind diejenigen Kriterienausprägungen, durch die sich das Beschaffungsobjekt besonders plastisch beschreiben läßt, auszuwählen und anschließend zu hierarchisieren. Wie diese Hierarchisierung erfolgt, ist konkret abhängig vom einzelnen Unternehmen, bspw. dessen Zielen, Potentialen und Restriktionen aller Art. Allgemeine Aussagen hierzu lassen sich nur schwerlich machen.

---

1) Andritzky, K.: Der Eisatz von Scoring-Modellen für die Produktbewertung, a.a.O., S. 35

Nach diesem Schritt ergibt sich also eine Rangfolge von
Merkmalen, durch die das Beschaffungsobjekt charakterisiert
ist, und es ist nun zu fragen, ob das wichtigste dieser
Merkmale allein zu der Entscheidung führt, Beschaffungsmarktforschung für das Objekt zu betreiben. Wenn diese
Frage bejaht wird, kann der Auswahlprozeß an dieser Stelle
abgebrochen werden, da die zu fällende Entscheidung vorliegt. In der Regel jedoch dürfte nicht ein einziges Merkmal entscheidend sein, sondern die Kombination mehrerer.
In diesem Fall ist das nächstwichtigste Merkmal hinzuzuneh-
men und zu prüfen, ob die spezifische Kombination dieser
beiden Kriterien zur Auswahlentscheidung führt. Ist dies
auch nicht der Fall, so ist in dieser Weise fortzufahren,
bis eine bestimmte Merkmalskombination zur Auswahlentscheidung führt oder aber auch die Hinzunahmen der letzt-
wichtigsten Kriterienausprägung nichts mehr an der Entscheidung ändert, keine Beschaffungsmarktforschung für
das Beschaffungsobjekt zu betreiben.
Im Überblick stellt sich der Selektionsprozeß also wie
in Abbildung 24 dar (s. S. 136).

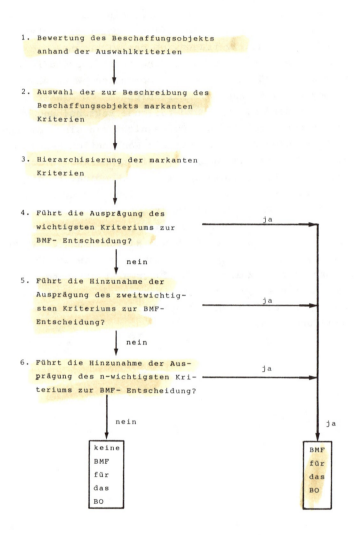

Abb. 24: Vorgehensweise zur Objektselektion

Die Schritte 4. bis 6 lassen sich weiter konkretisieren, indem zunächst die erwartete Ausprägungshöhe mit der erwarteten Eintrittswahrscheinlichkeit gewichtet wird. In verbaler, nicht formalisierter Form bedeutet dies beispielsweise eine Aussage wie 'Ein Ausscheiden von Lieferanten aus dem Wettbewerb ist relativ wahrscheinlich' (Lieferausfallrisiko). Diese gewichtete Kriterienausprägung ist nun jedoch noch einmal hinsichtlich der Folgen zu gewichten. Ist der Markt für das betrachtete Beschaffungsobjekt beispielsweise stark polypolistisch strukturiert, so werden die Konsequenzen eines solchen Ausscheidens als nicht sonderlich gravierend einzuschätzen sein, und damit wird dieses Merkmal allein nicht zur Selektionsentscheidung führen. Allerdings kann die Hinzunahme beispielsweise hoher betrieblicher Risiken diese Entscheidung wiederum verändern, wenn eine kurzfristige Lieferunterbrechung aufgrund eines Lieferantenausfalls erhebliche Störungen im beschaffenden Unternehmen hervorruft.

Diese hier beschriebene Vorgehensweise wird zur Verdeutlichung in Abbildung 25 an einem Beispiel noch einmal anders dargestellt (s. S. 138).

Letztendlich führt die vorstehende Vorgehensweise in jedem Fall zu einer Ja/Nein-Entscheidung bezüglich der Fragestellung, ob für ein Beschaffungsobjekt Marktforschung unternommen werden soll. Somit ergibt sich nach Abschluß dieses ersten Filterungsprozesses eine Liste der für die Beschaffungsmarktforschung relevanten Objekte.

Schritt I: Auflistung aller Objektselektionskriterien	Schritt II: Auswahl markanter Kriterien	Schritt III: Hierarchisierung der markanten Kriterien	Schritt IV: Bewertung
Zieländerung Strategieänderung Kontinuierlicher Bedarf Unregelmäßiger Bedarf Erstmaliger Bedarf Einmaliger Bedarf Lieferausfallrisiko Leistungsrisiko Entgeltrisiko Bewirtschaftungsrisiko Produktionsrisiko Absatzrisiko Finanzrisiko Absoluter Wert Relativer Wert	Strategieänderung Kontinuierlicher Bedarf Leistungsrisiko Absatzrisiko Mittlerer Wert	1. Leistungsrisiko 2. Strategieänderung 3. Kontinuierlicher Bedarf 4. Absatzrisiko 5. Mittlerer Wert	1. Leistungsrisiko → Marktforschung? ↓ nein 2. Leistungsrisiko & Strategieänderung → Marktforschung? ↓ nein 3. Leistungsrisiko & Strategieänderung & Kontiniierlicher Bedarf → Marktforschung? ↳ ja

Abb. 25: Beispiel zur Objektselektion

4.3. Informationsgehalte und Informationsumfang der Beschaffungsmarktforschung

Nach der Festlegung derjenigen Beschaffungsobjekte, für die Beschaffungsmarktforschung betrieben werden soll, ist nun im zweiten Filterungsprozeß[1] zu entscheiden, welche Daten in welchem Umfang für die verschiedenen Objekte in einem konkreten Fall erhoben werden sollen. Dazu ist es notwendig, zunächst einmal zu beschreiben, welche Informationsgehalte grundsätzlich denkbar sind, um dann Kriterien und ein Handlungsprogramm zur Auswahl von konkret erhebungswürdigen Daten darzustellen.

4.31 Genereller Informationenkatalog

Dort, wo sich die betriebswirtschaftliche Literatur mit Fragen der Beschaffungsmarktforschung auseinandersetzt, finden sich nahezu immer Versuche, die grundsätzlich möglichen Beschaffungsmarktdaten systematisch zusammenzustellen.[2] Ohne an dieser Stelle die verschiedenen Informationenkataloge im einzelnen darzustellen[3], lassen sich dazu doch einige Punkte anmerken.

---

1) Vgl. Abschnitt 4.13 dieser Arbeit
2) Vgl. Abschnitt 2.1 dieser Arbeit
3) Vgl. bspw. Schäfer, E.: Betriebswirtschaftliche Marktforschung, a.a.O., S. 34 ff.; Grochla, E./Schönbohm, P.: Beschaffung in der Unternehmung, a.a.O., S. 59 ff.; Lippmann, H.: Beschaffungsmarketing, a.a.O., S. 52 ff.; Harlander, N./Platz, G.: Beschaffungsmarketing und Materialwirtschaft, a.a.O., S. 43 ff.; Arnolds, H./Heege, F./Tussing, W.: Materialwirtschaft und Einkauf, a.a.O., S. 104 ff.; Strache, H. (Hrsg.): Beschaffungsmarktforschung, a.a.O., S. 45 ff.; Lohrberg, W.: Grundprobleme der Beschaffungsmarktforschung, a.a.O., S. 151 ff.; Blom, F.: Industrielle Beschaffungsmarktforschung, in: Der Betriebswirt, Heft 2,1981, S. 19 ff.; ders.: Beschaffungsmarktforschung - Informationstor zum Beschaffungsmarkt, in: Der Beschaffungsmarkt 1983, Sonderheft der Beschaffung aktuell 12/1983, S. 8 ff.; Köckmann, P.: Preisverhandlungen - mit Druck oder Sog?, in: Beschaffung aktuell, Heft 1,1982, S. 40 f.; Tietz, B.: Beschaffung, in: Handwörterbuch der Wirtschaftswissenschaft, hrsg. v. Willi Albers, Stuttgart/New York u.a. 1977, Sp.543 ff.; Berg, C.: Lieferantenbeziehungen und (Fortsetzung der Fußnote siehe nächste Seite!)

- Die oftmals vorgenommene Einbeziehung der internen Bedarfs- bzw. internen Produktforschung[1] wurde oben bereits abgelehnt.[2]

- Teilweise stehen die Informationskategorien auf völlig unterschiedlichen Abstraktionsebenen, wie beispielsweise bei Harlander/Platz, die die Daten systematisieren nach "-Angebot, -Nachfrage, -Preise und Konditionen, -Substitutionsmöglichkeiten, -Angebotskonkurrenz, -Nachfragekonkurrenz, -Transportmittel und -wege."[3]

- Teilweise überschneiden sich die Kategorien in starkem Maße. Strache beispielsweise stellt Marktstrukturanalyse und Länderstrukturanalyse nebeneinander, untergliedert aber die Marktstruktur weiter nach regionalen Gesichtspunkten.[4] Innerhalb der Marktstrukturanalyse behandelt er beispielsweise Fragen der Marktmacht und Marktstruktur, bei der Länderstrukturanalyse geht er unter anderem auf die Marktdynamik ein, was gliederungslogisch wenig glücklich erscheint.
Häufig werden als Kategorien 'Angebot' und 'Lieferant' nebeneinandergestellt[5], was angesichts der Tatsache, daß der Lieferant einen Teil des Angebots darstellt, wenig sinnvoll erscheint.

- Auch Vollständigkeit ist in den seltensten Fällen gegeben. So ist es nicht einsichtig, warum Arnolds/Heege/Tussing, die als übergeordnete Kategorien 'Produkt, Marktstruktur,

---

Fortsetzung der Fußnote 3) von S. 111:
Beschaffungspolitik, in: Beschaffung aktuell, Heft 6, 1982, S. 15 ff.; Cordts, J.: Beschaffungsmarktforschung, in: Einkaufsleiterhandbuch, hrsg. v. G.Bretschneider, München 1974, S. 149 ff.; Lohrberg, W.: Verbreitung und Gestaltung der Beschaffungsmarktforschung BMF, in: Beschaffung aktuell, Heft 3, 1979, S. 18 ff.

1) Vgl. bspw. Lippmann, H.: Beschaffungsmarketing, a.a.O., S. 55 ff.; Arnolds, H./Heege, F./Tussing, W.: Materialwirtschaft und Einkauf, a.a.O., S. 104; Strache, H. (Hrsg.): Beschaffungsmarktforschung, a.a.O., S. 51 ff.
2) Vgl. Abschnitt 2.11 dieser Arbeit.
3) Harlander, N./Platz, G.: Beschaffungsmarketing und Materialwirtschaft, a.a.O., S. 43.
4) Vgl. Strache, H. (Hrsg.): Beschaffungsmarktforschung, a.a.O., S. 106 ff.
5) Vgl. bspw. Arnolds, H./Heege, F./Tussing, W.: Materialwirtschaft und Einkauf, a.a.O., S. 106 ff.

Marktbewegungen und -entwicklungen, Lieferant und Preis' nennen[1], die Dynamik in der Betrachtung nur auf die Marktstruktur (als Marktbewegungen und -entwicklungen), nicht jedoch auf die übrigen Informationsgruppen beziehen.
- Alle in der Literatur zu findenden Systematisierungsversuche sind unvollständig bezüglich der Ansprüche des Lieferanten, worauf später noch näher eingegangen werden soll.

Der hier gewählten Systematisierung liegt die Überlegung zugrunde, daß "die generelle Beschaffungsaufgabe (...) darin (besteht, d.Verf.), das Spannungsverhältnis zwischen dem Lieferanten und dem Bedarfsträger (...) zum Ausgleich zu bringen, indem auf der Basis der gewählten rechtlichen Gestaltungsform die materiellen, finanziellen, raum-zeitlichen und informationellen Transaktionsprozesse nach beiderseitigem Einverständnis in die Wege geleitet werden."[2] Kernpunkt der Beschaffung und damit auch der Beschaffungsmarktforschung stellen also die Transaktionen zwischen Beschaffer und Lieferant dar. Da für die Beschaffungsmarktforschung, wie mehrfach schon erwähnt, nur der Marktpartner, nicht jedoch das beschaffende Unternehmen selbst relevant ist, reduzieren sich die zu betrachtenden Elemente auf Leistungen und Ansprüche der Lieferanten; Bedarf und Anreize bleiben unberücksichtigt[3]. Jedoch genügt es nicht, im Rahmen der Beschaffungsmarktforschung nur Lieferantenleistungen und -ansprüche zu betrachten, da diese durch vielfältige Einflußfaktoren geprägt werden. Neben Bestimmungsgründen von Leistungen und Ansprüchen, die sich aus dem Unternehmen des Lieferanten selbst ergeben, sind auch Daten der Beschaffungskonkurrenz sowie der allgemeinen Umwelt dabei maßgeblich.

Als grundsätzliche Informationskategorien der Beschaffungsmarktforschung sind also
- offenkundige Lieferantenleistungen,
- offenkundige Lieferantenansprüche und
- Leistungs- und Anspruchsbestimmungsgründe zu nennen.

---

1) Vgl. Arnolds, H./Heege, F./Tussing, W.: Materialwirtschaft und Einkauf, a.a.O., S. 104 ff.
2) Grochla, E./Schönbohm, P.: Beschaffung in der Unternehmung, a.a.O., S. 12; vgl. dazu auch Abschnitt 3.1 dieser Arbeit.
3) Vgl. zu Lieferantenansprüchen und Anreizen Abschnitt 3.4 dieser Arbeit.

Einen Überblick über die so systematisierten Informationsgehalte der Beschaffungsmarktforschung gibt Abbildung 26.

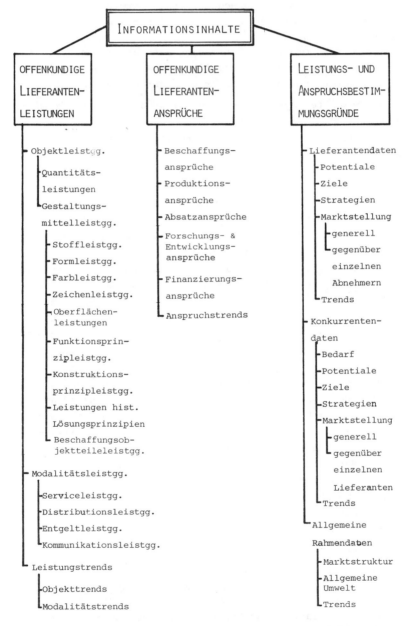

Abb. 26: Informationsinhalte der Beschaffungsmarktforschung

In den nächsten Abschnitten sollen nun die einzelnen Informationsinhalte näher erläutert werden.

4.311 Offenkundige Lieferantenleistungen

Unter Lieferantenleistungen ist all das zu verstehen, was dieser tut, um die Ansprüche seines Kunden zu befriedigen. Kern dieser Leistungen ist das Absatzobjekt[1] selbst, wobei die Modalitätsleistungen, determiniert durch das Objekt, das Angebot abrunden.[2]

Die Objektleistungen beziehen sich zum einen auf die lieferbaren Mengen in statischer Betrachtung, bspw. ob der Lieferant auch besonders große, aber auch ob er besonders kleine Mengen liefert. Auch die Liefermengenflexibilität als dynamischer Aspekt der Quantitätsleistungen kann eine wichtige Rolle spielen.
Den zweiten Teil der Objektleistungen stellen die Gestaltungsmittelleistungen dar, auf die bereits mehrfach hingewiesen wurde.[3] Hier lassen sich die elementaren Mittel Stoff bzw. Material, Form, Farbe, Zeichen und Oberfläche sowie die komplexen Mittel Funktionsprinzip, Konstruktionsprinzip, historisches Lösungsprinzip und Beschaffungsobjektteile unterscheiden.[4] Die Leistungen des Gestaltungsmittels 'Stoff' hängen ab von der Stoffart (Metalle, Nichtmetalle und Naturstoffe), von der Stoffzusammensetzung, beispielsweise Legierungen, vom Stoffaufbau und von der Stoffbehandlung.

---

1) Anm.d.Verf.: Aus der Sicht des Lieferanten ist es das Absatz-, aus Beschaffersicht das Beschaffungsobjekt.
2) Vgl. Koppelmann, U.: Grundlagen des Produktmarketing, a.a.O., S. 16 ff.
3) Vgl. Abschnitte 3.2 und 4.222.3 dieser Arbeit.
4) Vgl. Koppelmann, U.: Grundlagen des Produktmarketing, a.a.O., S. 138 ff.

Formleistungen sind näher bestimmt durch die Erscheinungsform (formlos, formunbeständig, formhaltend, formfest) und bei formfesten Objekten durch Formdimension (Größe), Formproportion, Formkontur und Formstruktur.[1]
Als Parameter des Gestaltungsmittels 'Farbe' sind Farbtöne (bunte, unbunte, Metall-, Erdfarben und Mischungen), Farbsättigung (Pigmentanteil), Farbhelligkeit und Farbglanz (hochglänzend gegenüber matt) zu nennen.[2]
Zeichenleistungen hängen ab von der Zeichenart (Wort- oder Bildzeichen), von der Zeichenform (Typographie) und von der Zeichenverteilung.[3]
Die Oberflächengestaltung ist grundsätzlich möglich durch Variation einer gegebenen Fläche oder durch eine Kombination von verschiedenen Stoffen. Im ersten Fall bleibt das gegebene Material an der Oberfläche erhalten, die dabei durch beispielsweise Glätten, Aufrauhen, Prägen oder Hämmern verändert wird. Eine andere Möglichkeit der Oberflächengestaltung liegt im zweiten Fall vor, in dem ein anderes Material mit dem gegebenen kombiniert wird, z.B. durch Lackieren oder Bedampfen, so daß das ursprüngliche Material an der Oberfläche nicht mehr erkennbar ist.

Komplexe Gestaltungsmittel spielen nur bei komplexen Beschaffungsobjekten (z.B. Endproduktteile, Anlagen, evtl. Handelswaren) eine Rolle, bei Roh-, Hilfs- und Betriebsstoffen sind sie unbedeutend. Warum dies so ist, wird deutlich, wenn man als erstes die Funktionsprinzipien betrachtet. Diese beschreiben "dynamische Beziehungen von Elementen in Produkten"[4], also, "was in einem Produkt passiert, damit es die erwarteten Leistungen erbringt."[5] Als Parameter

---

1) Vgl. dazu näher Koppelmann, U.: Grundlagen des Produktmarketing, a.a.O., S. 151.
2) Vgl. ebenda, S. 159.
3) Vgl. ebenda, S. 164 f.
4) Ebenda, S. 170; vgl. auch Bergmann, C.: Funktionsprinzipien als Mittel der Produktgestaltung, Beiträge zum Produktmarketing, Bd. 6, hrsg. v. U. Koppelmann, Köln 1979
5) Koppelmann, U.: Grundlagen des Produktmarketing, a.a.O., S. 170.

von Funktionsprinzipien lassen sich "Energieumwandlungs-, Energieübertragungs- und Energiespeicherungsvorgänge"[1] auffassen. Daß dieses Gestaltungsmittel nur bei komplexen Objekten eine Rolle spielt, liegt auf der Hand. Das gleiche gilt auch für Konstruktionsprinzipien, die sich im Gegensatz zu Funktionsprinzipien auf die (statische) Anordnung von Teilen in einem Objekt beziehen.[2] Als wesentliche Aspekte, durch die sich diese räumlichen Strukturen näher beschreiben lassen, sind der Wirkraum ("Form- und Stoffbeziehungen verschiedener Teile"[3] zueinander), der Lagewechsel (Wo sind Teile angeordnet?) und der Zahlwechsel (Wieviele Teile?) nennen.[4]

Das spezifische Merkmal des Gestaltungsmittels 'Historisches Lösungsprinzip' liegt darin, daß es sich um Problemlösungsmöglichkeiten handelt, bei denen man nicht mehr danach fragt, auf welche Art und Weise das Problem gelöst wird, sondern die prinzipielle Gestaltungslösung als gegeben hinnimmt. Beispielsweise fragt man bei verschiedenen Schaltern (Dreh-, Kipp-, Druck-, Tastschalter) nicht mehr, wie diese 'funktionieren'.[5] Auch Produktteile als komplexere Gestaltungskomponenten können Leistungen von Beschaffungsobjekten begründen. So werden die Leistungen einer Maschine in der Regel in starkem Maße durch die Art des verwendeten Elektromotors bestimmt.

Diese hier beschriebenen Gestaltungsmittelleistungen müssen in einem konkreten Fall selbstverständlich sehr viel detaillierter analysiert werden, als dies hier erfolgt ist. In welche Richtung eine Detaillierung vorzunehmen ist, hängt jedoch vom jeweiligen Einzelfall ab, so daß hier auf einem höheren Abstraktionsniveau nur gezeigt werden konnte, welche Informationsinhalte hinsichtlich der Ge-

---

[1] Koppelmann, U.: Grundlagen des Produktmarketing, a.a.O., S. 170
[2] Vgl. ebenda, S. 176
[3] Ebenda, S. 177
[4] Vgl. ebenda, S. 177
[5] Vgl. ebenda, S. 180 f.

staltungsmittelleistungen in der Beschaffungsmarktforschung grundsätzlich möglich sind.

Eine zweite Leistungsgruppe neben den bis hierher betrachteten Objektleistungen stellen die Modalitätsleistungen dar, die sich auf die vermarktungspolitischen Aktivitäten des Lieferanten beziehen. Hier lassen sich servicepolitische, distributionspolitische, entgeltpolitische und kommunikationspolitische Leistungen unterscheiden. Auf die verschiedenen Möglichkeiten innerhalb dieser Instrumente und damit auf einzelne Informationsinhalte braucht an dieser Stelle nicht mehr gesondert eingegangen zu werden, da dies bei der Beschreibung des Modalitätsrisikos schon geschehen ist.[1]

Abschließend ist noch darauf hinzuweisen, daß nicht nur aktuelle Leistungen bezüglich Objekt und Modalität für die Beschaffungsmarktforschung von Interesse sind, sondern auch Leistungstrends. Die Fragestellung, die dann durch Beschaffungsmarktforschung beantwortet werden soll, besteht also darin, in welche Richtung sich das Leistungsbündel des Lieferanten in der Vergangenheit entwickelt hat und in der Zukunft wohl entwickeln wird.

4.312 Offenkundige Lieferantenansprüche

Wie schon mehrfach erwähnt[2], genügt es in der heutigen Beschaffungssituation für eine langfristig erfolgreiche Beschaffungspolitik nicht mehr, nur die Leistungen des Lieferanten zu betrachten, um diesen mit den eigenen Forderungen zu konfrontieren. Vielmehr bedürfen im Zuge einer veränderten Auffassung von der Beziehung zwischen Beschaffer und Lieferant[3] auch dessen Ansprüche an die Transaktionsprozesse einer genaueren Analyse. Diese Ansprüche,

---

1) Vgl. Abschnitt 4.222.3 dieser Arbeit.
2) Vgl. Abschnitt 3.4 dieser Arbeit.
3) Vgl. Biergans, B./Koppelmann, U.: Marketingmittel am Beschaffungsmarkt, in: Beschaffung aktuell, Heft 11, 1982, S. 41 ff.

die der Lieferant an den Beschaffer stellt, lassen sich danach ordnen, aus welchen Funktionsbereichen sie resultieren, wobei an dieser Stelle nur beispielhaft gezeigt werden kann, welche Ansprüche unter Umständen eine Rolle spielen können.

Beschaffungsansprüche des Lieferanten richten sich auf dessen Beschaffungsmarkt, also auf den Vormarkt des Beschaffers. So kann der Lieferant den Anspruch stellen, nur solche Einsatzmaterialien zu verwenden, die er kontinuierlich auch für andere Objekte bereits beschafft. Ein anderer Anspruch in diesem Bereich könnte darin bestehen, Einsatzobjekte nur von solche Lieferanten zu beschaffen, zu denen schon eine Beziehung besteht. Auf diese Weise nämlich könnte der Lieferant seinen Suchaufwand für die eigene Beschaffung reduzieren und ebenso das mit der Geschäftsaufnahme zu neuen, unbekannten Lieferanten verbundene Risiko vermeiden. Ebenfalls auf die Verkleinerung des Risikos bezieht sich der Anspruch, nur aus bestimmten, nämlich sicheren Märkten zu beschaffen, also beispielsweise nicht aus Übersee.

Produktionsansprüche beziehen sich auf Produktionsmittel (Maschinen, Anlagen) sowie auf die Produktionskräfte (personelle Ausstattung). Aus beiden Bereichen kann der Anspruch des Lieferanten resultieren, Leerkapazitäten zu nutzen. Allgemeiner kann der Anspruch existieren, das Objekt mit den vorhandenen Produktionsmitteln und Produktionskräften zu erstellen, ohne schwerwiegende Umstellungen der Produktionsplanung vornehmen zu müssen und ohne zu Investitionen gezwungen zu sein.[1]

Auch Absatzansprüche können sich auf die Kapazitätsnutzung beziehen. Verfügt der Lieferant beispielsweise über Auslieferungsläger, so dürfte die Forderung des Beschaffers nach Lieferung aus der laufenden Produktion dem Anspruch der Lagerkapazitätsnutzung genau entgegenstehen. Ein weiterer Anspruch in diesem Bereich liegt in einer möglicherweise

---

1) Vgl. Koppelmann, U.: Grundlagen des Produktmarketing, a.a.O., S. 50 f.

erwünschten konstanten Absatzmenge. Daraus ergibt sich an den Beschaffer der Anspruch auf antisaisonalen bzw. antizyklischen Bezug. Auch bezogen auf das Programmniveau sind Ansprüche des Lieferanten denkbar. Beabsichtigt dieser nämlich, Trading-Up- bzw. Trading-Down-Maßnahmen zu betreiben, so wird er den Anspruch der Objekteinpassung in diese Strategie stellen.

Forschungs- und Entwicklungsansprüche können sich beispielsweise darauf richten, bei einer Spezifikation in der Entwicklung stehende Lieferantenleistungen bereits zu berücksichtigen, da auf diese Weise das Entwicklungsrisiko des Lieferanten verkleinert werden kann. Auf der anderen Seite kann aber auch der Anspruch bestehen, durch Know-How-Transfer an spezifischen Kenntnissen des Beschaffers zu partizipieren, um so den Forschungs- und Entwicklungsaufwand zu reduzieren.

Finanzierungsansprüche des Lieferanten beziehen sich auf Liquiditäts- und Rentabilitätsaspekte der Transaktionsprozesse zwischen Beschaffer und Lieferant. Beispielsweise kann dieser den Anspruch haben, daß durch die Geschäftsbeziehung auch kurzfristig keine Liquiditätsbelastung entstehen soll. Besonders im Anlagenbau ist diese Frage der Vorfinanzierung von wesentlicher Bedeutung. Ein weiterer Anspruch liegt in dem möglichst geringen Kapitaleinsatz zur Erstellung des Objekts. Sind dazu spezielle Werkzeuge nötig, so kann der Anspruch bestehen, daß der Beschaffer die Aufwendungen für diese Werkzeuge übernimmt, indem er sie dem Lieferanten entweder beistellt oder aber im Laufe der Nutzungsdauer im Rahmen von Amortisationszahlungen entgilt.

Auch bei den Ansprüchen ist es u.U. besonders wichtig, nicht nur den augenblicklichen Zustand zu erfassen, sondern auch Aussagen über vergangene und zu erwartende Trends machen zu können.

4.313 Leistungs- und Anspruchsbestimmungsgründe

Die letzte Informationenkategorie stellen leistungs- und anspruchsdeterminierende Faktoren dar, wobei jedoch nicht eindeutig festzustellen ist, wovon einzelne Leistungen bzw. Ansprüche konkret abhängen. Es kann nur davon ausgegangen werden, daß die folgenden Sachverhalte die Leistungen und auch die Ansprüche beeinflussen.

Die erste dieser Faktorengruppen ist im Lieferanten selbst begründet, wobei zunächst dessen Potentiale beachtenswert sind. Im Rahmen des Beschaffungspotentials interessiert die Frage, inwieweit der Lieferant seinerseits in der Lage ist, durch eine konsequente Beschaffungsplanung Chancen auf seinen Beschaffungsmärkten zu nutzen und Risiken zu umgehen. Konkreter wäre hier beispielsweise an eine "Abhängigkeit des Lieferanten von Vorlieferanten"[1] oder auch an vorhandene Lagerkapazitäten[2] zu denken.

Bezüglich des Produktionspotentials sind die quantitative und qualitative Kapazität von Produktionsmitteln und Produktionskräften zu analysieren. Zu erheben sind hier also beispielsweise die höchstmögliche Produktionsmenge, die Kapazitätsauslastung, Ausbildung und Motivation des Personals, Leistungsniveau und Alter der Maschinen und Anlagen.[3]

Das Absatzpotential des Lieferanten läßt sich konkretisieren durch das Firmen- und Programmimage, durch die Höhe der Angebotspräsenz (Marktdurchdringung) und durch den Monopolisierungsgrad hinsichtlich bestimmter Leistungen.[4]

---

1) Arnolds, H./Heege, F./Tussing, W.: Materialwirtschaft und Einkauf, a.a.O., S. 116.
2) Vgl. ebenda, S. 116.
3) Vgl. Arnolds, H./Heege, F./Tussing, W.: Materialwirtschaft und Einkauf, a.a.O., S. 115 f.; Koppelmann, U.: Grundlagen des Produktmarketing, a.a.O., S. 96 f.
4) Vgl. ebenda, S.97 f.; vgl. auch Arnolds, H./Heege, F./Tussing, W.: Materialwirtschaft und Einkauf, a.a.O., S.116.

Bei der Analyse des Forschungs-_und_Entwicklungspotentials
ist im wesentlichen das Innovationspotential des Lieferanten zu untersuchen. Es ist also zu klären, ob der Lieferant
"die Verwendbarkeit irgendwo auftretender neuer Ideen und
Methoden frühzeitig erkennt"[1]) bzw. solche Innovationen
selbst entwickeln kann und will.

Nicht zu vernachlässigen ist bei der Analyse der Lieferantenpotentiale auch dessen Finanzpotential. Hier sind zwei
Aspekte bedeutsam, nämlich zum einen die augenblickliche
Kapitalausstattung, zum anderen die Möglichkeit der Kapitalbeschaffung. Beides wiederum ist abhängig z.B. von der
Rechtsform, von der Ertragssituation und von den Inhaberverhältnissen und kann deshalb für die Beschaffungsmarktforschung von Bedeutung sein, weil bei einem finanzschwachen Lieferanten die Gefahr besteht, daß er "seine Verpflichtungen aus dem Kaufvertrag nicht erfüllen kann"[2]),
im Extremfall aufgrund eines Konkurses. Selbst wenn man
nicht diese Extremsituation annimmt, kann die Kenntnis des
Finanzpotentials des Lieferanten von Interesse sein, da es
sich auf die Leistungsfähigkeit hinsichtlich Investitionen,
Produktentwicklung und Modalitätsgestaltung[3]), aber auch
ebensogut auf Ansprüche aller Art auswirken kann.

Neben den Potentialen haben auch die Ziele des Lieferanten
Einfluß auf seine Leistungen und Ansprüche. Bedeutsam sind
hier in erster Linie die aus den Unternehmenszielen abgeleiteten Absatzziele, von denen in Abbildung 27 einige
dargestellt sind.

---

1) Arnolds, H./Heege, F./Tussing, W.: Materialwirtschaft
   und Einkauf, a.a.O., S. 115
2) Ebenda, S. 114
3) Vgl. ebenda, S. 114

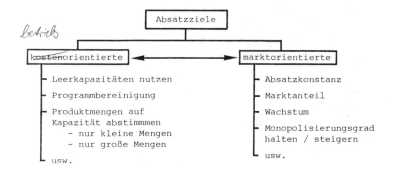

Abb. 27: Mögliche Absatzziele[1]

Welche Bedeutung die Kenntnis der Lieferantenziele für die beschaffende Unternehmung haben kann, soll beispielhaft verdeutlicht werden. Verfolgt nämlich der Lieferant aufgrund von Kostenüberlegungen das Ziel der Programmbereinigung, so besteht bei einer relativen Bedeutungslosigkeit oder bei einem nicht genügenden Ertrag des zu beschaffenden Objekts im Lieferantenprogramm die Gefahr der Elimination. Eine frühzeitige Information über diesen Sachverhalt kann den Beschaffer vor schwerwiegenden Fehlentscheidungen bewahren.[2] Daß marktorientierte Absatzziele entscheidenden Einfluß auf Leistungen und Ansprüche haben, liegt auf der Hand. Bei Verfolgung des Ziels 'Absatzkonstanz' wird der Lieferant beispielsweise sehr viel restriktiver und mit höherem Anspruchsniveau einem neuen Abnehmer gegenüberstehen als bei stark ausgeprägtem Wachstumsziel, wo er eher auch zu Zugeständnissen an den Beschaffer bereit sein dürfte, um dieses Ziel zu realisieren.

---

1) Entnommen aus Koppelmann, U.: Grundlagen des Produktmarketing, a.a.O., S. 104.
2) Vgl. dazu auch Arnolds, H./Heege, F./Tussing, W.: Materialwirtschaft und Einkauf, a.a.O., S. 116.

Auch bei den <u>Strategien</u> des Lieferanten interessieren erstrangig die auf den Absatzmarkt bezogenen. Als Ausgangspunkt einer Gruppierung möglicher Strategien kann die von Ansoff entwickelte Produkt/Markt-Matrix dienen, die jeweils alte und neue Produkte bzw. Märkte zueinander in Beziehung setzt.[1] Daraus ergeben sich die Strategien

- Marktpenetration (gegenwärtige Produkte auf gegenwärtigen Märkten)
- Marktentwicklung (gegenwärtige Produkte auf neuen Märkten)
- Produktentwicklung (neue Produkte auf gegenwärtigen Märkten)
- Diversifikation (neue Produkte auf neuen Märkten). [2]

Für das beschaffende Unternehmen sind vor allem die Strategien der Marktentwicklung und der Produktentwicklung bedeutsam. Im ersten Fall nämlich kommen zu den bisherigen Beschaffungskonkurrenten neue hinzu; die Gesamtnachfrage wird heterogener und in der Regel größer, was die Bedeutung des beschaffenden Unternehmens für den Lieferanten unter sonst gleichen Bedingungen verringert. Das gleiche gilt für die Diversifikationsstrategie, wobei hier allerdings die zusätzlichen Nachfrager nicht notwendigerweise auch Beschaffungskonkurrenten sein müssen. Die Strategie der Produktentwicklung ist insofern bedeutsam, als der Lieferant hier das Ziel hat, neue, verbesserte Objekte für den bisherigen Markt anzubieten. Eine solche Strategie setzt ein hohes innovatives Potential des Lieferanten voraus, von dem der Beschaffer unter Umständen profitieren kann.[3]

Als letzter im Lieferanten selbst begründeter Leistungs- und Anspruchsbestimmungsgrund ist dessen <u>Marktstellung</u> zu erwähnen, die sich einmal generell, im wesentlichen durch den Marktanteil ausdrücken läßt, zum anderen aber detailliert

---

1) Vgl. Ansoff, H.J.: Strategies for Diversification, in: Harvard Business Review, Sept./Oct. 1957, S. 113 ff.
2) Vgl. auch Kotler, Ph.: Marketing-Management, a.a.O., S. 76 ff.
3) Vgl. dazu auch die Aussagen zum Forschungs- und Entwicklungspotential (S. 150) in dieser Arbeit.

als Stellung gegenüber einzelnen Abnehmern gesehen werden kann. Als zu betrachtende Abnehmer kommen dabei das beschaffende Unternehmen selbst wie auch Beschaffungskonkurrenten in Frage.[1]

Bei der Analyse der Stellung des Lieferanten zum beschaffenden Unternehmen ist vor allem zu untersuchen, wie abhängig der Lieferant von dessen Bedarf ist bzw. umgekehrt, welche Macht er aufgrund einer relativen Unabhängigkeit besitzt, seine eigenen Vorstellungen durchzusetzen. Mit in diesen Bereich gehört die Frage danach, "ob ein Lieferant als Abnehmer eigener Endprodukte oder als Verwender anfallender Abfallstoffe in Frage kommt."[2]
Bei der Untersuchung der Stellung des Lieferanten zu bestimmten Beschaffungskonkurrenten ist zu prüfen, ob kapitalmäßige Verflechtungen, Verpflichtungen aus Gegengeschäften oder langfristigen Lieferverträgen bestehen.[3] Weiterhin ist zu klären, ob zwischen Lieferant und Beschaffungskonkurrenten ein intensiver Know-How-Transfer besteht, der eine besonders enge Bindung des Lieferanten bewirkt und unter Umständen zu einer Bevorzugung des Konkurrenten in informationeller und materieller Hinsicht führt.[4]

Es bedarf wohl keiner näheren Erläuterung, daß auch bei Lieferantenpotentialen, -zielen, -strategien und bei der Marktstellung als leistungs- und anspruchsprägenden Faktoren die Analyse von Trends große Bedeutung haben kann.

Neben den Lieferantendaten bestimmen <u>Konkurrentendaten</u> Leistungen und Ansprüche des Lieferanten. Zunächst ist hier zu klären, wer als Beschaffungskonkurrent in die Betrachtung einbezogen wird. Beschaffungskonkurrenten im engsten Sinn sind diejenigen Unternehmen, die mit Hilfe des gleichen Be-

---

1) Vgl. zur Lieferantenstellung gegenüber einzelnen Abnehmern auch Arnolds, H./Heege, F./Tussing, W.: Materialwirtschaft und Einkauf, a.a.O., S. 117 f.
2) Ebenda, S. 118.
3) Vgl. ebenda, S. 117
4) Vgl. ebenda

schaffungsobjekts gleiche oder ähnliche Problemlösungen für den Absatzmarkt anbieten, die also sowohl auf dem Absatz- als auch auf dem Beschaffungsmarkt unmittelbar als Wettbewerber in Erscheinung treten. Im engeren Sinne sind jedoch auch diejenigen Unternehmen als Beschaffungskonkurrenten aufzufassen, die aus den gleichen Objekten andere Endprodukte herstellen und somit auf dem Absatzmarkt nicht konkurrieren.[1] Im weiteren Sinne gehören aber auch diejenigen Absatzkonkurrenten zur Beschaffungskonkurrenz, die zur Erstellung ihrer Absatzobjekte zwar augenblicklich andere Beschaffungsobjekte einsetzen, diese jedoch durch das fragliche Beschaffungsobjekt substituieren könnten. Formal läßt sich diese Gliederung der Beschaffungskonkurrenten wie in Abbildung 28 darstellen.

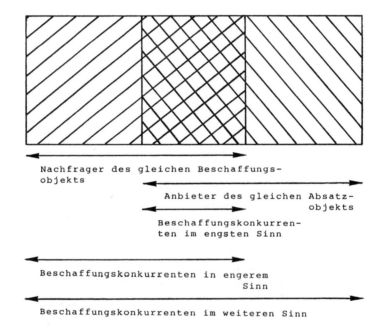

Abb. 28: Formale Darstellung möglicher Beschaffungskonkurrenten

---

1) Vgl.Arnolds,H./Heege,F./Tussing,W.: Materialwirtschaft und Einkauf, a.a.O., S. 109; Schäfer, E.: Betriebswirtschaftliche Marktforschung, a.a.O., S.42; Strache, H.(Hrsg.): Beschaffungsmarktforschung, a.a.O., S. 119.

Nachdem geklärt ist, wer als Beschaffungskonkurrent in
Frage kommt, ist zu untersuchen, welchen Bedarf die Mitbewerber hinsichtlich Objekt und Modalität haben. Hier bietet es sich an, die obige Gruppierung (s. Abb.28, S. 154)
zugrundezulegen und von den jeweiligen Absatzmärkten auf
den Bedarf der Konkurrenten zu schließen. So ist es beispielsweise denkbar, von der Absatzmenge eines Konkurrenten auf die dazu notwendige Menge an Einsatzmaterialien zu
schließen (Quantitätsbedarf).[1] Auch aus den Produktzielen,
die die jeweiligen Beschaffungskonkurrenten auf ihren Absatzmärkten verfolgen, können Anhaltspunkte für bestimmte
Bedarfsschwerpunkte gewonnen werden.[2]
Daneben kann auch die Kenntnis der Konkurrentenpotentiale
von Bedeutung sein. Wenngleich nicht verkannt werden soll,
daß grundsätzlich alle funktional gegliederten Potentiale
interessant sein können, so ist es in erster Linie doch
wohl das Beschaffungspotential, das unter Umständen untersucht werden sollte. Hier ist also zu klären, welche Möglichkeiten Beschaffungskonkurrenten haben, Einfluß auf den
Beschaffungsmarkt zu nehmen, um Chancen zu nutzen bzw.
Störungen abzuwälzen.[3]

Auch bei den Konkurrentenzielen bzw. -strategien interessieren hauptsächlich die auf den Beschaffungsmarkt gerichteten,
wenngleich auch nicht übersehen werden darf, daß, wie oben
angedeutet, durch die Kenntnis von Absatzzielen und -strategien Rückschlüsse auf den Beschaffungsbereich möglich
sind.
Mögliche Ziele und Strategien in der Beschaffung wurden
oben bereits dargestellt[4], so daß der Hinweis darauf an
dieser Stelle genügen möge.

---

1) Vgl. dazu auch die Verfahren zur quantitativen Bedarfsermittlung bspw. bei Wissebach, B.: Beschaffung und
   Materialwirtschaft, a.a.O., S. 18 ff.; Grochla, E.:
   Grundlagen der Materialwirtschaft, a.a.O., S. 40 ff.
2) Vgl. dazu den in Abschnitt 3.3, S. 59 ff. beschriebenen
   Zusammenhang zwischen Produktzielen und Bedarfsvariablen
3) Vgl. dazu auch Arnolds, H./Heege, F./Tussing, W.: Materialwirtschaft und Einkauf, a.a.O., S. 109
4) Vgl. Abschnitt 3.3 dieser Arbeit

Letztendlich kann auch bei der Analyse der Beschaffungskonkurrenz die Marktstellung (bezogen auf den Beschaffungsmarkt) bedeutsam sein, auch hier als generelle Marktstellung, ausgedrückt im Beschaffungsmarktanteil, und als Marktstellung gegenüber einzelnen Lieferanten, die als Pendant der Lieferantenstellung gegenüber einzelnen Abnehmern entgegensteht.
Schließlich können auch bei der Untersuchung der Beschaffungskonkurrenten in allen Bereichen Trends für die Beschaffungsmarktforschung relevant sein.

Als letzte und globalste Datengruppe sind die allgemeinen Rahmendaten zu nennen, die beschreiben, unter welchen Rahmenbedingungen sich die Transaktionen zwischen Beschaffer und Lieferant abspielen. Diesen Rahmen bildet zum einen die Marktstruktur. Hier wird also nun ein allgemeinerer Maßstab angelegt, indem im Gegensatz zur Lieferanten- und Konkurrentenanalyse, wo jeweils einzelne Marktparteien betrachtet wurden, nun alle Anbieter und alle Nachfrager kollektiv betrachtet werden.
Die wohl häufigste Art dieser Analyse besteht darin, die Zahl der Marktparteien auf der Angebots- und Nachfrageseite zu untersuchen, wobei üblicherweise jeweils drei Möglichkeiten (einer, wenige marktbeherrschende, viele kleine) unterschieden werden, was zu der bekannten morphologischen Marktformenlehre mit den Ausprägungen Monopol, Oligopol und Polypol auf der Angebotsseite sowie Monoon, Oligoon und Polyon auf der Nachfrageseite führt. Diese jeweils drei Möglichkeiten können zueinander in Beziehung gesetzt werden, woraus sich dann neun grundsätzlich mögliche Marktformen bilden lassen.[1] Seyffert betrachtet zusätzlich noch jeweils zwei Sonderformen: die Beachtung sonstiger Marktpartner im Monopol, Oligopol, Monoon und Oligoon kennzeichnet er durch die Vorsilbe 'Mero-', so daß sich letztendlich 20 Marktformen ergeben (vgl. Abb. 29, S. 157).

---

1) Vgl. Sundhoff, E.: Grundlagen und Technik der Beschaffung von Roh-, Hilfs- und Betriebsstoffen, a.a.O., S. 118 ff.; vgl. dazu auch Theisen, P.: Grundzüge einer Theorie der Beschaffungspolitik, a.a.O., S. 44 ff.

Eine andere Möglichkeit der Marktstrukturanalyse besteht darin, nicht die Zahl der Anbieter als Kriterium heranzuziehen, sondern die Art und Weise, wie sich Anbieter und Nachfrager gegenseitig betrachten. Grundsätzlich denkbar sind hier die Fälle der kollektiven Betrachtung der Nachfrager durch die Anbieter, der kollektiven Betrachtung der Anbieter durch die Nachfrager sowie der gegenseitigen singulären Betrachtung der Marktpartner.[1] Diese drei Fälle können graphisch wie in Abbildung 30 dargestellt werden. Diese sogenannten Marktseitenverhältnisse können nicht völlig losgelöst von den klassischen Marktformen gesehen werden, worauf hier jedoch nicht näher eingegangen werden soll.[2]

Marktformen (Grundformen)	Angebotsformen				
	a Poly-pol	b Mero-oligo-pol (Mero-dyo-pol)	c Oligo-pol (Dyo-pol)	d Mero-mono-pol	e Mono-pol
1 Poly-ōn	a 1 Polypolōn	b 1 Merooligopol- Polyōn	c 1 Oligopol- Polyōn	d 1 Meromonopol- Polyōn	e 1 Monopol- Polyōn
2 Mero-oligo-ōn (Mero-dyo-ōn)	a 2 Polypol- Merooligoōn	b 2 Merooligo- polōn	c 2 Oligopol- Merooligoōn	d 2 Meromonopol- Merooligoōn	e 2 Monopol- Merooligoōn
3 Oligo-ōn (Dyo-ōn)	a 3 Polypol- Oligoōn	b 3 Merooligopol- Oligoōn	c 3 Oligo- polōn	d 3 Meromonopol- Oligoōn	e 3 Monopol- Oligoōn
4 Mero-mono-ōn	a 4 Polypol- Meromonoōn	b 4 Merooligopol- Meromonoōn	c 4 Oligopol- Meromonoōn	d 4 Meromono- polōn	e 4 Monopol- Meromonoōn
5 Mono-ōn	a 5 Polypol- Monoōn	b 5 Merooligopol- Monoōn	c 5 Oligopol- Monoōn	d 5 Meromonopol- Monoōn	e 5 Monopolōn

Nachfrageformen

Abb. 29: Marktformen nach Seyffert[3]

---

1) Vgl. Theisen, P.: Grundzüge einer Theorie der Beschaffungspolitik, a.a.O., S. 38 ff.
2) Vgl. ebenda, S. 47 ff.
3) Entnommen aus Seyffert, R.: Wirtschaftslehre des Handels, 5. Aufl., Opladen 1972, S. 460

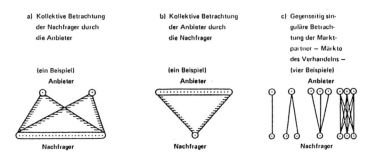

Abb. 30: Marktseitenverhältnisse nach Theisen[1]

Neben der Zahl der Marktteilnehmer und der Art und Weise gegenseitiger Betrachtung ist bei der Analyse der Marktstruktur vor allem noch die geographische Verteilung von Angebot und Nachfrage bedeutsam.[2] Hier geht es also um "gleichmäßige oder einseitige Verteilung der Produktion auf dem Erdball, räumlich konzentrierte oder zersplitterte Produktionsgebiete"[3] auf der Angebotsseite sowie die Verteilung des Bedarfs auf der Nachfrageseite. Aus dem Vergleich der Verteilungen lassen sich grundsätzliche Aussagen über die Spannungsverhältnisse im Markt ableiten.[4]

---

1) Entnommen aus Theisen, P.: Grundzüge einer Theorie der Beschaffungspolitik, a.a.O., S. 43.
2) Vgl. Schäfer, E.: Betriebswirtschaftliche Marktforschung, a.a.O., S. 37.
3) Ebenda.
4) Vgl. ebenda, S. 42 ff.

Neben der Marktstruktur bestimmen auch allgemeine Umweltfaktoren den Rahmen, innerhalb dessen sich die Beschaffung vollzieht. Die allgemeine Umwelt läßt sich in Teilumwelten gliedern, die sich jeweils auf bestimmte Regionen beziehen. Als solche Umweltdimensionen lassen sich nennen:

- ökonomische,
- technologische,
- politische,
- sozio-kulturelle sowie
- rechtliche Dimensionen.[1]

Diesen Umweltdimensionen können nun mögliche Informationsinhalte zugeordnet werden, wie dies beispielsweise bei Grochla/Schönbohm geschehen ist.[2] Üblicherweise wird von den Umweltdaten nur die Konjunktur behandelt[3], was jedoch, hält man sich die oben angeführten Umweltdimensionen vor Augen, etwas wenig erscheint.

Als letztes sind auch hier Trends zu erwähnen, zum einen bezogen auf die Marktstruktur (z.B. Entwicklung eines polypolitischen zum oligopolitischen Markt), zum anderen bezogen auf die allgemeine Umwelt (z.B. Konjunkturentwicklungen als Teil der ökonomischen Umwelt).

---

1) Vgl. Grochla, E./Schönbohm, P.: Beschaffung in der Unternehmung, a.a.O., S. 61.
2) Vgl. ebenda.
3) Vgl. Cordts, J.: Beschaffungsmarktforschung, a.a.O., S. 153 ff.; Kipper, G.: Markterkundung im Einkauf, in: Rationalisierung, Heft 4, 1965, S. 87 ff. Lippmann, H.: Besonderheiten der Beschaffungsmarktforschung, a.a.O., S. 1362 ff.; ders.: Beschaffungsmarketing, a.a.O., S. 80 ff.; Trautmann, W.P.: Beschaffungsmarktforschung, in: Marketing-Enzyklopädie, Bd.I, München 1974, S. 264.

4.32 Kriterien zur Informationsselektion

Nachdem im vorigen Abschnitt dargestellt wurde, welche Informationsinhalte in der Beschaffungsmarktforschung grundsätzlich möglich sind, ist nun zu klären, wovon es abhängt, welche Informationen in einem konkreten Fall zu erheben sind, da selbstverständlich nicht alle der oben beschriebenen Daten gesammelt werden können. Dies ist jedoch auch gar nicht notwendig, sondern unter Umständen sogar schädlich, da aufgrund der beschränkten Informationsverarbeitungskapazität des Menschen eine Informationsüberflutung dessen Wahrnehmungs- und Selektionspotential überfordert. Daraus ergibt sich wie für alle informationswirtschaftlichen Problemstellungen auch für die Beschaffungsmarktforschung die Konsequenz, daß nur diejenigen Informationen erhoben werden, die tatsächlich relevant sind, um so eine Informationsüberfülle zu verhindern.

Bei Anwendung des Cournotschen Satzes auf dieses Problem ist das Informationsoptimum dann erreicht, wenn die Informationsgrenzkosten gleich dem Informationsgrenzwert sind[1], wobei der Informationswert darin besteht, daß „die auf der Grundlage dieser (zusätzlichen, d. Verf.) Informationen getroffenen Handlungsentscheidungen zu einem höheren Zielerreichungsgrad führen als die im Hinblick auf den ursprünglichen Informationsstand optimalen Handlungen."[2] Es wurde jedoch oben bereits darauf hingewiesen, daß die praktische Bestimmung des Informationsoptimums unmöglich ist[3], so daß dieser Ansatz[4] hier nicht weiter verfolgt werden kann.

---

1) Vgl. bspw. Mag, W.: Informationsbeschaffung, in: Handwörterbuch der Betriebswirtschaft, a.a.O., Sp. 1882 ff.; Rehberg, J.: Wert und Kosten von Informationen, a.a.O., S. 45

2) Glaser, H.: Informationswert, in: Handwörterbuch der Organisation, a.a.O., Sp. 933 ff.

3) Vgl. S. 95 f. dieser Arbeit

4) Vgl. auch die zusammenfassende Darstellung der Weiterentwicklungen bei Rehberg, J.: Wert und Kosten von Informationen, a.a.O., S. 44 ff.

Gerade heuristische Informationsverarbeitungsmodelle im Rahmen eines praktisch relevanten Entscheidungsmodells stellen heraus, daß vom Entscheidungssubjekt nicht Undurchführbares verlangt werden darf, d.h. daß „die Realisierbarkeitsgrenzen der Rationalität"[1] beachtet werden müssen. Somit ergibt sich die Notwendigkeit der Informationsbeschränkung im konkreten Fall aus zwei Gründen: zum einen ist dies das ökonomisch begründete Faktum des Informationswertes in Relation zu den Informationskosten, das, wie oben schon erwähnt[2], hier durch die Informationsselektionskriterien implizit berücksichtigt wird; zum anderen resultiert die Notwendigkeit der Informationsauswahl aus der limitierten Informationsverarbeitungskapazität der Entscheidungssubjekte.

Es ist hierbei jedoch nicht nur zu entscheiden, welche Informationsinhalte der <u>Art</u> nach zu erheben sind, sondern auch, wie intensiv die Informationen gesammelt werden sollen (<u>Umfang</u> der Information).

Analysiert man zunächst die Literatur dahingehend, inwieweit dort Kriterien genannt werden, die der Auswahl notwendiger Informationsinhalte in einem konkreten Fall dienen können, so erhält man nur wenige und dazu unsystematische Aussagen. Drei Beispiele mögen dies verdeutlichen:

- "Bei der Beschaffung aus anderen Ländern, also bei weltweiter Beschaffung, kommt als weiteres Forschungsfeld die Untersuchung politischer und sozialer Faktoren hinzu."[3]

---

1) Klein, H.K.: Heuristische Entscheidungsmodelle, a.a.O., S. 69
2) Vgl. S. 96 dieser Arbeit
3) Lippmann, H.: Beschaffungsmarketing, a.a.O., S. 67; vgl. dazu auch Täger, U.C.: Ansätze zur Entwicklung eines Rohstoff-Marketing und einer speziellen Rohstoffmarktforschung, in: Der Marktforscher, Heft 3, 1975, S. 52.

- "Der Frage, ob ein Lieferant auch die Konkurrenz auf der Absatzseite beliefert, schenkt man in den Beschaffungsabteilungen vor allem dann besondere Aufmerksamkeit, wenn zwischen dem Lieferanten und der eigenen Unternehmung eine sehr enge Zusammenarbeit auf technischem und wirtschaftlichem Gebiet besteht."[1]

- "Bei der Beschaffung von Massengütern mit geringem spezifischen Wert spielen die Transportkosten eine wichtige Rolle. Da die für die Beförderung von Massengütern in Frage kommenden Transportmittel (...) große Unterschiede aufweisen, hat die Beschaffungsmarktforschung den Beschaffungsort zu ermitteln, der den Einsatz des günstigsten Transportmittels erlaubt."[2]

Ein erster Versuch, Kriterien der Informationsschwerpunktbildung systematischer zu behandeln, findet sich bei Strothmann[3], der die Beschaffungsobjekte in Beschaffungs- und Anschaffungsgüter gliedert und diesen beiden Gruppen - allerdings kaum differenzierte - Informationskategorien zuordnet.
Der bis heute umfassendste Ansatz zur Informationsauswahl stammt von Kraljic.[4] Er bildet vier Objektkategorien nach den Kriterien 'Lieferrisiken' und 'Profiteinfluß' und ordnet diesen Objektgruppen u.a. erforderliche Informationen zu (vgl. Abb. 31).

---

1) Arnolds, H./Heege, F./Tussing, W.: Materialwirtschaft und Einkauf, a.a.O., S. 117.
2) Arnold , P.: Marktforschung in den Beschaffungsmärkten, a.a.O., S. 466.
3) Vgl. Strothmann, K.-H.: Marktforschung im Einkauf, in: forschen - planen - entscheiden, Heft 3,1966, S. 86 ff.; ders.: Marktforschung im Einkauf, in: Rationalisierung, Heft 7 1966, S. 162 ff.; ders.: Marktorientierung im Beschaffungswesen, a.a.O., S. 26 ff.
4) Vgl. Kraljic, P.: Neue Wege im Beschaffungsmarketing, a.a.O.; ders.: Vom Einkaufs- zum Liefermanagement,a.a.O.

Produkt- kategorie	Liefer- risiken	Profit- Einfluß	Erforderliche Informationen
1. Strategische Produkte Beispiele: Benzol, Cyklohexan "Abbrände"	hoch	stark	Sehr genaue Markt- information Langfristige Liefer- / Bedarfstrends Gute Informationen über die Konkurrenz
2. Engpaß-Produkte Katalyse- materialien Metalle Fremdleistungen	hoch	gering	Mittelfristige Liefer- / Bedarfsvorhersage Sehr gute Marktinformation Bestandskosten Unterhaltspläne
3. Produkte wie Elektromotoren EDV-Hardware, Heizöl	gering	stark	Gute Marktinformation Kurz- bis mittelfristige Bedarfsplanung Exakte Lieferanten- information Preis- / Transportkosten- vorhersage
4. Normale Produkte Kohle, Büroartikel, Stahlbänder	gering	gering	Guter Marktüberblick kurzfristige Bedarfs- vorhersage EDQ / Bestände

Abb. 31: Informationsschwerpunkte nach Kraljic[1]

Auch dieser Ansatz erscheint jedoch zu grob, um für einen konkreten Fall festlegen zu können, welche Informationsinhalte tatsächlich relevant sind.
Aus diesem Grund sollen im folgenden Kriterien beschrieben werden, die eine weniger abstrakte Informationsselektion erlauben. Den Ausgangspunkt bildet dabei das für die Beschaffungsmarktforschung ausgewählte Objekt. Versucht man, dieses Objekt so zu beschreiben, daß eine Informationsakzentuierung möglich ist, so ist eine Klassifikation in Roh-, Hilfs- und Betriebsstoffe, Fertigteile, Anlagen usw. in diesem Zusammenhang wenig hilfreich, da zu allgemein. Auch innerhalb einer Objektklasse (beispielsweise Rohstoffe) können gänzlich unterschiedliche Informationen relevant sein. Sinnvoller ist es also, von einer solchen Klassifikation abzugehen und statt dessen Objektmerkmale zu betrachten, wobei sich jedes Objekt durch eine spezifische Kombination von Merkmalsausprägungen beschreiben lassen sollte.

---

[1] Gekürzt übernommen aus Kraljic, P.: Vom Einkaufs- zum Liefermanagement, Teil II, in: Beschaffung aktuell, Heft 5, 1982, S. 34

Einen Überblick über die hier zur Typisierung von Beschaffungsobjekten herangezogenen Merkmale gibt Abbildung 32.

Bedarfsvariablen	Angebotsvariablen
- starke Leistungsdetermination	- Angebotskonzentration
- enge Leistungstoleranz	- Nachfragekonzentration
- Leistungsschwankungen möglich	- fungibles BO
- hohes Leistungsniveau nötig	- substituierbares BO
- geringe Preistoleranz	- Ernteabhängigkeit
- hohe Mengenflexibilität nötig	- Importabhängigkeit
- individualisiertes BO	- politische Instabilität
- standardisiertes BO	- starke Leistungsvarianten
- einmaliger Bedarf	- schneller Leistungswandel
- kontinuierlicher Bedarf	- starke Preisschwankungen

Abb. 32: **Beschaffungsobjektvariablen zur Informationsselektion**

Die Auswahl dieser Objektvariablen läßt sich generell damit begründen, daß sie jeweils signifikante Informationsschwerpunkte nahelegen. Da an späterer Stelle die relevanten Informationsinhalte den jeweiligen Merkmalen zugeordnet werden[1], woraus sich dann die Begründungen für die einzelnen Variablen ergeben, sollen hier zunächst die Objektmerkmale nur kurz beschrieben werden, ohne schon im Vorgriff auf bestimmte Schwerpunkte einzugehen.
Die Objektvariablen können unterschieden werden in solche Merkmale, die sich aus dem Bedarf des Unternehmens hinsichtlich des zu beschaffenden Objekts ergeben (Bedarfsvariablen), und solche, die durch das diesem gegenüberstehende Angebot bestimmt sind (Angebotsvariablen).

---

1) Vgl. Abschnitt 4.331, S. 170 ff. dieser Arbeit

Bedarfsvariablen resultieren aus internen Überlegungen des beschaffenden Unternehmens und ergeben sich somit aus den Anforderungen der verschiedenen Funktionsbereiche. Dies bedeutet konsequenterweise, daß auch die zur Typisierung der Beschaffungsobjekte herangezogenen Merkmale grundsätzlich an allen betrieblichen Funktionsbereichen orientiert sein müssen. Bei der folgenden Erläuterung der Objektvariablen wird allerdings besonders der Zusammenhang zum Absatzbereich hervorgehoben, da letztlich alle Tätigkeiten der Unternehmung auf den Absatz zielen und dieser Bereich heute in aller Regel den betrieblichen Engpaß darstellt. Es soll aber nicht verkannt werden, daß die nachfolgend beschriebenen Merkmale auch sehr stark von anderen Funktionsbereichen geprägt werden können.

Als erste der auf diese Weise ableitbaren Variablen ist die starke Leistungsdetermination zu nennen, womit gemeint ist, daß das Beschaffungsobjekt das Absatzobjekt „in seiner Leistungskraft entscheidend beeinflußt."[1] Geradezu klassische Beispiele für diesen Sachverhalt stellen Handelswaren dar, die gerade dadurch gekennzeichnet sind, daß das Absatzobjekt materiell mit dem Beschaffungsobjekt identisch ist, nur durch die Erfüllung der Handelsfunktionen der Verwendungsreife nähergebracht.[2]

Die polar entgegengesetzten Merkmale 'enge Leistungstoleranz' und 'Leistungsschwankungen möglich' beziehen sich auf das akzeptable Abweichungsmaß von den durchschnittlich erforderlichen Leistungen. Diese Akzeptanz hängt zum einen ab vom verfolgten Produktziel auf dem Absatzmarkt. So dürfte die Leistungstoleranz bei Verfolgung der Produktziele 'Intelligentes Spitzenprodukt' oder 'Exklusives Spit-

---

1) Koppelmann, U.: Zur Verzahnung von Beschaffungs- und Absatzprozessen in Unternehmen, a.a.O., S. 131.
2) Anm.d.Verf.: Auf die unterschiedlichen Systematisierungen der Handelsfunktionen kann hier nicht näher eingegangen werden. Vgl. dazu bspw. Seyffert, R.: Wirtschaftslehre des Handels, a.a.O., S.527ff.; Behrens, K.Chr.: Kurze Einführung in die Handelsbetriebslehre, 2.Aufl., Stuttgart 1972, S.11 ff.; Buddeberg, H.: Betriebslehre des Binnenhandels, Wiesbaden 1959, S. 21 ff.

zenprodukt' sehr viel enger sein als bei 'billigen Massenprodukten', wo durchaus, vor allem bei wenig markierten Produkten, Leistungsschwankungen der Beschaffungsobjekte akzeptabel sein können.[1] Andererseits wird das Maß der Leistungstoleranz auch von der Produktion determiniert, wobei Leistungsschwankungen um so eher möglich sind, je größer der Spielraum der Produktion bei der Verarbeitung ist.

Eng damit zusammenhängend, aber aus einem anderen Blickwinkel, gesehen, läßt sich die Variable 'hohes Leistungsniveau nötig' beschreiben. Hier geht es nicht um die Abweichungsakzeptanz, sondern um die absolute Leistungshöhe, denn Abweichungen können sich ja von verschiedenen Leistungsniveaus ausgehend ergeben.

Neben diesen auf die Gestaltungsmittelleistungen bezogenen Bedarfsvariablen sind zur Informationsselektion die Variablen 'geringe Preistoleranz' und 'hohe Mengenflexibilität nötig' von Bedeutung. Beide Merkmale sind zunächst durch das Absatzobjekt bestimmt, werden jedoch auch aus anderen Funktionsbereichen heraus beeinflußt. Während die Preistoleranz grundsätzlich vom Anteil des Beschaffungsobjektwertes am Absatzobjektwert bestimmt wird (inverse Beziehung) und durch Finanzziele und -potentiale beeinflußt wird, ist um so mehr Mengenflexibilität bei der Beschaffung nötig, je größer die Absatzschwankungen sind und je höher die Bedarfsintensität auf der Absatzseite ist. Das Erfordernis der Mengenflexibilität hängt jedoch beispielsweise auch von der Höhe der Vorräte ab.

Als letzte Bedarfsvariablen sind die beiden polaren Merkmalspaare 'individualisiertes Beschaffungsobjekt' bzw. 'standardisiertes Beschaffungsobjekt' sowie 'einmaliger Bedarf' bzw. 'kontinuierlicher Bedarf' zu nennen. Die Individualisierung bzw. Standardisierung als Forderung an den

---

1) Vgl.Koppelmann, U.: Zur Verzahnung von Beschaffungs- und Absatzprozessen in Unternehmen, a.a.O., S. 132.

Beschaffungsmarkt bedarf wohl keiner Erklärung; die auf die Bedarfskontinuität bezogenen beiden Merkmale sind als Extremfälle zu verstehen, wobei erstmaliger und sporadischer Bedarf auch bei der später zu erfolgenden Informationszuordnung Aspekte von beiden Extremen beinhalten.

Den Bedarfsvariablen stehen die Angebotsvariablen gegenüber, die das Beschaffungsobjekt im Hinblick auf den Beschaffungsmarkt beschreiben. Die Merkmale 'Angebotskonzentration' und 'Nachfragekonzentration' richten sich letztendlich auf die Struktur des Beschaffungsmarktes und beschreiben den Monopolisierungsgrad von Angebot und Nachfrage bezogen auf den Gesamtmarkt.

Unter einem 'fungiblen Beschaffungsobjekt' wird ein vertretbares Objekt verstanden, „d.h. eine bewegliche Sache, die im Verkehr nach Maß, Zahl und Gewicht bestimmt zu werden pflegt."[1] Die Besonderheiten fungibler Beschaffungsobjekte sind darin zu sehen, daß sie warenbörslich gehandelt werden und ohne materielles Vorhandensein exakt bestimmbar sind. Das Merkmal 'Substituierbarkeit' bezieht sich hier nur auf das angebotsseitige Substitutionspotential, also auf die Frage, ob für ein Objekt hinsichtlich eines bestimmten Einsatzes überhaupt Alternativen angeboten werden.
Die Variable 'Ernteabhängigkeit' liegt dann vor, wenn Gesamtangebotsmenge und/oder Objektgestaltung im wesentlichen von Natureinflüssen abhängen.[2] 'Importabhängigkeit' ist gegeben, wenn das Beschaffungsobjekt aus anderen Volkswirtschaften bezogen werden muß, da im eigenen Land kein oder nur ein viel zu geringes Angebot besteht. Eng damit zusammen hängt das Merkmal 'Politische Instabilität'. Hierunter lassen sich

---

1) Stichwort "fungibel", in: Duden, Bd.5, Fremdwörterbuch, 3.Aufl., Mannheim 1974, S. 253.
2) Vgl. dazu auch Schäfer, E.: Betriebswirtschaftliche Marktforschung, a.a.O., S. 38 ff.

beispielsweise politische Umschwünge, Putschversuche, Boykottmaßnahmen, aber auch Streiks u.ä. fassen. Grundsätzlich läßt sich wohl feststellen, daß westliche Demokratien politisch relativ stabil sind, wenngleich auch beispielsweise zwischen Italien und der Schweiz in dieser Hinsicht sicherlich noch Unterschiede bestehen.

Unter 'Starke Leistungsvarianten' ist zu verstehen, daß zu einem bestimmten Zeitpunkt ähnliche Beschaffungsobjekte auf sehr unterschiedlichen Leistungsniveaus angeboten werden, wogegen sich 'Schneller Leistungswandel' auf die Höhe des technologischen Fortschritts bei einem bestimmten Objekt bezieht, also auf die Leistungsunterschiede im Zeitablauf. Als letztes für die Informationsselektion bedeutsames Beschaffungsobjektmerkmal sind 'Starke Preisschwankungen' zu nennen, was wohl keiner Erläuterung bedarf. Auch ohne die Homogenität bzw. Heterogenität des Angebots, die technologische Entwicklung oder die Preisbewegungen im Rahmen der Beschaffungsmarktforschung bereits näher analysiert zu haben, sind wohl Aussagen über diese Sachverhalte möglich.

Außer diesen Objektmerkmalen sind bei der Auswahl relevanter Informationsinhalte auch Beschaffungsziele und Beschaffungsstrategien von wesentlicher Bedeutung. Es dürfte ohne weiteres einsichtig sein, daß beispielsweise eine kostenorientierte Zielsetzung im Beschaffungsbereich andere Informationsakzente in der Beschaffungsmarktforschung nach sich zieht als eine sicherheitsorientierte. Da außerdem auf Ziele und Strategien in der Beschaffung schon mehrfach eingegangen wurde[1], soll auf eine erneute Beschreibung hier verzichtet werden; statt dessen werden die für die Informationsselektion bedeutsamen Ziele und Strategien zusammengefaßt in Abbildung 33 (s.S. 169) dargestellt.

---

1) Vgl. Abschnitte 3.3 und 4.222.1 dieser Arbeit.

Beschaffungsziele	Beschaffungsstrategien
- Kosten senken - Qualität erhöhen - Sicherheit erhöhen - Flexibilität erhöhen	- fertigungssynchrone Lieferung - Vorratshaltung - Standardisierung - Kooperation - Eigenentwicklung und Fremdbezug - Lieferantenportfolio - Lieferantenkonzentration - Beschaffungsmärkteportfolio - Beschaffungsmarktkonzentration

Abb. 33: Beschaffungsziele und -strategien zur Informationsselektion

4.33 Vorgehensweise zur Informationsselektion

Nachdem in den vorigen Abschnitten die grundsätzlich möglichen Informationsinhalte und die zur Schwerpunktbildung heranziehbaren Kriterien beschrieben worden sind, muß nun geklärt werden, auf welche Art und Weise konkrete Informationsinhalte ausgewählt werden können. Dieses Problem impliziert zwei Fragestellungen, nämlich einerseits, welche Informationsinhalte bei Vorliegen der einzelnen Selektionskriterien besonders bedeutsam sind, andererseits, wie in einem konkreten Fall vorzugehen ist, um für ein bestimmtes Beschaffungsobjekt Informationsschwerpunkte zu bilden. Daher soll im folgenden zunächst eine allgemeine Informationsauswahlmatrix abgeleitet werden, indem den Selektionskriterien aus dem allgemeinen Informationskatalog relevante Informationsinhalte zugeordnet werden. Diese allgemeine Selektionsmatrix bildet dann für alle konkreten Fälle die Grundlage, indem sie zu dem für die Beschaffungsmarktforschung ausgewählten Beschaffungsobjekt, das ja durch bestimmte Kriterien gekennzeichnet ist, in Beziehung gesetzt wird. Einen groben Überblick über diese Vorgehensweise gibt Abbildung 34.

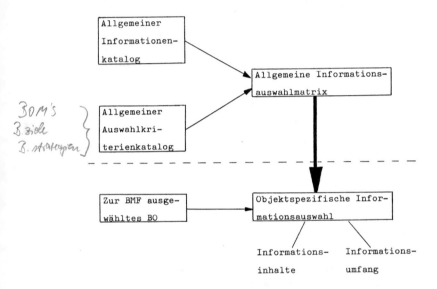

Abb. 34: Vorgehensweise zur Informationsselektion I

4.331 Allgemeine Informationsauswahlmatrix

Die folgenden Abbildungen 35 bis 37 stellen zusammenfassend die Wichtigkeit verschiedener Informationsgruppen in Abhängigkeit von den Selektionskriterien dar. Dabei ist zu beachten, daß diese Übersichten aufgrund der ungeheuren Fülle möglicher Detailinformationen auf einem höheren Abstraktionsniveau angesiedelt werden müssen als der allgemeine Informationskatalog.

Infos \ BO - Variable	Leistungs-determin.	Leistungs-toleranz	Leistungs-schwankgg. möglich	Leistungs-niveau	Preis-toleranz	Mengen-flexibilit.	Individual. BO	Standardis. BO	Einmaliger Bedarf	Kontinuierl. Bedarf
Quantität					X	XXX		XXX		X
Gestaltungs-mittel	XXX	XXX		XXX			XXX		X	X
Modalität	X	X	XX	X	XX	XX	XXX	XX		X
Trends	XXX			XX	XX	XXX		X		XXX
Lieferanten-ansprüche	XXX	XX		XX	X	XX	XXX		XX	X
Lieferanten-daten	XXX	XXX	X	XX	XX	XX	XXX	X	X	X
Konkurrenz-daten				XX	XX	XX		XX		X
Rahmen-daten	XX	X		XX	XXX	X				

XXX = sehr wichtig

XX = wichtig

X = bedingt wichtig

Abb. 35: Informationsschwerpunkte in Abhängigkeit von Bedarfsvariablen

BO-Variable Infos	Angebots-konzentr.	Nachfrage-konzentr.	fungibles BO	substituierbares BO	Ernteab-hängig-keit	Importab-hängig-keit	Politische Instabili-tät	starke Leistungs-varianten	schneller Leistungs-wandel	Preis-explosion
Quantität	XXX	XX		XX	XXX	XX	XX			X
Gestaltungs-mittel		XX		XXX	XXX			XXX	XXX	
Modalität		XX	XXX	XXX	XX	XXX	XX	XX	XX	XXX
Trends	XXX	XXX			X	XX	X	X	XXX	XX
Lieferanten-ansprüche	XXX			X	XX	X		XX	XXX	XXX
Lieferanten-daten	XXX			X	X	XX	XX	XXX	XXX	XX
Konkurren-tendaten		XXX		X	X			X		X
Rahmen-daten	XX	XX	X	X	XX	X	XXX		X	XX

XXX = sehr wichtig
XX = wichtig
X   = bedingt wichtig

Abb. 36: Informationsschwerpunkte in Abhängigkeit von Angebotsvariablen

Ziele/Strategien \ Infos	Kosten senken	Qualität erhöhen	Sicherheit erhöhen	Flexibilit. erhöhen	fertigungs-synchr.Lief.	Vorrats-haltung	Standar-disierung	Koope-ration	Eigenentw. &Fremdbez.	Lieferan-tenportfol.	Besch.märk-teportfolio
Quantität	XX		XX	XXX	XXX	X	XX	X	X	X	X
Gestaltungsmittel		XXX	XX	XX	XX	XXX	XXX	X	X	XX	X
Modalität	XXX	X	XX	XXX	XXX	XX	XX	X	X	XX	X
Trends	X	XX	XXX	X	X	X	X	X		XX	X
Lieferantenansprüche	X	XX	XX	X	XX		X		XX	XXX	
Lieferantendaten	XXX	XXX	XXX	XX	XXX	X	XX	XX	XXX	XXX	XX
Konkurrenzdaten		X		X		XX	X	XXX	X		
Rahmendaten	X	X		XX			X	X			XXX

XXX = sehr wichtig
XX = wichtig
X   = bedingt wichtig

Abb. 37: Informationsschwerpunkte in Abhängigkeit von Beschaffungszielen und -strategien

Im folgenden werden nun die einzelnen Zuordnungen näher erläutert, wobei jedoch zu beachten ist, daß hier nicht alle Zusammenhänge detailliert beschrieben werden. Es sollen vielmehr die jeweils relevanten Schwerpunkte herausgearbeitet werden.

Betrachtet man zunächst die Bedarfsvariable 'starke Leistungsdetermination', so liegt auf der Hand, daß in diesem Fall die Analyse der Gestaltungsmittelleistungen von wesentlicher Bedeutung ist, da diese ja die Absatzobjektleistungen entscheidend bestimmen.[1] Auf welche Gestaltungsmittel dabei besonders einzugehen ist, hängt vom Einzelfall ab und kann auf diesem Abstraktionsniveau nicht geklärt werden. Grundsätzlich läßt sich dazu nur feststellen, daß diejenigen Gestaltungsmittel, die für die Materialisation der Objektleistungen am wichtigsten sind[2], natürlich auch am ehesten in der Beschaffungsmarktforschung untersucht werden müssen.

Unter Berücksichtigung der strategischen Aspekte der Beschaffung[3] sind jedoch nicht nur Informationen über aktuelle Gestaltungsmittelleistungen relevant, sondern auch solche über Leistungstrends. In diesem Fall kann nämlich die Beschaffung eventuell dazu beitragen, die Wettbewerbsfähigkeit der Unternehmung auf dem Absatzmarkt zu verbessern, indem Entwicklungen bei den Beschaffungsobjekten aufmerksam verfolgt werden, um so durch eventuelle Übernahme dieser Entwicklungen auch auf dem Absatzmarkt führend zu sein.
Die sich aus der starken Leistungsdetermination ergebenden intensiven Forderungen an den Lieferanten können in aller Regel nicht unmittelbar durchgesetzt werden, sondern sind im Rahmen beschaffungspolitischer Maßnahmen durch Anreize zu ergänzen, die den Lieferanten dazu bewegen, den Wünschen des Beschaffers zu entsprechen.[4] Um diese Anreize jedoch

---

1) Vgl. Abschnitt 4.32 dieser Arbeit.
2) Vgl. zur Kombination der Gestaltungsmittel auch Koppelmann, U.: Grundlagen des Produktmarketing, a.a.O., S. 184 ff.
3) Vgl. Abschnitt 3.1 dieser Arbeit.
4) Vgl. Abschnitt 3.4 dieser Arbeit.

lieferantenadäquat einsetzen zu können, sind Informationen
über dessen Ansprüche unumgänglich.
Aufgrund der besonderen Wichtigkeit der Beschaffungsobjektleistungen sind in diesem Fall nicht nur unmittelbare
Lieferantenleistungen und -ansprüche bedeutsam, sondern
auch die diese beeinflussenden Lieferantendaten. Besondere
Beachtung verdienen hier Potentiale und Ziele. Zu untersuchen ist beispielsweise, ob der Lieferant aufgrund seiner
Produktionsmittel- und Produktionskräfteausstattung überhaupt in der Lage ist, die geforderten Leistungen zu erbringen. Konkret sind beispielsweise der technische Stand des
Produktionsverfahrens und der Maschinenausstattung oder
die Durchführung von Qualitätskontrollen zu ermitteln.[1]
Es genügt jedoch nicht, nur die Fähigkeiten (Potentiale)
des Lieferanten zur Erfüllung der Beschafferforderungen zu
untersuchen, sondern es müssen auch Informationen über
die Bereitschaft, den Willen erhoben werden, die gewünschten
Leistungen zu erbringen. Diese Bereitschaft hängt letztendlich von seinen Zielen und Strategien ab, so daß durch die
Beschaffungsmarktforschung geklärt werden muß, ob sich die
Forderungen des beschaffenden Unternehmens mit Zielen und
Strategien des Lieferanten in Einklang bringen lassen.

Letztlich können auf einer noch allgemeineren Ebene auch
noch Informationen über die allgemeine Umwelt bedeutsam
sein, da diese unter Umständen nicht unwesentlichen Einfluß
auf die Leistungen des Beschaffungsobjektes ausübt. Grundsätzlich können hier alle Umweltdimensionen relevant sein,
wobei in Abhängigkeit vom jeweiligen Beschaffungsobjekt vor
allem an Klima, technologische Standards oder Innovationsgrad eines Marktes zu denken ist.

Ähnliche Überlegungen gelten auch für die Merkmale 'enge
Leistungstoleranz' und 'hohes Leistungsniveau', wobei die
Beachtung von Trends bei Vorliegen der erstgenannten Variablen aufgrund ihres kürzerfristigen Charakters nur eine
sehr eingeschränkte Bedeutung besitzen dürfte. Ist ein

---

[1] Vgl. Arnolds, H./Heege, F./Tussing, W.: Materialwirtschaft und Einkauf, a.a.O., S. 116

hohes Leistungsniveau vonnöten, so sollten auch Konkurrenzinformationen gesammelt werden, um so möglicherweise Anregungen für eigene, bessere Beschaffungsentscheidungen durch Informationen beispielsweise über Potentiale und Strategien der Wettbewerber zu gewinnen, aber auch um eventuelle Risiken hinsichtlich des Leistungsniveaus, die sich aus dem Konkurrenzverhalten ergeben können, abzuwenden. Sind <u>Leistungsschwankungen möglich</u>, so wird sich die Informationsgewinnung auf Modalitätsaspekte und auf die diese beeinflussenden Lieferantendaten konzentrieren, um das in diesem Bereich liegende Erfolgspotential ausnutzen zu können.

Daß bei <u>geringer Preistoleranz</u> vor allem Informationen über Preise, Rabatte und Zahlungsbedingungen in statischer und dynamischer Hinsicht bedeutsam sind, bedarf wohl keiner Erklärung. Da sich aber auch die Potentiale (bspw. Finanzpotential) und Strategien des Lieferanten auf dessen Preisverhalten auswirken, sollten auch Informationen über solche Lieferantendaten erhoben werden. Auch der Bedarf der Wettbewerber kann in starkem Maße den Preis beeinflussen. Somit sollten auch Bedarfsinformationen, aber auch solche über zugrundeliegende Ziele und Strategien der Konkurrenten erhoben werden. Ganz entscheidende Bedeutung besitzt hier die Beachtung von allgemeinen Rahmendaten. Im Zusammenhang mit Lieferanten- und Konkurrentendaten ist die Marktstruktur zu beachten. Bei Vorliegen eines Angebots- oder Nachfrageoligopols auf einem bestimmten Markt dürften Preisschwankungen wohl eher vorkommen als bei polypolistischer Marktstruktur. Von den allgemeinen Umweltdaten, die in Abhängigkeit vom jeweiligen Beschaffungsobjekt entscheidend sein können, seien nur einige beispielhaft genannt: Der Einfluß von Inflation und Wechselkursentwicklungen auf den Preis liegt auf der Hand. Aber auch politische Entscheidungen, beispielsweise Boykottmaßnahmen, können preisbeeinflussend wirken. Durch das Aufkommen neuer technologischer Entwicklungen kann die gesamte Preisstruktur durcheinandergeraten. Auch klimatische Einflüsse (bei natürlichen Rohstoffen) können sich über die Verringerung der Angebotsmenge auf den Preis auswirken. Durch eine frühzeitige Kenntnis solcher Faktoren ist es unter Umständen möglich, frühzeitig entsprechende Maßnahmen zu ergreifen, beispielsweise mittel- oder langfristige Lieferverträge abzuschließen, und somit nicht auf kurzfristiges Reagieren angewiesen zu sein.

Daß bei Vorliegen des Merkmals 'Mengenflexibilität bedeutsam' besonders Informationen über Quantitätsleistungen und entsprechende Trends erhoben werden müssen, liegt auf der Hand. Aber auch unterschiedliche Lieferzeiten und -orte haben Einfluß auf einen flexiblen Mengeneinsatz und sollten daher im Rahmen der Modalitätsinformationen gewonnen werden. Da eine flexible Mengendisposition eine starke Forderung an den Lieferanten bedeutet, dürfte es in der Regel notwendig sein, Informationen über dessen Ansprüche einzuholen, um ihn durch den Einsatz entsprechender Anreize dazu zu bewegen, der eigenen Forderung zu genügen. Im Rahmen anspruchs- und leistungsbestimmender Daten kann hier vieles relevant sein. Bei den Lieferantendaten sind sicherlich Informationen über Produktions- und Logistikpotentiale interessant, beispielsweise ob der Lieferant aufgrund seiner Produktionsmittelausstattung in der Lage ist, kleine Serien herzustellen, oder ob er ein Lager unterhält, aus dem er kurzfristig liefern kann. Bezüglich der Konkurrentendaten kann es wichtig sein zu wissen, welchen Quantitätsbedarf die Wettbewerber haben, aber auch, ob sie möglicherweise durch langfristige Lieferverträge den Flexibilitätsspielraum der Lieferanten einengen.

Bei einem individualisierten Beschaffungsobjekt sind Informationen über alle Gestaltungsmittel- und Modalitätsleistungen relevant, da dies aufgrund der im Vergleich zu standardisierten Beschaffungsobjekten geringeren Vergleichsmöglichkeiten auf dem Markt die Bereiche sind, über die später intensiv verhandelt werden muß. In diesem Zusammenhang sind als Grundlage für Verhandlungen aber auch Informationen über Lieferantenansprüche und Lieferantendaten, beispielsweise Potentiale, Ziele und Strategien, notwendig.

Bei einem <u>standardisierten Beschaffungsobjekt</u> fehlt im Gegensatz zum vorigen Fall der Gestaltungsspielraum, so daß sich Leistungsinformationen vornehmlich auf Quantitäts- und Modalitätsaspekte konzentrieren dürften. Da aufgrund der Standardisierung die Nachfrage sehr breit ist, sollten auch Informationen zumindest über die wichtigsten Beschaffungskonkurrenten erhoben werden.

Im Falle des <u>einmaligen Bedarfs</u> ist es von besonderer Bedeutung zu wissen, welche Ansprüche des Lieferanten befriedigt werden müssen, damit es zu einer einmaligen Belieferung kommt, da der Lieferant in der Regel wegen des relativ hohen Aufwands kein besonderes Interesse an einer einmaligen Transaktion hat.

Dem Merkmal 'kontinuierlicher Bedarf' können nur schwer bestimmte Informationsinhalte zugeordnet werden, da eine inhaltliche Bestimmung eher von anderen Variablen abhängt. Was aber in diesem Fall besonders bedeutsam ist, ist das Erfordernis, Trends im Auge zu behalten, sowohl bezüglich der Leistungen und Ansprüche als auch hinsichtlich der diese beeinflussenden Faktoren, da gerade bei kontinuierlichem Bedarf das Wissen um Schwankungen und Entwicklungen zur Nutzung von Chancen und Vermeidung von Risiken in der Beschaffung führen kann. Welche Trends bedeutsam sind, kann aufgrund dieses Merkmals allein nicht bestimmt werden; dazu sind andere Variablen mit heranzuziehen.

Die ersten beiden Angebotsvariablen 'hohe Angebotskonzentration' und 'hohe Nachfragekonzentration' beziehen sich auf die Struktur des Marktes. Im ersten Fall sind von den Leistungsinformationen vor allem solche über beschaffbare Mengen und entsprechende Trends bedeutsam, um die eigene Produktions- und Absatzplanung (im ungünstigsten Fall) bei Abhängigkeit von einem Monopolisten auf dessen Verhalten einstellen zu können.
Bei hoher Nachfragekonzentration verliert dieser Mengenaspekt etwas an Bedeutung, da man bei ungenügender Liefer-

menge aufgrund von Konkurrenzaktivitäten auf andere Lieferanten ausweichen kann, wozu aber Informationen über Gestaltungsmittel- und Modalitätsleistungen erforderlich sind.
Daß bei hoher Angebotskonzentration aufgrund der Machtstellung Informationen über Lieferantenansprüche und allgemeine Lieferantendaten, bei hoher Nachfragekonzentration Konkurrentendaten besondere Bedeutung besitzen, braucht wohl nicht näher begründet zu werden.

Bei einem <u>fungiblen Beschaffungsobjekt</u> werfen Quantitäts- und Gestaltungsmittelleistungen keine Probleme auf, so daß sich auch die Beschaffungsmarktforschung auf Modalitätsfragen, vor allem Entgelt- und Lieferaspekte, konzentrieren sollte. Aufgrund der besonderen Marktverhältnisse bei einem warenbörslich gehandelten Beschaffungsobjekt dürften Ansprüche, Lieferanten- und Konkurrentendaten vernachlässigbar sein. Allenfalls allgemeine Rahmendaten wie beispielsweise politische, wirtschaftliche oder natürliche Bedingungen können je nach Beschaffungsobjekt auch von Interesse sein.

Der Informationsschwerpunkt bei einem <u>substituierbaren Beschaffungsobjekt</u> liegt auf den Gestaltungsmittel- und Modalitätsleistungen. Durch die Beschaffungsmarktforschung müssen nämlich Informationen über die Eignung verschiedener Objekte hinsichtlich der Gestaltung für die Unternehmung bereitgestellt werden, aber auch Informationen über verschiedene Transaktionsmodalitäten, z.B. Entgelt- oder Lieferaspekte. Ebenso ist aber zu ermitteln, ob unterschiedliche Objekte in der benötigten Menge geliefert werden können, es sind also Informationen über Quantitätsleistungen verschiedener Lieferanten zu gewinnen, um im konkreten Fall, wenn ein Objekt kurzfristig substituiert werden soll, bereits zu wissen, welche Alternative ein Lieferant in welcher Menge zur Verfügung stellen kann.

Bei einem <u>ernteabhängigen Beschaffungsobjekt</u>, also bei agrarischen Rohstoffen wie beispielsweise pflanzlichen Ölen und Fetten, Kakao, Kaffee etc. liegen die Informationsschwerpunkte zum einen auf der Erntemenge (Quantitätsleistungen), zum anderen auf der Erntegüte (Gestaltungsmittelleistungen), da beides aufgrund der klimatischen Abhängigkeit stark variieren kann. Damit zusammenhängend bedarf natürlich auch das Klima als Rahmenbedingung besonderer Beachtung. Wegen der großen Schwankungsbandbreite können sich auch Transaktionsmodalitäten erheblich verändern und sind deshalb für die Beschaffungsmarktforschung bedeutsam. Da gerade bei ernteabhängigen Rohprodukten leicht der Fall eintreten kann, daß nicht die benötigte Menge und/oder nicht die erforderliche Güte beschafft werden kann, müssen die Ansprüche der Lieferanten ermittelt werden, damit Anreize so eingesetzt werden können, daß der Lieferant die beschaffende Unternehmung gegenüber Wettbewerbern bevorzugt behandelt.

Bei Vorliegen des Merkmals 'Importabhängigkeit' sind in erster Linie Informationen über Modalitätsgesichtspunkte zu erheben. Von besonderer Bedeutung sind hier Fragen der Distributionswege, der verwendeten Transportmittel und vor allem der Lieferungs- und Zahlungsbedingungen. In diesem Zusammenhang sind die Incoterms erwähnenswert, die als Auslegungsregeln für Vertragsformeln in Außenhandelsverträgen angesehen werden können.[1] Die wichtigsten dieser Incoterms sind 'cif' (cost, insurance, freight), 'c&f' (cost and freight), 'fob' (free on board), franko Waggon/LKW, frachtfrei, frei Frachtführer, frachtfrei versichert und frei deutsche Grenze.[2]

Neben den Incoterms, die die Lieferungsbedingungen regeln, sind auch die verschiedenen Zahlungsmöglichkeiten bedeutsam. Beachtenswert sind bei internationaler Beschaffung vor allem Vorauszahlung oder Anzahlung, Zahlung gegen

---

1) Vgl. Nerreter, W./Stöcher, J.: Der Import und Export, 5. Aufl., Herne/Berlin 1983, S. 34

2) Vgl. ebenda, S. 35; vgl. auch International Chamber of Commerce (Hrsg.): Incoterms, Paris 1980.

Akkreditiv, Kassa gegen Dokumente, Zahlung gegen Akzept, offenes Zahlungsziel und nicht zuletzt Barzahlung.[1]

Außer der Modalitätsleistung sind bei Importabhängigkeit die Gegebenheiten auf dem ausländischen Markt besonders untersuchenswert. In erster Linie sind es natürlich technologische und ökonomische Strukturen und Entwicklungen, die Beachtung verdienen. Aber auch politische, soziokulturelle und rechtliche Daten sollten erhoben werden, um so Anhaltspunkte für die Leistungs- und Anspruchsbeeinflussung des Lieferanten zu erhalten. In diesem Zusammenhang sind von den Lieferantendaten vor allem die Potentiale von Bedeutung, da sich diese unmittelbarer als beispielsweise technologische Standards auf Objekt- und auch Modalitätsleistungen auswirken. Unter Umständen kann es notwendig sein, auch Informationen über die angebotenen Quantitäten zu erheben, da durch die längeren "Laufzeiten" sowohl von Gütern als auch von Informationen die kurzfristige Mengenflexibilität geringer ist als bei regionaler oder nationaler Beschaffung und auf der anderen Seite im ungünstigsten Fall keine Möglichkeit besteht, das benötigte Beschaffungsobjekt aus der eigenen Volkswirtschaft zu beziehen. Daß Leistungstrends gerade bei der Abhängigkeit von internationalen Beschaffungsmärkten große Beachtung verdienen, bedarf wohl keiner Erklärung. Da grundsätzlich davon ausgegangen werden kann, daß gerade bei Beschaffungsobjekten, die aus dem Ausland bezogen werden müssen, Forderungen an den Lieferanten nicht ohne weiteres durchsetzbar sind, sollten letztlich auch Informationen über dessen Ansprüche erhoben werden, um so beispielsweise durch Know-How-Transfer oder finanzielle Hilfen die Leistungsfähigkeit und Zuverlässigkeit zu erhöhen.

---

1) Vgl. Nerreter, W./Stöcher, J.: Der Import und Export, a.a.O., S. 38 ff.

Politische Instabilität in der Region, aus der das Objekt beschafft wird, hat für die Beschaffungsmarktforschung die Konsequenz, daß dann vor allem Informationen über die allgemeine Umwelt in wirtschaftlicher und politischer Hinsicht erhoben werden müssen, um von ungünstigen Entwicklungen nicht überrascht zu werden. Jedoch können hier auch andere Informationen interessant sein, beispielsweise ob der Lieferant bei Zuspitzung einer Krise bereit ist, vor dem vereinbarten Termin zu liefern, oder welchen Ersatzanspruch der Lieferant dem Beschaffer bei unverschuldeter Nichtbelieferung gewährt (Modalitätsleistungen). Weiterhin könnte es aus dem Bereich der Lieferantendaten interessieren, ob Läger oder eventuell Tochterunternehmungen außerhalb des politisch instabilen Gebietes existieren, so daß im Krisenfall eine Belieferung eventuell zumindest für einen gewissen Zeitraum noch gesichert ist.

Bei Vorliegen des Merkmals 'starke Leistungsvarianten' liegt es auf der Hand, Informationen über Gestaltungsmittelleistungen verschiedener Lieferanten zu erheben, um so einen Überblick über die Leistungsniveaus unterschiedlicher Gestaltungslösungen zu erhalten. Damit zusammenhängend sollten auch Informationen über die Potentiale der Lieferanten eingeholt werden, da vor allem die Produktionsmittel- und Produktionskräfteausstattung die Objektleistungen in erheblichem Maße determinieren. Auch kann die Kenntnis von Ziel- und Strategieentscheidungen des Lieferanten nützlich sein, wenn dieser beispielsweise beabsichtigt, das Leistungsniveau seiner Produkte zu erhöhen oder zu senken. Sollte der erste Fall gegeben sein und beabsichtigt man, ein langfristiges Vertrauensverhältnis zum Lieferanten aufzubauen oder zu erhalten, so sind Informationen über seine Ansprüche unumgänglich, um ihm beispielsweise mit Finanz- oder Know-How-Hilfe zur Seite zu stehen. Die Betrachtung unterschiedlicher Objektleistungen darf selbstverständlich nicht losgelöst von den damit in Verbindung stehenden Modalitäten (z.B. Entgelt, Servicemaßnahmen u.a.) gesehen werden.

Nahezu gleiches wie für den (statischen) Fall der starken Leistungsvarianten gilt auch für die dynamisierte Betrachtung des schnellen Leistungswandels, wobei dann jedoch das Schwergewicht konsequenterweise nicht so sehr auf der Analyse des aktuellen Zustands liegt, sondern vielmehr auf der Verfolgung der entsprechenden Trends.

Daß bei einer Preisexplosion Informationen über Preise zu erheben sind, klingt fast tautologisch. Hier ist jedoch etwas anderes damit gemeint, nämlich daß in einer solchen Situation die Beschaffungsmarktforschung versuchen muß, den Ursachen für eine Preisexplosion auf den Grund zu gehen. Hierbei ist zum einen an die Marktstruktur sowie an die wirtschaftliche, technologische und politische Umwelt zu denken, zum anderen an die einzelnen Preisbestandteile[1]. Selbst bei einer Preisexplosion können einzelne Lieferanten möglicherweise zu preisliche Zugeständnissen bewegt werden, indem anspruchsadäquate Anreize eingesetzt werden. Gerade in einer solchen Situation ist also die Kenntnis der Lieferantenansprüche von entscheidender Bedeutung.

Als letzte Kriterienkategorie zur Informationsauswahl sind Beschaffungsziele und Beschaffungsstrategien zu nennen. Es liegt auf der Hand, daß bei Verfolgung des Ziels 'Beschaffungskosten senken' vor allem die Modalitätsleistungen einer genaueren Betrachtung unterzogen werden müssen. Hierbei ist aber nicht nur an Entgeltfragen (Preise, Rabatte, Zahlungsbedingungen) zu denken, sondern ebenso an etwaige Servicemaßnahmen, die der Lieferant für den Beschaffer übernimmt und die somit zur Kostensenkung beitragen können. Auch Distributionsaspekte wie beispielsweise die Frage, ob das Objekt direkt vom Lieferanten oder indirekt über den Handel zu beziehen ist, beeinflussen die Beschaffungskosten. Daß eine gut funktionierende Kommunikation zwischen Be-

---

1) Vgl. dazu auch 'Preisanalyse' und 'Kostenanalyse', S. 41 ff. dieser Arbeit

schaffer und Lieferant die Reibungsverluste der Transaktionen reduziert und auf diese Weise zur Kostensenkung beiträgt, dürfte einleuchtend sein.

Neben den Modalitätsleistungen können auch Quantitätsleistungen eine Rolle spielen. Hierbei ist durch die Beschaffungsmarktforschung zu ermitteln, ob der Lieferant eine als ökonomisch sinnvoll angesehene Menge liefert.[1]

Von den Lieferantendaten, die in diesem Zusammenhang besondere Bedeutung besitzen, seien beispielhaft nur einige genannt. So sind hier Informationen über das aktuelle Lieferantenpotential, vor allem Produktions- und Finanzpotential, relevant, aber auch darüber, ob der Lieferant hinsichtlich seines finanziellen Spielraums in der Lage und im Hinblick auf seine Ziele und Strategien willens ist, den technischen Fortschritt durch Rationalisierungsinvstitionen zur Kostensenkung zu nutzen.

Das Ziel 'Beschaffungsqualität erhöhen' impliziert andere Informationsschwerpunkte. Von den Lieferantenleistungen stehen hierbei nämlich eindeutig die Gestaltungsmittelleistungen im Vordergrund, da sich das Qualitätsziel ja gerade auf diese Objektleistungen bezieht.[2] Eine solche Betrachtung sollte sich aber nicht nur auf die aktuellen Leistungen beschränken, sondern es sollten auch Leistungstrends analysiert werden. Hat man beispielsweise in der Vergangenheit bei einem Lieferanten ein stetiges Absinken des Leistungsniveaus beobachten können, so dürfte dieser, selbst wenn das augenblickliche Leistungsniveau noch im Rahmen des Akzeptablen liegt, bei Verfolgung des Qualitätssteigerungsziels kaum der richtige Partner für eine längerfristige Zusammenarbeit sein.

Wie beim Kostensenkungsziel sind auch hier Lieferantenpotentiale sowie Ziele und Strategien von erheblicher Bedeu-

---

1) Vgl. dazu auch die Verfahren zur Ermittlung der optimalen Bestellmenge bspw. bei Grochla, E.: Grundlagen der Materialwirtschaft, a.a.O., S. 79 ff.; Wissebach, B.: Beschaffung und Materialwirtschaft, a.a.O., S. 83 ff.
2) Vgl. auch S. 57 und S. 63 f. dieser Arbeit

tung, da dadurch die Leistungen entscheidend determiniert werden. Beispielsweise sollte ermittelt werden, wie exakt und zuverlässig die Produktionsmittel des Lieferanten arbeiten, wie gut die Produktionskräfte ausgebildet und motiviert sind, welche Qualitätskontrollmaßnahmen durchgeführt werden und eventuell institutionalisiert sind etc. Unter Umständen kann es notwendig und sinnvoll sein, dem Lieferanten bei der Verbesserung seiner Leistungen zu helfen. Um entsprechende Hilfen (Anreize) zur Verbesserung der Leistungen einsetzen zu können, ist es daher hier auch notwendig, Informationen über Lieferantenansprüche zu erheben, um einerseits entscheiden zu können, ob überhaupt Hilfen gewährt werden sollen, und andererseits, wenn ja, welcher Art diese Anreize sein sollen.

Bei Verfolgung des Ziels 'Beschaffungssicherheit erhöhen' wird versucht, risikoarme Beschaffungsentscheidungen zu fällen.[1] Damit kann sich dieses Ziel auf alle Leistungsbereiche (Quantität, Gestaltungsmittel, Modalität) beziehen. Für die Beschaffungsmarktforschung besonders bedeutsam ist in diesem Zusammenhang jedoch die Tatsache, daß es zur Einschätzung des Risikos nicht so sehr auf die aktuellen Lieferantenleistungen ankommt, sondern daß zur Prognose des Beschaffungsrisikos besonders Leistungstrends in der Vergangenheit analysiert werden sollten, um durch die Betrachtung einer solchen Entwicklung auf die Zukunft schließen zu können. Hierbei darf jedoch nicht verkannt werden, daß eine einfache Fortschreibung einer zurückliegenden Entwicklung häufig zu Fehlschlüssen führt; es ist vielmehr zu untersuchen, worauf ein bestimmter Trend zurückzuführen ist (Ursachenanalyse). Aus diesem Grund sind auch hier die Liferantendaten, ähnlich wie oben schon beschrieben, besonders bedeutsam. Von entscheidender Relevanz ist in diesem

---

1) Vgl. S. 64 dieser Arbeit

Rahmen die Analyse der finanziellen Situation des Lieferanten. Sowohl die Substanz als auch die Ertragskraft der Unternehmung sollten dabei genauer untersucht werden, damit frühzeitig Informationen über beispielsweise einen Lieferantenkonkurs, der ja dem Sicherheitsziel konträr entgegensteht, bereitgestellt werden können, um rechtzeitig entsprechende Maßnahmen zu ergreifen. Aber auch weniger gravierende Konsequenzen wie zum Beispiel ein Vergleich oder auch nur Lieferverzug aufgrund finanzieller Engpässe können die Realisation des Sicherheitsziels erheblich beeinträchtigen, was die Bedeutung dieser Informationsinhalte weiter unterstreicht.

Auch beim Sicherheitsziel kann es notwendig sein, die Ansprüche des Lieferanten explizit zu beachten, um ihn dadurch zu einem verläßlichen Partner zu machen, so daß also auch hier Anspruchsinformationen als Voraussetzung für einen adäquaten Anreizeinsatz erhoben werden sollten.

Auch das Ziel **'Beschaffungsflexibilität erhöhen'**, das, wie oben schon erwähnt[1], auf eine mögliche Störungsbewältigung gerichtet ist, kann zur Informationsselektion herangezogen werden. Bei Verfolgung dieses Ziels muß die Beschaffungsmarktforschung vor allem Informationen darüber zur Verfügung stellen, welche Quantitäten von einzelnen Lieferanten kurzfristig unter welchen Bedingungen (Modalitäten) bezogen werden können. Hierbei ist wie beim Kostenziel nicht nur an Entgeltaspekte, sondern auch an unterschiedliche Lieferzeiten, Lieferwege, Transportmittel u.a. zu denken, da diese Modalitätsgesichtspunkte die kurzfristige Beschaffbarkeit stark beeinflussen können.

In der Regel wird man zur Flexibilitätssteigerung nicht nur mit einem einzigen, sondern mit mehreren Lieferanten zusammenarbeiten, möglicherweise auch aus unterschiedlichen

---

1) Vgl. S. 64 dieser Arbeit

regionalen Teilmärkten beziehen. Um aber zu einer ausgewogenen Mischung eines eventuellen Lieferantenportfolios zu gelangen, müssen neben Quantitäts- und Modalitätsinformationen auch solche über die Gestaltungsmittelleistungen verschiedener Lieferanten treten. Daß zur Bildung eines sinnvollen Lieferanten- bzw. Beschaffungsmärkteportfolios auch Informationen über die leistungsbestimmenden Lieferantendaten bzw. über die allgemeinen Umweltbedingungen in verschiedenen regionalen Teilmärkten erforderlich sind, muß wohl nicht näher erläutert werden.

Die vorstehend beschriebenen Informationsschwerpunkte in Abhängigkeit von Beschaffungszielen lassen sich durch eine strategieabhängige Schwerpunktbildung weiter konkretisieren. Als erste Strategie, die zu einer detaillierteren Informationsselektion herangezogen werden kann, ist die fertigungssynchrone Lieferung' zu nennen. Hierunter ist zu verstehen, daß die beschaffende Unternehmung auf die Unterhaltung eines Lagers im wesentlichen verzichtet und statt dessen die Bedarfsmengen und -zeiten so plant, daß die gelieferten Objekte direkt vom Lieferanten in den Verwertungsprozeß eingehen können. Als eine solche Planungsmöglichkeit sei hier nur kurz das Kanban-System angesprochen, das sich durch die Elemente "Schaffung vermaschter, selbststeuernder Regelkreise, Implementierung des Hol-Prinzips für die jeweils nachfolgende Verbrauchsstufe, ein flexibler Personal- und Betriebsmitteleinsatz, die Übertragung der kurzfristigen Steuerung an die ausführenden Mitarbeiter mit Hilfe eines speziellen Informationsträgers, der Kanban-Karte"[1] beschrei-

---

1) Wildemann, H.: KANBAN - Rationalisierung des Materialflusses, a.a.O., S. 18; vgl. dazu auch ders.: Flexible Werkstattsteuerung durch Integration von japanischen Kanban-Prinzipien in deutschen Unternehmen, München 1983; Monden, Y.: Adaptable Kanban System helps Toyota maintain just-in-time-production, a.a.O., S. 29 ff.: Stark, H.: Kanban-orientierte Zulieferung, a.a.O., S. 19; Kiesel, J.: Japanische Erfolgsfaktoren des Kanban-Systems, a.a.O., S. 25 ff.; Varnholt, N.T.: Die Diskussion um Kanban, a.a.O., S. 20 ff.; Türke, D.: Kanban utopisch oder machbar?, a.a.O., S. 28 ff.; o.V.: Kanban Fertigungssteuerung - Experimente mit Inseln, a.a.O., S. 49 ff.

ben läßt. Da die Strategie der fertigungssynchronen Lieferung sehr hohe Anforderungen an die quantitative und zeitliche Flexibilität des Lieferanten stellt[1], sind detaillierte Informationen über Quantitäts- und Modalitätsleistungen, hier vor allem über Distributions- und Serviceleistungen, unumgänglich. Daneben sind Informationen über die Gestaltungsmittelleistungen, besonders die Leistungskonstanz, bedeutsam, da jenseits der Toleranzgrenze liegende Abweichungen aufgrund der engen Anbindung der Produktion an den Lieferanten zu schwerwiegenden Konsequenzen bis hin zu Betriebsunterbrechungen führen können. Da auch in diesem Fall, wie oben bereits erwähnt, intensive Forderungen an den Lieferanten zu stellen sind, müssen auch hier dessen Ansprüche analysiert werden, um möglicherweise Anreize lieferantenadäquat einsetzen zu können. Letztlich sind natürlich gerade im Fall der fertigungssynchronen Lieferung Informationen über Potentiale, Ziele, Strategien und die Marktstellung des Lieferanten durch die enge Bindung zwischen Beschaffer und Lieferant von besonderem Gewicht.

Den entgegengesetzten Fall stellt die Strategie der <u>Vorratshaltung</u> dar. Hierbei sind Informationen über Gestaltungsmittelleistungen relevant, da geklärt werden muß, ob das Beschaffungsobjekt überhaupt lagerfähig ist, bzw. nach welchem Lagerzeitraum es beispielsweise durch Verfaulen oder Rosten unbrauchbar wird. Unumgänglich sind bei Vorratshaltung auch Informationen zur Bestimmung des Meldebestandes. Um diese Mindestlagermenge bestimmen zu können, muß bekannt sein, wie lange es dauert, bis das Lager wieder aufgefüllt ist. Hierzu müssen Informationen über Kommunikationszeiten, Lieferzeiten und Lieferwege und über Transportmittel erhoben werden, um auch abschätzen zu

---

[1] Anm.d.Verf.: So existieren beispielsweise bei Toyota Zwischenlager z.T. nur für o,7 Tage, woraus sich eine ein- bis zweimalige Belieferung pro Tag ergibt. Vgl. Verband der Automobilindustrie e.V. (VDA) (Hrsg.): Die japanische Automobilindustrie, Frankfurt/Main 1978, S. 72.

können, wie hoch die Wahrscheinlichkeit von Fehlern ist, da hiervon u.a. der Sicherheitsbestand des Lagers abhängt.[1] Ein anderer Informationsschwerpunkt ergibt sich daraus, daß es bei Vorratshaltung möglich ist, antisaisonal zu beschaffen, d.h. dann das Lager wieder aufzufüllen, wenn die Gesamtnachfrage gering und damit der Objektpreis niedrig ist. Hierzu ist es notwendig, Informationen über Preise und vor allem Preisbewegungen und -entwicklungen zu erheben, aber auch darüber, welche Bedarfsmengen die wichtigsten Wettbewerber zu welchen Zeiten äußern, um gerade dann nicht zu beschaffen.

Ähnliche Informationsschwerpunkte ergeben sich, allerdings aus anderen Gründen, auch für die Strategie der <u>Standardisierung</u>. Auch hierbei stehen Gestaltungsmittelinformationen im Vordergrund, da geprüft werden muß, welche Beschaffungsobjekte aufgrund ihres spezifischen Leistungsbündels für unterschiedliche Einsatzbereiche geeignet sind. Wegen der in der Regel größeren Beschaffungsmenge bei standardisierten Objekten sind hier auch Quantitätsinformationen sowie die mit einer größeren Menge zusammenhängenden Modalitätsinformationen zu erheben, beispielsweise Mengenrabatte, Transportmittel und -wege etc. Um diese Gesichtspunkte genauer abschätzen zu können, dürfte es üblicherweise auch notwendig sein, Informationen über Potentiale und Ziele des Lieferanten zu erheben, da zu prüfen ist, ob der Lieferant große Mengen standardisierter Objekte mit dem erforderlichen Leistungsniveau überhaupt herstellen kann und will oder ob er sich möglicherweise auf die Produktion von speziellen Lösungen in kleineren Mengen konzentrieren will.

---

1) Vgl. zu den Modellen der Lageroptimierung bspw. Grochla, E.: Grundlagen der Materialwirtschaft, a.a.O., S. 101 ff.; Wissebach, B.: Beschaffung und Materialwirtschaft, a.a.O., S. 156 ff.; Arnolds, H./Heege, F./ Tussing, W.: Materialwirtschaft und Einkauf, a.a.O., S. 86 ff.

Die Strategie der Beschaffungskooperation, also der Zusammenarbeit mit Beschaffungskonkurrenten zum Zweck der besseren Marktstellung gegenüber einzelnen Lieferanten, impliziert, daß natürlich zunächst einmal geprüft werden muß, wer als Kooperationspartner überhaupt in Fage kommt. Eine Kooperation ist nur dann sinnvoll, wenn die Kooperationspartner einen ähnlichen Bedarf haben, da sonst das Ziel dieser Strategie, die gemeinschaftliche Beschaffung, nicht zu verwirklichen wäre. Es sind also Informationen über alle Bedarfsarten (Quantität, Gestaltungsmittel, Modalität) möglicher Kooperationspartner zu erheben. Aber auch Beschaffungsziele und -strategien in Frage kommender Wettbewerber müssen untersucht werden, da sich eine Kooperation sehr schwierig gestalten würde, wenn der eine Partner das Kostensenkungsziel, der andere jedoch das Qualitätssteigerungsziel verfolgen würde.

Auf der anderen Seite ist es wichtig, daß der Wettbewerb zwischen den Kooperationspartnern nicht zu stark ausgeprägt ist, da sonst die Gefahr besteht, daß einer der Partner den anderen aus eigennützigen Motiven übervorteilt, was die Kooperation sofort in Frage stellen würde. Daher bietet es sich an, nur mit solchen Beschaffungskonkurrenten zu kooperieren, die nicht auch auf dem Absatzmarkt im Wettbewerb mit der eigenen Unternehmung stehen.[1] Aus dieser Überlegung heraus ist es also auch notwendig, Informationen über das Absatzprogramm und Absatzstrategien möglicher Kooperationspartner zu gewinnen.

Da der Erfolg einer Kooperation entscheidend von den entsprechenden Reaktionen der Lieferanten abhängt, sollten auch Informationen über deren Ansprüche gesammelt werden, aber auch darüber, ob die Lieferanten überhaupt fähig und willens sind, einen gebündelten Bedarf zu decken.

---

1) Vgl. dazu auch S. 153 ff. dieser Arbeit

Die letztgenannten Aspekte stehen bei der Strategie
'Eigenentwicklung und Fremdbezug' eindeutig im Vordergrund. Sowohl Lieferantenansprüche als auch allgemeine
Lieferantendaten bedürfen hier aufgrund der engen Beziehung
zwischen Beschaffer und Lieferant einer genauen Untersuchung. So wird der Lieferant sicherlich nicht bereit sein,
eine Gestaltungsvorschrift, die sich aus einer Entwicklung
des Beschaffers ergibt, zu realisieren, wenn diese Gestaltung den eigenen Ansprüchen konträr entgegensteht. Daß besonders bei dieser Strategie die Kenntnis der Lieferantenziele und -potentiale von großer Bedeutung ist, versteht
sich wohl von selbst. Es sollte aber auch geprüft werden,
ob der Lieferant zu einzelnen Beschaffungskonkurrenten
einen engen Kontakt unterhält, um zu vermeiden, daß den
Wettbewerbern durch rechtlich möglicherweise nicht ganz
einwandfreie Verhaltensweisen des Lieferanten frühzeitig
Informationen über die eigenen Entwicklungen zugänglich
gemacht werden.[1]

Die letzten beiden der hier angeführten Strategien beziehen sich auf die 'Mischung' verschiedener Lieferanten
bzw. Beschaffungsmärkte zu einem ausgewogenen Portfolio.
Es wurde oben bereits darauf hingewiesen[2], daß zur Bildung
eines Lieferantenportfolios Leistungsinformationen und
allgemeine Lieferantendaten, zur Bildung eines Beschaffungsmärkteportfolios vor allem Informationen über die Umweltdimensionen relevant sind, was im übrigen unmittelbar einleuchten dürfte, so daß dieser Hinweis hier genügen sollte.

---

1) Vgl. ähnlich auch Arnolds, H./Heege, F./Tussing, W.:
   Materialwirtschaft und Einkauf, a.a.O., S. 237
2) Vgl. S. 186 f. dieser Arbeit

4.332 Objektspezifischer Selektionsprozeß

Auf der Grundlage der im vorigen Abschnitt dargestellten Informationsselektionsmatrix soll nun eine Vorgehensweise beschrieben werden, wie man für ein konkretes, für die Beschaffungsmarktforschung ausgewähltes Beschaffungsobjekt zu Informationsschwerpunkten gelangen kann. Die in Abbildung 34 angedeutete Vorgehensweise soll nun also konkretisiert werden. Innerhalb dieses Prozesses sind drei Problemfelder zu berücksichtigen, nämlich die Festlegung der Informationsinhalte für das ausgewählte Beschaffungsobjekt, die Festlegung des Informationsumfanges sowie die Analyse der Beschaffungsmarktforschungslimitierungen.

Einen Überblick über den im folgenden zu beschreibenden Selektionsprozeß gibt Abbildung 38 (s.S. 193).

Den Ausgangspunkt für die Festlegung der Informationsinhalte bildet die allgemeingültige, nicht auf ein konkretes Objekt bezogene Auswahlmatrix (vgl. Abb. 35 - 37, S. 171 - 173). Darauf aufbauend vollzieht sich die objektspezifische Selektion in drei Filterungsschritten, wobei die Grundgesamtheit im ersten Schritt durch alle denkbaren Informationsinhalte gebildet wird. Die nach dieser ersten Filterung übrigbleibenden Informationsinhalte werden als Basisinformationen bezeichnet. Sie bilden die Grundgesamtheit für den zweiten Filterschritt. Aufgrund der im Vergleich zum ersten Schritt reduzierten Grundgesamtheit ergibt sich damit eine geringere Anzahl zu erhebender Informationsinhalte, da die vom zweiten Filterkriterium abhängigen Informationsinhalte nicht mit denen des ersten Kriteriums identisch sind. Das Ergebnis des zweiten Filterschrittes bildet die Grundgesamtheit für den dritten Filter, wodurch eine nochmalige Reduktion der zu erhebenden Informationsinhalte erreicht wird. Dieser Prozeß wird im folgenden genauer beschrieben.

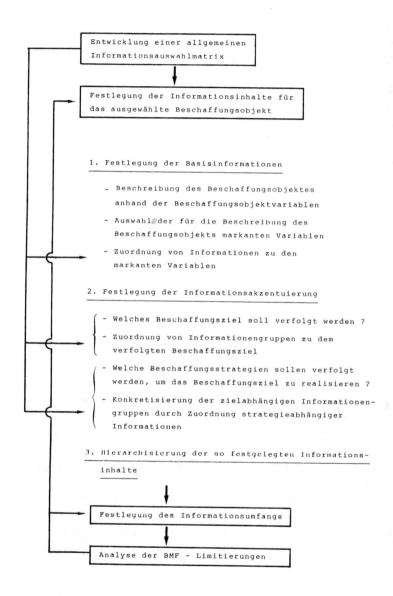

Abb. 38: Vorgehensweise zur Informationsselektion II

Im ersten Schritt werden anhand der Beschaffungsobjektvariablen (Bedarfs- und Angebotsvariablen) die Basisinformationen festgelegt. Dazu ist es erforderlich, zunächst das Beschaffungsobjekt hinsichtlich aller Variablen zu beschreiben. Da jedoch nicht alle Merkmale für die Beschreibung des Objekts gleich prägnant sind, werden anschließend aus der Gesamtheit der Variablenausprägungen die zur Beschreibung des Objekts besonders markanten ausgewählt. Diesen werden dann unter Zuhilfenahme der allgemeinen Informationsauswahlmatrix die relevanten Informationsinhalte zugeordnet.[1] Auf diese Weise lassen sich von Objektmerkmalen abhängige Informationsschwerpunkte bilden, die jedoch in aller Regel für eine praktische Informationserhebung noch zu umfassend sein dürften. Als Kriterium zur weiteren Reduktion der konkret zu erhebenden Informationsinhalte bieten sich Beschaffungsziele und -strategien an (Informationsakzentuierung). Die Vorgehensweise zur Informationsakzentuierung ist ähnlich der zur Festlegung der Basisinformationen, mit dem Unterschied, daß als Alternativen, wie oben schon erwähnt, nicht mehr alle möglichen Informationsinhalte betrachtet werden, sondern nur noch die im ersten Schritt festgelegten Basisinformationen.

Zur Akzentuierung ist zunächst zu prüfen, welches Beschaffungsziel als dominantes Ziel verfolgt werden soll, um dann diesem Ziel aus der allgemeinen Informationsauswahlmatrix relevante Informationsinhalte zuzuordnen. Eine Reduktion des Datenumfangs ergibt sich dann aus der Schnittmengenbildung aus variablenabhängigen Basisinformationen und zielabhängigen Informationenkategorien. Eine weitere Eingrenzung kann mit Hilfe der Beschaffungsstrategien erfolgen, indem geprüft wird, welche Strategien zur Zielerreichung eingesetzt werden sollen, und diesen Strategien

---

1) Vgl. zur Vorgehensweise analog: Koppelmann, U.: Grundlagen des Produktmarketing, a.a.O., S. 278 ff.
Vgl. auch die Vorgehensweise zur Objektselektion auf den Seiten 134 ff. dieser Arbeit

dann - wieder aus der allgemeinen Auswahlmatrix - Informationsinhalte zugeordnet werden. Auf diese Weise können die durch die oben beschriebene Schnittmengenbildung ermittelten Informationsinhalte weiter reduziert und konkretisiert werden.

Es erscheint zweckmäßig, die auf diese Weise festgelegten Informationsinhalte zu hierarchisieren, um die weitere Vorgehensweise zu erleichtern. Dazu kann zum einen die schon in der allgemeinen Informationsauswahlmatrix erfolgte Einteilung der Informationsinhalte in sehr wichtige, wichtige und bedingt wichtige herangezogen werden (vgl. Abb. 35-37), andererseits kann sich eine Hierarchisierung auch an der Bedeutung der verschiedenen Selektionskriterien (Objektvariablen, Ziele und Strategien) orientieren.
Als Ergebnis dieses ersten Schrittes, der Festlegung der Informationsinhalte für das ausgewählte Beschaffungsobjekt, ergibt sich somit eine hierarchisch geordnete Aufstellung der für das Objekt relevanten Informationsinhalte.

Allerdings ist nicht nur die Bestimmung der relevanten Informationsinhalte von Bedeutung, sondern es muß auch geklärt werden, wie umfangreich diese im einzelnen zu erheben sind (Informationsumfang). Ist beispielsweise festgelegt, daß Informationen über Quantitätsleistungen vonnöten sind, so stellt sich nun die Frage, welche Lieferanten bzw. Beschaffungsmärkte betrachtet werden sollen: Genügt es, die Quantitätsleistungen einiger weniger, z.B. großer Lieferanten zu untersuchen, oder sollen auch kleinere Anbieter betrachtet werden? Genügt eine Beschränkung auf den regionalen oder nationalen Markt, oder soll der Weltmarkt analysiert werden?[1]

---

1) Vgl. Ewald, A. u.a.: Die Beschaffung von Anlagen, Reserveteilen und Energie, Lehrwerk Industrielle Beschaffung, Bd. 4, Frankfurt/Main 1970, S. 23.

Die Grundüberlegung zur Entscheidung bezüglich des Informationsumfangs besteht darin, daß dieser um so größer sein muß, je bedeutsamer das Beschaffungsobjekt für die Beschaffungsmarktforschung ist. Um diese Bedeutung abschätzen zu können, bietet es sich an, die Kriterien zur Auswahl des Beschaffungsobjekts für die Beschaffungsmarktforschung (Filter 1) heranzuziehen.[1] Je eher ein Beschaffungsobjekt im ersten Filterprozeß[2] zur Beschaffungsmarktforschung ausgewählt worden ist, desto größer ist auch der notwendige Informationsumfang bei festgelegten Informationsinhalten.

Es erscheint zweckmäßig, in einem letzten Schritt der Informationsselektion bereits an dieser Stelle die Limitierungen zu analysieren, die die vorangegangenen Entscheidungen möglicherweise als revisionsbedürftig erscheinen lassen. Zu denken ist hier an Limitierungen zeitlicher, finanzieller und/oder persönlicher Art, die sowohl den festgelegten Informationsumfang als auch die festgelegten Informationsinhalte möglicherweise reduzieren. Zu beachten ist jedoch, daß solche Limitierungen zwar kurzfristig als Datum hingenommen werden müssen, langfristig jedoch den Erfordernissen der Beschaffungsmarktforschung angepaßt werden sollten.

---

1) Vgl. Abb. 17, S. 108 dieser Arbeit
2) Vgl. Abb. 24, S. 136 dieser Arbeit

4.4 Methoden und Quellen der Beschaffungsmarktforschung

Nachdem feststeht, welche Informationsinhalte in welchem Umfang benötigt werden, ist nunmehr zu klären, wie diese Daten gewonnen werden können. Die Frage nach dem 'Wie' bezieht sich dabei zum einen auf die Art und Weise des grundsätzlichen Vorgehens (Marktforschungsmethoden), zum anderen auf die mögliche Herkunft der Daten, auf die Informationsquellen. Da sich beide Bereiche auf die eigentliche Datengewinnung beziehen, bestehen zwischen Methoden und Quellen der Beschaffungsmarktforschung enge Wechselbeziehungen, so daß es zweckmäßig erscheint, hier beides gemeinsam zu behandeln. Auf der anderen Seite stellt sich die Frage, welche der in der Literatur angeführten Methodenalternativen sich im Rahmen des hier vorgestellten prozessualen Entscheidungsmodells als echte Alternativen hinsichtlich der Verkleinerung des Entscheidungsfeldes eignen.

Um diese Fragen beantworten zu können, soll in einem ersten Abschnitt versucht werden, die Marktforschungsmethoden unter Berücksichtigung der Wechselbeziehungen zu den Quellen und im Hinblick auf die Zweckmäßigkeit im Rahmen dieses Modells einer kritischen Analyse zu unterziehen, um so zu hier sinnvollen Alternativen zu gelangen.

4.41 Zur Abhängigkeit der Methodenalternativen von anderen Entscheidungsfeldern

In der Literatur beschriebene Methodenalternativen sind in der folgenden Abbildung 39 zur besseren Übersicht im Hinblick auf die zugrundeliegenden Unterscheidungskriterien, die Kriterienausprägungen und die Interdependenzen zu anderen Entscheidungsfeldern systematisiert dargestellt.

Unterscheidungs-kriterium	Kriterienaus-prägungen	Methodenalter-nativen	Interdependenz zu
Zahl der betrachteten Einheiten der Grundgesamtheit	alle	Totalerhebung	Informations-umfang
	Teilmenge	Partialerhebung	
Informations-inhalte	wirtschaftliche Größen	Ökoskopie	Informations-inhalte
	menschliches Verhalten	Demoskopie	
Datenmaterial	eigens für neuen Zweck erhoben	Primärforschung	Informations-quellen
	vorhanden, für anderen Zweck erhoben	Sekundärforschung	
Zeitbezogen-heit der Informationsinhalte	Kontrolle vergangener Entscheidungen	retrospektive Marktforschung	Informations-inhalte
	aktuelle Situation	adspektive Marktforschung	
	Prognose-informationen	prospektive Marktforschung	
Kontinuität	einmalig	Marktanalyse	keine
	fortlaufend	Markt-beobachtung	

Abb. 39: Methodenalternativen in der Marktforschung

Die in der Literatur vorgeschlagenen Methodenalternativen lassen sich nach verschiedenen Dimensionen gruppieren. Eine dieser Dimensionen stellt der Informationsumfang dar. Nach diesem Kriterium lassen sich Total- und Partialerhebung unterscheiden. "Bei einer Voll- oder Totalerhebung werden grundsätzlich alle Einheiten einer zu untersuchenden Grundgesamtheit erfaßt oder (bei Sekundärerhebung) alle verfügbaren Unterlagen einbezogen."[1] Dem gegenüber steht "die

---

1) Schäfer, E./Knoblich, H.: Grundlagen der Marktforschung, a.a.O., S. 249.

Durchführung von Teil- oder Partialerhebungen, bei denen nur ein Teil der Elemente einer Grundgesamtheit in die Untersuchung einbezogen wird (Teilmasse)."[1] Partialerhebungen können weiter unterschieden werden in repräsentative und nicht-repräsentative. Bei letzteren wird "ein Teil der Grundgesamtheit mehr oder weniger willkürlich herausgegriffen und untersucht"[2], während eine Repräsentativ-Erhebung dann gegeben ist, "wenn eine Teilmasse in der Verteilung aller relevanten statistischen Merkmale der Gesamtmasse entspricht, d.h. ein verkleinertes, aber sonst wirklichkeitsgetreues Abbild der Gesamtheit darstellt. Weil bei dieser Art von Erhebungen meist nur verhältnismäßig wenige Fälle nach Stichprobenart erfaßt werden, spricht man auch von Stichprobenerhebungen."[3]

Aus mehreren Gründen erscheint es nicht zweckmäßig, diese Unterscheidung hier explizit zu berücksichtigen. Zum einen ist nämlich die Frage nach dem Informationsumfang bereits im vorigen Filterungsprozeß, bei der Informationsselektion, berücksichtigt worden[4], so daß sich das Problem an dieser Stelle nicht mehr stellt. Außerdem ist die Unterscheidung in Total- und Partialerhebung, die in der Absatzmarktforschung aufgrund der großen Zahl von Marktpartnern (Verwendern) und der speziellen Fragestellung ihre Bedeutung erhält, in der Beschaffungsmarktforschung ohnehin von geringerer Relevanz. Vor allem das Problem der Repräsentativität ist in der Beschaffungsmarktforschung aufgrund der Unterschiede zwischen Beschaffungs- und Absatzmärkten nicht so gegeben wie in der Absatzmarktforschung.[5] Aus diesen Gründen soll die Methodenalternative Total-/Partialerhebung hier nicht weiter berücksichtigt werden.

---

1) Schäfer, E./Knoblich, H.: Grundlagen der Marktforschung, a.a.O., S. 250.
2) Ebenda, S. 250.
3) Ebenda, S. 250 f.
4) Vgl. Abschnitt 4.332 dieser Arbeit.
5) Vgl. dazu auch Abschnitt 2.2 dieser Arbeit.

Ebenso wie diese erste Unterscheidung ist aus der Absatzmarktforschung auch die Alternative 'demoskopische oder ökoskopische Marktforschung' bekannt [1], wobei sich letztere als objektbezogene Marktforschung "auf die wirtschaftlichen Sachgegebenheiten und Sachbeziehungen"[2] erstreckt, wie zum Beispiel auf Aussagen "über die zeitliche Entwicklung und/oder räumliche Verteilung von Produktions-, Absatz- und Bestandsmengen, Kosten und Preisen, von der Zahl der konkurrierenden Unternehmungen, von Kaufkraftverhältnissen, usw."[3] Die demoskopische Marktforschung hingegen greift "über die statistische Erfassung von Sachverhältnissen hinaus auf das Verhalten der menschlichen Träger dieser Sachgegebenheiten"[4] zurück und betrachtet als objektive Sachverhalte Aktionen, biologisch-demographische Merkmale und soziographische Gegebenheiten der Menschen sowie als subjektive Sachverhalte Wissen, Wahrnehmungen, Vorstellungen, Meinungen, Einstellungen, Intentionen, Wünsche und Strebungen.[5] Als Unterscheidungskriterium zwischen Demoskopie und Ökoskopie können also letztlich die zu erhebenden Informationsinhalte angesehen werden. Durch die im vorigen Filterungsprozeß erfolgte Informationsselektion im Sinne einer Festlegung der zu erhebenden Informationsinhalte liegt jedoch hier keine Wahlmöglichkeit zwischen demoskopischer und ökoskopischer Marktforschung mehr vor. Im Hinblick auf die hier angewandte entscheidungsorientierte Sichtweise ist es also nicht zweckmäßig, Demoskopie und Ökoskopie als Methoden der Beschaffungsmarktforschung zu unterscheiden. Damit erübrigt sich auch die Frage, wie Beschaffungsmarkt-

---

1) Vgl. Behrens, K.Chr.: Marktforschung, a.a.O.;
   ders.: Demoskopische Marktforschung, a.a.O.;
   ders.: Marktforschung, Methoden der, in: Handwörterbuch der Absatzwirtschaft, hrsg. von B. Tietz, Stuttgart 1974, Sp.1354 ff.
2) Behrens, K.Chr.: Marktforschung, a.a.O., S. 12.
3) Ebenda, S. 12.
4) Ebenda, S. 12.
5) Vgl. ebenda, S. 14 f.; ders.: Demoskopische Marktforschung, a.a.O., S. 17 f.

forschung bezüglich dieser Alternative zu beurteilen sei. Dennoch sei kurz auf die unterschiedlichen Auffassungen hingewiesen: Behrens selbst unterscheidet als Unterbereiche demoskopischer Untersuchungen die "Beschaffungsmarktforschung", die "Finanzmarktforschung" und die "Absatzmarktforschung"[1], er scheint also an dieser Stelle die Beschaffungsmarktforschung der Demoskopie unterzuordnen, was jedoch bei Gesamtbetrachtung seiner Aussagen wohl eher bedeuten soll, daß Beschaffungsmarktforschung demoskopischen und ökoskopischen Charakter besitzen kann. Ähnlich äußern sich Harlander/Platz[2] sowie Harlander/Koppelmann[3]. Insgesamt scheint jedoch Einigkeit darüber zu bestehen, daß Beschaffungsmarktforschung eher ökoskopischen als demoskopischen Charakter besitze.[4] Diese Erörterung soll jedoch hier aufgrund der oben beschriebenen fehlenden Entscheidungsrelevanz im Rahmen dieser Arbeit nicht vertieft werden.

Nach der Art der Quelle werden als Marktforschungsmethoden üblicherweise Primärmarktforschung und Sekundärmarktforschung unterschieden. Eine "Primärerhebung (unmittelbare Erhebung, 'Field research') liegt dann vor, wenn die Marktforschung eigene Ermittlungen im Markt durchführt, um Informationen zu erhalten. Es handelt sich also um die Feststellung neuer, dem Unternehmen bislang unbekannter Marktdaten"[5], während bei der Sekundärerhebung "die Marktforschung bei ihrer Informationsbeschaffung auf vorhandenes Material zurückgreifen kann, das durch andere Institutionen für andere Zwecke zusammengetragen worden ist."[6] Diese

---

1) Behrens, K.Chr.: Marktforschung, a.a.O., S. 13.
2) Vgl. Harlander, N./Platz, G.: Beschaffungsmarketing und Materialwirtschaft, a.a.O., S. 40 f.; vgl. dazu auch Harlander, N.: Beschaffungsmarketing, in: Beschaffung aktuell, Heft 4,1983, S. 34 ff.
3) Vgl. Harlander, N./Koppelmann, U.: Auf den Wein kommt's an - und weniger auf die Schläuche, a.a.O., S. 22 ff.;
4) Vgl. Hüttner, M.: Grundzüge der Marktforschung, a.a.O., S. 283 f.; Strache, H. (Hrsg.): Beschaffungsmarktforschung, a.a.O., S. 39.
5) Schäfer, E./Knoblich, H.: Grundlagen der Marktforschung, a.a.O., S. 248.
6) Ebenda.

Definition macht deutlich, daß die Unterscheidung in Primär- und Sekundärmarktforschung danach vorgenommen wird, welche Quelle zur Erhebung der Informationsinhalte herangezogen wird; die Methodenalternative ist durch die Quellen definiert. Eine Entscheidung hinsichtlich der Methode reduziert ebenso die Wahlmöglichkeiten bei den Quellen wie die Entscheidung für bestimmte Quellen die Methode determiniert. Es stellt sich also die Frage, ob es zweckmäßiger ist, durch Festlegung einer Methode (Primär- oder Sekundärmarktforschung) die Quellenalternativen einzuschränken oder die Methodenfrage implizit durch die Wahl der Quelle zu beantworten. Hierbei ist zu berücksichtigen, daß bezüglich der Methodenalternative nur wenige Entscheidungskriterien, hauptsächlich Kostenaspekte[1], angeführt werden können, die jedoch auch bei der Wahl der Quellen mitberücksichtigt werden können. Der Ansicht, daß sich "auch die Beschaffungsmarktforschung in der Hauptsache auf sekundärstatistisches Material stützen"[2] müsse, kann nicht gefolgt werden, da bei einer solchen Aussage die gesamte Leistungsseite der Beschaffungsmarktforschung viel zu wenig berücksichtigt wird.

Auf der anderen Seite könnten bei einer von den Quellen losgelösten Methodenentscheidung die zu erhebenden Informationen als Entscheidungskriterium nicht berücksichtigt werden. Da diese jedoch als wichtigste Einflußgröße in diesem Entscheidungsfeld anzusehen sind, erscheint es zweckmäßig, hier von den Quellenalternativen auszugehen und so die Frage nach Primär- oder Sekundärmarktforschung indirekt zu beantworten, da auf diese Weise der Komplexität des Problems ohne einen Informationsverlust Rechnung getragen werden kann.

Eine weitere Unterscheidung richtet sich auf die Zeitbezogenheit der Informationsinhalte und gliedert in retrospektive, adspektive (rekognostizierende) und prospektive

---

1) Vgl. bspw. Lehmeier, H.: Grundzüge der Marktforschung, a.a.O., S. 32.
2) Lietz, J.H.: Marketing im Beschaffungswesen, a.a.O., S. 77

Marktforschung.[1] Dabei bezieht sich die retrospektive Beschaffungsmarktforschung auf die "nachträgliche Kontrolle der getroffenen Einkaufsentscheidungen"[2], die adspektive Marktforschung auf "Informationen aus der aktuellen Marktsituation"[3] und die prospektive Marktforschung auf "Informationen über Entwicklungstendenzen auf bekannten Märkten und Bedingungen auf neuen Märkten."[4]

Diese Unterscheidung erscheint jedoch aus logischen Gesichtspunkten bedenklich. Einerseits ist die Abgrenzung zwischen adspektiver und retrospektiver Marktforschung sprachlogisch unbefriedigend, da sich jede Information im Zeitpunkt ihrer Erfassung auf die Vergangenheit bezieht, andererseits ist letztendlich jede Beschaffungsmarktforschung prospektiv, da die zu gewinnenden Informationen in der Zukunft liegende Entscheidungen fundieren sollen.[5] Die nachträgliche Kontrolle getroffener Einkaufsentscheidungen erfolgt ja nicht als Selbstzweck, sondern um eventuell zukünftig besser zu entscheiden. Selbst wenn man jedoch die (sprach-)logischen Schwierigkeiten vernachlässigt, erscheint diese Unterscheidung hier nicht zweckmäßig, da bei der Festlegung der benötigten Informationen diese Fragen bereits implizit berücksichtigt worden sind.[6]

---

1) Vgl. Harlander, N./Platz, G.: Beschaffungsmarketing und Materialwirtschaft, a.a.O., S. 39 f.; Cordts, J.: Beschaffungsmarktforschung, a.a.O., S. 150 ff.; vgl. dazu auch Merk, G.: Wissenschaftliche Marktforschung, a.a.O.; Hüttner, M.: Grundzüge der Marktforschung, a.a.O., S. 28.
2) Harlander, N./Platz, G.: Beschaffungsmarketing und Materialwirtschaft, a.a.O., S. 39.
3) Ebenda, S. 40.
4) Cordts, J.: Beschaffungsmarktforschung, a.a.O., S.151.
5) Vgl. dazu auch Abschnitt 3.5 dieser Arbeit.
6) Vgl. Abschnitt 4.3 dieser Arbeit.

Eine weitere Methodenalternative läßt sich anhand der
Kontinuität der Marktforschungsaktivitäten bilden. Auf
diesem Kriterium basiert die auf Erich Schäfer zurückgehende Unterscheidung in 'Marktanalyse' und 'Marktbeobachtung'.[1] "Erhebungen im Rahmen der Marktanalyse dienen der
Erfassung der Marktstruktur, sie sollen einen Querschnitt
in räumlich-sachlicher Hinsicht vermitteln und sind daher
an sich einmaliger Natur."[2] Demgegenüber besteht "die
Aufgabe der Marktbeobachtung (...) bekanntlich in der Erfassung von Veränderungen im Zeitablauf. Sie erfordert eine
planmäßig wiederholte, fortlaufende Ermittlung gleichartiger
Erscheinungen und Vorgänge an verschiedenen Zeitpunkten
oder in verschiedenen Zeitabschnitten."[3]

Für diesen Sachverhalt werden auch andere Termini verwendet;
Lohrberg spricht von 'laufender Beschaffungsmarktforschung',
wenn "die Marktveränderungen kontinuierlich zu erheben"[4]
sind, von 'fallweiser Beschaffungsmarktforschung', wenn "nur
einmal (...) oder in mehr oder weniger großen Zeitabständen
(...) sich wiederholende Untersuchungen durchzuführen
sind."[5] Es ist allerdings nicht ganz einsichtig, warum der
gleiche Sachverhalt mit anderen Termini bezeichnet wird,
wenn damit kein zusätzlicher Nutzen verbunden ist. Bei Blom,
der von bedarfsabhängiger bzw. kontinuierlicher Beschaffungsmarktforschung spricht[6], kommt hinzu, daß seine Termi-

---

1) Vgl. Schäfer, E.: Marktanalyse und Marktbeobachtung, in:
   Der Markt der Fertigware, Heft 4/5, 1929, S.204 ff.;
   ders.: Betriebswirtschaftliche Marktforschung, a.a.O.,
   S. 28 ff.
2) Schäfer, E./Knoblich, H.: Grundlagen der Marktforschung,
   a.a.O., S. 251.
3) Ebenda, S. 252.
4) Lohrberg, W.: Eine Entscheidungshilfe für die Objektwahl der Beschaffungsmarktforschung, a.a.O., S. 1270.
5) Ebenda, S. 1270; vgl. auch ders.: Grundprobleme der
   Beschaffungsmarktforschung, a.a.O., S. 39.
6) Vgl. Blom, F.: Punktbewertungsverfahren in der Beschaffungsmarktforschung, a.a.O., S.68 ff.; ders.: Zukunftsorientierte Beschaffungsmarktforschung - Schlüssel zum
   Beschaffungsmarkt, a.a.O., S.51 ff.; ders.:Industrielle
   Beschaffungsmarktforschung, a.a.O., S.19 ff.; Strache, H.
   (Hrsg.): Beschaffungsmarktforschung, a.a.O., S. 26 ff.

nologie aus sprachlogischen Gründen nicht haltbar ist,
da auch kontinuierliche Beschaffungsmarktforschung bedarfsbezogen sein kann. Insgesamt dürfte es also am sinnvollsten sein, die ursprüngliche Terminologie von Schäfer (Analyse und Beobachtung) beizubehalten.[1]

Versucht man nun, sich mit dieser Methodenalternative inhaltlich im Hinblick auf das hier darzustellende Entscheidungsmodell und unter Berücksichtigung möglicher Interdependenzen auseinanderzusetzen, so läßt sich feststellen, daß die Unterscheidung in Marktanalyse und Marktbeobachtung die einzige von Objekten, Informationen und Quellen unabhängige Alternative darstellt. Die Frage, ob festgelegte Informationsinhalte einmalig im Sinne einer "Bestandsaufnahme des Marktes"[2] oder fortlaufend zu erheben sind, ist im prozessualen Ablauf des Entscheidungsmodells bis zu dieser Stelle noch nicht geklärt, für die Beschaffungsmarktforschung jedoch von wesentlicher Bedeutung. Da auch Entscheidungen hinsichtlich der zu benutzenden Quellen nichts über die Kontinuität der Marktforschungsaktivitäten aussagen, ist es zweckmäßig, diesen Aspekt als Entscheidung bezüglich der Beschaffungsmarktforschungsmethode separat zu behandeln.

4.42 Zur Wahl der geeigneten Methode

Nachdem in den vorgelagerten Prozeßphasen Entscheidungen hinsichtlich Inhalt und Ausmaß der Marktforschungsaktivitäten[3] gefallen sind, ist nun deren zeitlicher Bezug zu klären.

Wie oben schon ausgeführt , werden hier als grundsätzliche Möglichkeiten der Marktforschungsmethode die Marktanalyse

---

1) Vgl. zur Verwendung dieser Terminologie in der Beschaffungsmarktforschung auch Trautmann, W.P.: Marktanalyse und Marktbeobachtung im Beschaffungswesen, in: Der Marktforscher, Heft 8, 1966, S. 264; Lietz, J.H.: Marketing im Beschaffungswesen, a.a.O., S. 75.

2) Schäfer, E./Knoblich, H.: Grundlagen der Marktforschung, a.a.O., S. 22.

3) Vgl. Abschnitt 4.33 dieser Arbeit.

und "die hierauf aufbauende fortlaufende Beobachtung der Marktschwankungen und -veränderungen "[1] (Marktbeobachtung) unterschieden. Die Marktbeobachtung muß deshalb auf einer Marktanalyse aufbauen, weil ohne einen Bezugspunkt die Feststellung von Verschiebungen oder Schwankungen unmöglich ist. Zur Durchführung der Marktbeobachtung ist also die Marktanalyse eine notwendige Voraussetzung, da dadurch erst die Grundlage, der Fixpunkt, geschaffen wird, an dem die durch Beobachtung ermittelten Veränderungen zunächst gemessen werden können.

Dieser Zusammenhang zwischen Analyse und Beobachtung ist deshalb bedeutsam, weil er die Komplexität des hier zu lösenden Problems entscheidend reduziert. Da in der ersten Prozeßphase[2] die marktforschungsrelevanten Beschaffungsobjekte bereits ausgewählt worden sind, steht an dieser Stelle aufgrund des oben beschriebenen Zusammenhangs zwischen Analyse und Beobachtung fest, daß für das ausgewählte Beschaffungsobjekt zumindest eine einmalige Marktanalyse durchgeführt werden muß. Somit ist hier nur noch zu klären, ob diese einmalige Analyse ausreicht oder ob, darauf aufbauend, eine fortlaufende Marktbeobachtung erforderlich ist.

Als Entscheidungshilfe, ob für das ausgewählte Beschaffungsobjekt Marktbeobachtung betrieben werden soll, können die gleichen Kriterien herangezogen werden wie für die Auswahl des Objekts selbst. Diese Objektselektionskriterien sind Ziel- bzw. Strategieänderungen, Bedarfskontinuität, marktliche und betriebliche Beschaffungsrisiken sowie wertmäßige Bedeutung des Beschaffungsobjekts.[3] Diese Kriterien können nun in bezug auf das hier zu lösende Problem danach systematisiert werden, ob sie die Veränderung oder das Niveau (Zustand) einer Größe beschreiben.

---

1) Schäfer, E.: Betriebswirtschaftliche Marktforschung, a.a.O., S. 34.
2) Vgl. Abschnitt 4.2 dieser Arbeit.
3) Vgl. Abschnitt 4.222 dieser Arbeit.

Daß bei dem Kriterium 'Ziel- oder Strategieänderungen' die Veränderungen dieser Größen im Vordergrund stehen, geht schon aus der Benennung des Kriteriums hervor. Auch 'Erstmaliger Bedarf' und 'Einmaliger Bedarf' als Ausprägungen des Kriteriums 'Bedarfskontinuität' sind durch die Neuartigkeit, die Veränderung gegenüber einem früheren Zustand, gekennzeichnet.
Während diese Veränderungskriterien ein tendenziell einmaliges Ereignis beschreiben, sind 'Beschaffungsrisiken' und 'Wertmäßige Bedeutung des Beschaffungsobjekts' durch dauerhaftes Vorhandensein in einem bestimmten Zeitraum gekennzeichnet, sie beziehen sich also auf einen bestimmten Zustand. Daß für den 'kontinuierlichen Bedarf' als Ausprägung des Kriteriums 'Bedarfskontinuität' das gleiche gilt, versteht sich wohl von selbst. Einen Sonderfall stellt der zwischen erst- bzw. einmaligem und kontinuierlichem Bedarf liegende unregelmäßige Bedarf dar, bei dem es von der Art der Unregelmäßigkeit im Einzelfall abhängt, ob mehr der einzelne Bedarfsfall als <u>Veränderung</u> gegenüber dem Nicht-Bedarf oder mehr der dauerhafte Unregelmäßigkeits<u>zustand</u> im Vordergrund steht.
Somit können die Kriterien wie in Abbildung 40 (s.S. 208) gruppiert werden.

Die Überlegung zur Wahl der zweckmäßigen Methode besteht nun darin, daß Methodenwahlkriterium und entsprechende Methode den gleichen zeitlichen Bezug haben sollten. Würde man nämlich bei einer einmaligen Veränderung, die zur Auswahl des Objekts für die Marktforschung führte, beschließen, den Markt kontinuierlich zu beobachten, so erscheint dies zu weit gegriffen, da in einem solchen Fall bei einer endogenen Veränderung nur die aktuelle Situation auf dem Beschaffungsmarkt interessiert. Der entgegengesetzte Fall bestünde darin, daß man bei einem (dauerhaft vorhandenen) Zustandskriterium beschlösse, nur einmalig den Markt zu analysieren. Auch diese Entscheidung erscheint unzweckmäßig, denn wenn man das Beschaffungsobjekt deshalb zur Marktforschung herangezogen hat, weil eine permanent vorhandene Situation (Zustand) dies geraten erscheinen ließ, so liegt es auf der Hand, daß dann gerade laufende Informationen über Marktbewegungen und -entwicklungen relevant sind.

Veränderungskriterien	Zustandskriterien

Ziel- oder Strategieänderungen
- Zieländerungen
  - Zielinhaltsänderung
  - Zielausmaßänderung
  - Zielzeitänderung
- Strategieänderungen
 	
Bedarfskontinuität
- erstmaliger Bedarf
- einmaliger Bedarf
(- unregelmäßiger Bedarf)
	Beschaffungsrisiken
	- Marktrisiken
	  - Lieferausfallrisiko
	  - Leistungsrisiko
	  - Entgeltrisiko
	- Betriebliche Risiken
	  - Objektbewirtschaftungsrisiko
	  - Produktionsrisiko
	  - Absatzrisiko
	  - Finanzrisiko
	
	Wertmäßige Bedeutung des Beschaffungsobjekts
	- absoluter Wert
	- relativer Wert
	
	Bedarfskontinuität
	- kontinuierlicher Bedarf
	(- unregelmäßiger Bedarf)

Abb. 40: Kriterien zur Methodenwahl

Als Entscheidungsregel für die Wahl der Marktforschungsmethode läßt sich somit festhalten, daß nur dann Marktbeobachtung sinnvoll ist, wenn die Zustandskriterien stark ausgeprägt sind, d.h. wenn das Beschaffungsobjekt durch hohe Beschaffungsrisiken oder durch einen hohen Beschaffungswert oder durch hohe Bedarfskontinuität gekennzeichnet ist.

Aufgrund der obigen Überlegung, nur dann eine Marktbeobachtung durchzuführen, wenn das Beschaffungsobjekt durch eine dauerhaft vorliegende Kriterienausprägung gekennzeichnet ist, ist bei allen Zustandskriterien zur Entscheidung über eventuell notwendige Marktbeobachtung nur das Niveau, die absolute Höhe der Ausprägungen, relevant; eine Veränderung der Kriterienausprägungen, beispielsweise eine Erhöhung der Marktrisiken, interessiert nur insofern, als durch diese Veränderung die Höhe der Kriterienausprägung über einen Schwellenwert hinaussteigt[1], was dann aber wiederum die Frage nach einem veränderten Zustand, nicht jedoch nach der Veränderung an sich betrifft. Eine Veränderung, bei der der neue Zustand unterhalb des Schwellenwertes bleibt, so daß nicht der neue Zustand, sondern nur die Veränderung an sich bedeutsam ist, führt im Zusammenhang mit den oben beschriebenen Überlegungen nicht zu einer Marktbeobachtung, sondern nur zu einer Marktanalyse.

Bei der Bewertung der Zustandskriterien zur Entscheidung über möglicherweise sinnvolle Marktbeobachtung kann auf die Bewertung in der ersten Prozeßphase, der Objektselektionsphase zurückgegriffen werden.[2] Es ist an dieser Stelle also zu prüfen, ob für die Auswahl des Beschaffungsobjekts zur Marktforschung die Zustandskriterien Beschaffungsrisiken, Beschaffungswert und kontinuierlicher Bedarf entscheidenden Einfluß besessen haben. Ist dies der Fall, so erscheint es zweckmäßig, die festgelegten Informationsinhalte auf der Basis einer Marktanalyse fortlaufend durch Marktbeobachtung zu erheben. Waren hingegen die Veränderungskriterien für die Wahl des Beschaffungsobjektes zur Marktforschung entscheidend, so genügt eine einmalige, eventuell bei einer erneuten Veränderung wiederholbare Marktanalyse.

---

[1] Vgl. anders: Lohrberg, W.: Eine Entscheidungshilfe für die Objektwahl der Beschaffungsmarktforschung, a.a.O., S. 1272 f.
[2] Vgl. Abschnitt 4.232 dieser Arbeit.

4.43 Generelles Quellenspektrum der Beschaffungsmarktforschung

Nach der bereits in den vorangegangenen Phasen erfolgten
Festlegung von Informationsinhalten, Informationsumfang
und zeitlichem Bezug der Beschaffungsmarktforschung für das
ausgewählte Beschaffungsobjekt muß nun geklärt werden, aus
welchen Quellen die erforderlichen Informationen bezogen
werden sollen. Dazu wird in diesem Abschnitt zunächst
wiederum ein Überblick über die grundsätzlich denkbaren
Möglichkeiten gegeben.
Es erscheint dabei zweckmäßig, die Quellen danach zu ordnen,
ob es sich um bereits für andere Zwecke zusammengestellte
Daten handelt (Sekundärquellen), die nun für die aktuelle
Marktforschung anders ausgewertet werden müssen, oder ob die
Daten eigens für den aktuellen Marktforschungszweck erhoben
werden (Primärquellen).[1] Eine exakte Abgrenzung zwischen
diesen beiden Bereichen ist jedoch bei der Zuordnung verschiedener Quellen nicht möglich, da es vom Einzelfall abhängen kann, ob eine Quelle primär oder sekundär genutzt
wird. Dennoch dürfte diese Unterscheidung hier gerechtfertigt sein, um auf diese Weise die in der Literatur häufig
anzutreffende rein enumerative Behandlung der Quellen[2] zu
vermeiden.

In Abbildung 41 (s.S. 211) sind die so gegliederten Informationsquellen der Beschaffungsmarktforschung überblickartig zusammengestellt.
Bei der nun folgenden Beschreibung der einzelnen Quellen
ist zu beachten, daß an dieser Stelle noch keine detaillierten Ausführungen zur Zweckmäßigkeit der verschiedenen
Quellen unter konkreten Bedingungen erfolgen, da dies den
zentralen Inhalt des folgenden Abschnitts darstellt.[3]

---

1) Vgl. Abschnitt 4.41 dieser Arbeit.
2) Vgl. Arnolds,H./Heege,F./Tussing, W.: Materialwirtschaft
und Einkauf, a.a.O., S. 121; Strache, H. (Hrsg.): Beschaffungsmarktforschung, a.a.O., S. 188; ders.: Preise senken,
Gewinn einkaufen, a.a.O., S. 177 ff.; Jatsch, W.: Know How
des Einkaufs, Stuttgart/Wiesbaden 1973, S. 31 ff.
3) Vgl. Abschnitt 4.44, S. 217 ff. dieser Arbeit

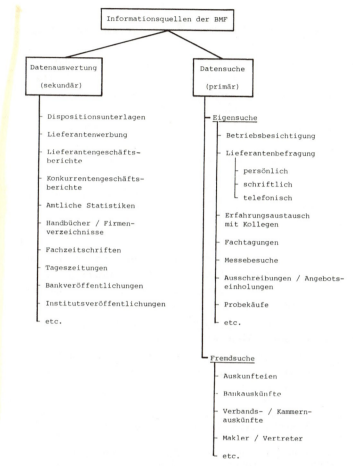

Abb. 41: Informationsquellen der Beschaffungsmarktforschung

Im Rahmen der Datenauswertung können eigene Dispositionsunterlagen eine bedeutende Rolle spielen. Hierunter sollen alle diejenigen Unterlagen verstanden werden, die das laufende Tagesgeschäft mit aktuellen Lieferanten dokumentieren. Zu denken ist hier an Spezifikationen (Teilelisten, Konstruktionszeichnungen), Bestellungen, Wareneingangsmeldungen, Kontrollberichte, Reklamationen und allgemeinen Schriftverkehr mit dem Lieferanten, wie zum Beispiel Preiserhöhungsankündigungen und eigene Reaktionen.

Unter Lieferantenwerbung sollen alle unverlangt durch den Lieferanten zugesandten Unterlagen verstanden werden, wie beispielsweise Anschreibung zwecks Kontaktaufnahme, Prospekte, Kataloge und Preislisten.

Die Herausgabe von <u>Geschäftsberichten</u> ist für Aktiengesellschaften Pflicht.[1] Sowohl über aktuelle und potentielle Lieferanten als auch über aktuelle und potentielle Beschaffungskonkurrenten können aus diesen Publikationen, allerdings eher globale und häufig "geschönte" Informationen[2] gewonnen werden.

<u>Amtliche Statistiken</u> stellen einen weiten Bereich möglicher Datenauswertung dar. Bedeutsam ist hier vor allem das Statistische Jahrbuch für die Bundesrepublik Deutschland.[3] Innerhalb dieses Jahrbuchs sind für den Beschaffungsmarktforscher besonders die Abschnitte 'Produzierendes Gewerbe' 'Außenhandel', 'Verkehr', 'Löhne und Gehälter' sowie 'Preise' von Interesse. Neben dem Statistischen Jahrbuch können aber auch die Umsatzsteuerstatistik, die Auftragseingangsstatistik[4] sowie Veröffentlichungen der Statistischen Landesämter als Marktforschungsquellen herangezogen werden.

<u>Handbücher und Firmenverzeichnisse</u> bieten einen systematischen Überblick über potentielle Lieferanten. Beispiele für solche Zusammenstellungen sind 'Wer liefert was?'[5], 'Kompass'[6], 'Handbuch der Großunternehmen'[7], 'Verbände,

---

1) Vgl. dazu auch: o.V.: Geschäftsberichte - Mehr Pflicht als Kür, in: Wirtschaftswoche Nr. 23 v. 3.6.1983, S. 42 ff.

2) Vgl. ebenda; vgl. auch Damrow, H.: Eine Fundgrube für Wirtschaftsinformationen - Der moderne Geschäftsbericht ist aussagekräftiger geworden, in: Blick durch die Wirtschaft v. 15.8.1983, S. 3; Klein, H.: Beschaffungsmarktforschung,in: Der industrielle Einkauf,Heft 4,1972, S. 50 f., Heft 5,1972, S. 22 f., Heft 6,1972, S.21 u.24.

3) Vgl. bspw. Statistisches Bundesamt (Hrsg.): Statistisches Jahrbuch 1984 für die Bundesrepublik Deutschland, Stuttgart/Mainz 1984; vgl. dazu detaillierter Strache, H.(Hrsg.): Beschaffungsmarktforschung, a.a.O., S. 198.

4) Vgl. Stark, H.: Beschaffungsmarktforschung und Beschaffungsmarketing, a.a.O., S. 10.

5) Vgl. Bezugsquellennachweis für den Einkauf "Wer liefert was?" GmbH (Hrsg.): Wer liefert was? Hamburg 1980.

6) Vgl. Kompass Deutschland Verlags- und Vertriebsgesellschaft mbH (Hrsg.): Kompass, 8.Ausgabe 1980/81, Freiburg o.J.

7) o.V.: Handbuch der Großunternehmen, 14. Aufl., Darmstadt 1967.

Behörden, Organisationen der Wirtschaft'[1],'Die großen 500'[2] und nicht zuletzt die Branchenfernsprechbücher der Deutschen Bundespost. Fachzeitschriften mit allgemeiner betriebswirtschaftlicher oder technischer Themenstellung und solche, die sich speziell mit Beschaffungsfragen auseinandersetzen, wie beispielsweise 'Beschaffung aktuell', können sowohl im redaktionellen als auch im Anzeigenteil für den Beschaffungsmarktforscher relevante Informationen enthalten. Gleiches gilt für regionale und überregionale Tageszeitungen. Schließlich seien als sekundäre Informationsquellen der Beschaffungsmarktforschung noch Veröffentlichungen von Banken und Instituten, wie beispielsweise RWI, IFO, DIW, Battelle, HWWA, GfK, DIVO, WSI[3] genannt.

Die Datensuche (Primärquellen) läßt sich danach untergliedern, ob die beschaffende Unternehmung selbst die Informationen erhebt (Eigensuche) oder sich aber an unternehmensfremde Auskunftspersonen bzw. -institutionen wendet, die dann als Informationserheber und -übermittler dienen (Fremdsuche).[4] Im Rahmen der Eigensuche ist als erste Quelle die Betriebsbesichtigung[5] beim Lieferanten zu erwähnen. In aller Regel wird mit einer solchen Beobachtung beim Lieferanten auch ein Gespräch, eine Lieferantenbefragung verbunden, wobei versucht wird, die relevanten Informationen mündlich von Repräsentanten des Lieferanten zu erhalten. Eine solche Befragung ist aber auch in schriftlicher oder telefonischer Form denkbar.[6]

---

1) Vgl. o.V.: Verbände, Behörden, Organisationen der Wirtschaft 1970, Darmstadt 1970.
2) Vgl. Grotkopp, W./Schmacke, E.: Die großen 500, Düsseldorf 1970.
3) Vgl. Strache (Hrsg.): Beschaffungsmarktforschung, a.a.O., S. 188; vgl. dazu auch Köhler, K.: Rohstoffpreisindizes - Methodik und Aussagefähigkeit, Bremen 1976; o.V.: Weltrohstoffpreise, in: Beschaffung aktuell, Heft 3,1984, S.14.
4) Vgl. Schäfer, E./Knoblich, H.: Grundlagen der Marktforschung, a.a.O., S. 248.
5) Vgl. dazu bspw. Klein, H.: Beschaffungsmarktforschung, a.a.O.; Kern, F.: Vom Nutzen der Betriebsbesichtigungen, in: Blick durch die Wirtschaft v. 19.7.1983,S.1; Wenger, E.: Zielgerichtete Lieferantenbesuche sind nutzbringend, in: Beschaffung aktuell, Heft 5,1984, S. 28.
6) Vgl. Behrens, K.Chr.: Demoskopische Marktforschung, a.a.O., S. 62 ff.

Durch einen Erfahrungsaustausch mit Kollegen können grundsätzlich alle denkbaren Informationsinhalte erhoben werden. Zur Erhebung welcher Daten diese Quelle im konkreten Fall in Frage kommt, läßt sich nur im Einzelfall entscheiden, wobei hinzukommt, daß gerade beim Erfahrungsaustausch mit Kollegen dem Problem der Zuverlässigkeit besonderes Gewicht zukommt. Auf diese und andere Anforderungen an Quellen wird später noch einzugehen sein.[1]

Damit zusammenhängend können auch Fachtagungen als Informationsquelle für die Beschaffungsmarktforschung genutzt werden. Sowohl aus dem offiziellen Teil solcher Veranstaltungen als auch aus dem inoffiziellen Teil lassen sich interessierende Daten gewinnen, wobei im zweiten Fall der Übergang zur Quelle 'Erfahrungsaustausch mit Kollegen' fließend ist, da Fachtagungen den institutionellen Rahmen für einen solchen Erfahrungsaustausch darstellen können.

Eine wichtige Quelle der eigenen Datensuche stellen Messebesuche dar. Als Vorteile dieser Quelle können u.a. die Besichtigungsmöglichkeit des Beschaffungsobjekts, die unmittelbare Vergleichsmöglichkeit zwischen verschiedenen Anbietern, der persönliche Kontakt zu deren Repräsentanten, die Aktualität[2] sowie der häufig relativ vollständige Überblick über eine Branche betrachtet werden. Als größte Nachteile "müssen der relativ hohe finanzielle und zeitliche Aufwand für einen Messebesuch und die zeitliche Begrenzung von Messen und Ausstellungen angesehen werden"[3], was jedoch hinsichtlich des Leistungspotentials von Messen im Vergleich zu anderen Informationsquellen relativiert werden muß.

---

1) Vgl. Abschnitt 4.44 dieser Arbeit.
2) Vgl. Arnolds, H./Heege, F./Tussing, W.: Materialwirtschaft und Einkauf, a.a.O., S. 123.
3) Ebenda, S. 123; vgl. zu dieser Informationsquelle auch Orths, H.: Messevorbereitung, in: Beschaffung aktuell, Heft 3, 1984, S. 34; Mössner, K.-E.: Industriemessen und gewerbliche Ausstellungen als Informationsinstrument der Unternehmung, in: Die informierte Unternehmung, hrsg. v. H.Rühle v. Lilienstern, Berlin 1972, S. 153 ff.

Eine weitere Quelle der eigenen Datensuche sind Ausschreibungen bzw. Angebotseinholungen. Ohne hier auf die juristische Problematik dieser Informationsquelle näher einzugehen, läßt sich doch feststellen, daß bei Beachtung der rechtlichen Restriktionen durch den Vergleich verschiedener Angebote wesentliche Informationen vor allem über offenkundige Leistungen verschiedener Lieferanten gewonnen werden können.

Als weitergehenden Schritt kann man Probekäufe ansehen, die als Experiment im Rahmen der Datensuche betrachtet werden können.[1] Entscheidend hierbei ist, daß der Kauf nur bzw. in erster Linie zum Zweck der Informationsgewinnung erfolgt, das Beschaffungsobjekt beim Probekauf nicht aber als Produktionsfaktor dienen soll.

Neben der eigenen Datensuche kann auch die Informationserhebung durch unternehmensfremde Personen oder Institutionen (Fremdsuche) als Teilbereich der Primärmarktforschung betrachtet werden.[2] Diese externen Stellen erheben auf Anweisung und im Auftrag der beschaffenden Unternehmung die relevanten Informationen, werten sie möglicherweise auch aus und leiten sie an den Auftraggeber weiter. Zu denken ist hier zunächst an die Inanspruchnahme von Auskunfteien. Durch Auswertung von Sekundärmaterial und durch primäre Quellen versuchen diese Unternehmen, ökonomisch relevante Daten über - in diesem Fall - Lieferanten zusammenzustellen und stellen diese Informationen dann dem Beschaffer zur Verfügung.[3] Grenzen sind der Tätigkeit von Auskunfteien jedoch durch das Bundesdatenschutzgesetz gezogen.[4] Einen Überblick über Vorgehensweise und Inhalte bei einer Auskunft gibt Abbildung 42 (s.S. 216).

---

1) Vgl. Harlander, N./Platz, G.: Beschaffungsmarketing und Materialwirtschaft, a.a.O., S. 41; Behrens, K.Chr.: Demoskopische Marktforschung, a.a.O., S. 70 ff.

2) Vgl. ausführlicher Schäfer, E./Knoblich, H.: Grundlagen der Marktforschung, a.a.O., S. 51 ff.

3) Vgl. zu den möglichen Informationsinhalten auch Volk, H.: Wirtschaftsauskünfte für Unternehmensführung in schwieriger Zeit, in: Beschaffung aktuell, Heft 12, 1983, S.21.

4) Vgl. o.V.: Auskunfteien - Geschäft mit der Angst, in: Wirtschaftswoche Nr. 50 v. 10.12.1982, S. 57 ff.

Wie entsteht eine Auskunft?	Was enthält eine Auskunft?
Anfrage ↓	Firmenname
Geschäftsberichte, Bilanzen	Firmenanschrift
Handelsnachrichten und Tagespresse	Gesellschaftsform
Zeitungsanzeigen	Inhaber bzw. Gesellschafter
Einsichtnahme in Register	
Eintragungen im Handelsregister	Geschäftsführer bzw. Vorstand
Güterrechtsregister	Aufsichtsrat
Schuldnerregister	Gründung und Entwicklung der Firma
Inkassomeldungen	
Konkurse, Vergleiche	Branche und Produkte
Wechselproteste	
öffentliche Klagezustellungen	Mitarbeiter
Befragung von Lieferanten und Geschäftspartnern, Sachkundigen und Vertrauensleuten	Umsatz
	Grundeigentum
Erfahrungen im Zahlungsverhalten	Betriebseinrichtung
	Warenlager
Selbstauskunft	Außenstände
Prüfung der wirtschaftlichen Verflechtungen	Verbindlichkeiten
	Beteiligungen
Kontrolle und Vervollständigung der Archivunterlagen	Bonitätsbeurteilung
	Bankverbindung
	Kreditbeurteilung
↓ Auskunft	Beantwortung der speziellen Kreditfragen oder anderer Sonderfragen

Abb. 42: Vorgehensweise und Inhalte bei einer Wirtschaftsauskunft 1)

Außer den auf Auskünfte spezialisierten Unternehmen können auch <u>Banken Auskünfte erteilen</u>, wobei in diesem Fall die Grenzen durch das Bankgeheimnis noch enger als im vorangehend beschriebenen Fall gesetzt sind.

---

1) Entnommen aus o.V.: Auskunfteien - Geschäft mit der Angst, in: Wirtschaftswoche Nr. 50, a.a.O., S. 61.

Eine weitere mögliche Quelle stellen Auskünfte durch Verbände oder Kammern, beispielsweise die Industrie- und Handelskammern dar, die aufgrund der anderen Tätigkeitsschwerpunkte stärker als Bankauskünfte auf eine Branche ausgerichtet sein können. Auch selbständige Absatz- bzw. Beschaffungsmittler wie zum Beispiel (Rohstoff-)Makler oder Handelsvertreter können als Informationslieferanten in Frage kommen. Der Vorteil bei Inanspruchnahme dieser Auskunftspersonen besteht in der üblicherweise sehr genauen Marktkenntnis, ein Nachteil in der durch Eigeninteresse möglicherweise gefärbten Informationsabgabe.

Die Zusammenarbeit mit Marktforschungsinstituten wird hier nicht als Quelle im Rahmen der Beschaffungsmarktforschung betrachtet, da es sich letztendlich hierbei um eine andere Fragestellung, nämlich die nach Selbstdurchführung oder Ausgliederung handelt. Auch Marktforschungsinstitute sind bei der Informationserhebung auf die oben angeführten Quellen angewiesen. Da im Rahmen dieser Arbeit mehr die Funktionen, nicht so sehr die Institutionen der Marktforschung interessieren, soll dieser Aspekt daher hier vernachlässigt werden.

4.44 Kriterien zur Quellenselektion

Aus der Vielzahl der oben auf einem mittleren Abstraktionsniveau beschriebenen Informationsquellen sind bei entscheidungsorientierter Betrachtung der Beschaffungsmarktforschung nun die im konkreten Fall sinnvollerweise benutzbaren Quellen auszuwählen. Auch diese Auswahl muß im Rahmen dieser Arbeit bei Verfolgung des Ziels der Vollständigkeit relativ abstrakt bleiben. Dennoch sollte es möglich sein, im folgenden Hinweise darauf zu geben, was zweckmäßig ist, so daß die folgenden Ausführungen im konkreten Fall als Basis für detailliertere Überlegungen dienen können.

Zunächst ist im Rahmen der hier angewandten Vorgehensweise danach zu fragen, von welchen Kriterien die Wahl der heranzuziehenden Quellen abhängen kann.

Es liegt auf der Hand, daß als wichtigste Selektionskriterien die zu erhebenden Informationsinhalte zu betrachten sind[1], da die Möglichkeit der Ermittlung der benötigten, vorher festgelegten Informationsinhalte[2] letztendlich das Ziel der Quellenauswahl darstellt. Eine Quelle, die nicht die benötigten Informationsinhalte bereitstellen kann, ist im konkreten Fall für die Beschaffungsmarktforschung völlig nutzlos.

Eine zweite Kriteriengruppe stellen die Anforderungen dar, die an die zu erhebenden Informationen und damit mittelbar oder unmittelbar an die heranzuziehenden Quellen gestellt werden.

Das letzte Auswahlkriterium betrifft das Beschaffungsobjekt selbst, für das Marktforschung betrieben werden soll, denn nicht jede Informationsquelle steht für alle Beschaffungsobjekte zur Verfügung. Zu beachten ist also in diesem Zusammenhang das restriktive Kriterium der beschaffungsobjektdeterminierten Quellenverfügbarkeit.

In den folgenden Abschnitten sollen Zusammenhänge und Konsequenzen, die sich aus diesen Kriteriengruppen ergeben, näher erläutert werden.

---

1) Vgl.auch Arnolds, H./Heege, F./Tussing, W.: Materialwirtschaft und Einkauf, a.a.O., S. 121 ff.; Strache, H.(Hrsg.): Beschaffungsmarktforschung, a.a.O., S. 188 ff.; Schmuda, K.W.: Informationsquellen ermitteln die Methode, in: Beschaffung aktuell, Heft 3,1977, S. 24.
2) Vgl. Abschnitt 4.3 dieser Arbeit.

4.441 Informationsinhalte

In der Literatur zu Fragen der Beschaffungsmarktforschung lassen sich bisweilen mehr oder weniger systematische Hinweise darauf finden, welche Quellen zur Erhebung welcher Daten geeignet sind.[1] Ausgehend von diesen literarischen Aussagen zum Zusammenhang zwischen Informationsinhalten und benutzbaren Quellen und ergänzt durch Analysen und Plausibilitätsüberprüfungen der verschiedenen Quellen, wird in Abbildung 43 (s.S. 220) eine Zuordnung der in Abschnitt 4.43 beschriebenen Informationsquellen zu den grundsätzlich möglichen Informationsinhalten[2] vorgenommen, die im folgenden näher erläutert werden soll. Dabei stellen die Informationsinhalte die unabhängige Variable dar, die Informationsquellen die davon abhängige Variable. Es sollen jedoch nicht alle Zuordnungen detailliert beschrieben werden, sondern vielmehr tendenzielle Schwerpunkte aufgezeigt werden.

Zur Erhebung offenkundiger Lieferantenleistungen kommen im Rahmen der Datenauswertung vor allem eigene Dispositionsunterlagen, Lieferantenwerbung und Lieferantengeschäftsberichte, partiell auch Handbücher und Firmenverzeichnisse in Frage. Eigene Dispositionsunterlagen können jedoch nur in solchen Fällen herangezogen werden, wo ein wie auch immer gearteter, schriftlich festgehaltener Kontakt zum Lieferanten bereits bestand bzw. besteht.
Im Rahmen der Datensuche sind besonders die Lieferantenbefragung, Ausschreibung und Angebotseinholung, Messebesuch sowie die Befragung von Maklern bzw. Vertretern zur Feststellung offenkundiger Lieferantenleistungen bedeutsam.

---

[1] Vgl. bspw. Wenger, E.: Beschaffungsmarktforschung - Sicherheit für die bestmöglichste Kaufentscheidung, in: Beschaffung aktuell, Heft 4,1979, S. 104; Stark, H.: Beschaffungsmarktforschung und Beschaffungsmarketing, a.a.O., S. 10: Strache, H. (Hrsg.): Beschaffungsmarktforschung, a.a.O., S. 189 ff.; Arnolds, H./Heege, F./Tussing, W.: Materialwirtschaft und Einkauf, a.a.O., S. 121 ff.

[2] Vgl. Abschnitt 4.31 dieser Arbeit.

	Leistungen								Lieferantendaten					Konkurrentendaten						Rahmendaten		
Informationsinhalte / Quellen	Quantität	Gest.mitt.	Service	Distribut.	Entgelt	Kommunik.	Trends	Ansprüche	Potentiale	Ziele	Strategien	Stellung	Trends	Bedarf	Potentiale	Ziele	Strategien	Stellung	Trends	Marktstruktur	Allgemeine Umwelt	Trends
Dispositionsunterlagen	X	X	X	X	X	X	X	X	(X)	(X)	(X)	(X)	(X)									
Lieferantenwerbung	X	X	X	X	X	X	X		(X)	(X)	(X)	(X)	(X)									
Geschäftsber. (Lief.)	X	X	X	X	X	X	X	(X)	X	X	X	X	X							X	X	X
Geschäftsber. (Konk.)														X	X	X	X		X	X	X	X
Amtliche Statistiken	X						(X)					(X)						(X)		X	X	X
Handbücher / Firmenverz.		X	X						X		X											
Fachzeitschriften	(X)	X	(X)	(X)	(X)		(X)	(X)	X	(X)	(X)	X	(X)		(X)	(X)		(X)		X	X	X
Tageszeitungen		(X)		(X)		(X)	(X)		X	(X)	(X)	X	(X)	(X)	(X)	(X)		(X)		X	X	X
Bankveröffentl.																				(X)	(X)	(X)
Institutsveröffentl.	(X)	(X)																		(X)	(X)	(X)
Betriebsbesichtigung	X	X					X	X		(X)		(X)										
Lieferantenbefragung	X	X	X	X	X	X	X	X	X	X	X	X	X	(X)				X		X	X	X
Erfahrungsaustausch mit Kollegen	X	X	X	X	X	X	X	(X)	X	X	X	X	X	(X)	(X)	(X)		(X)		X	X	X
Fachtagungen	(X)	(X)	(X)	(X)	(X)	(X)	(X)	(X)				(X)	(X)	(X)	(X)		(X)		X	X	X	
Messebesuche	X	X	X	X	X	X	X													X	X	X
Ausschreibungen, Angebotseinhol.	X	X	X	(X)	X	(X)	(X)	X														
Bankauskünfte									X	(X)	(X)	X	X							X	X	X
Auskunfteien									X	(X)	(X)	X	X									
Verbandsanfrage	X	X		(X)			(X)	X		X	X	X						(X)		X	X	X
Makler/Vertreter	(X)	(X)	X	X	X	X	X	X	(X)	X	X	(X)	(X)	(X)	X	X	(X)	(X)	(X)	(X)	(X)	(X)

X = Quelle ist geeignet
(X) = Quelle ist bedingt geeignet

Abb. 43: Informationenabhängige Quellenschwerpunkte in der Beschaffungsmarktforschung

Lieferantenansprüche können unter Umständen aus eigenen Dispositionsunterlagen ermittelt werden, wenn beispielsweise in zurückliegenden Bestellungen besondere Beistellungen für die Produktion, besondere Liefer- oder Zahlungsweisen und anderes vereinbart worden ist. Auch zurückliegende Korrespondenz kann hier entsprechende Anhaltspunkte geben. Ebenso können Geschäftsberichte des Lieferanten sowie Fachzeitschriften und Tageszeitungen in diesem Bereich als Quellen herangezogen werden, wenn sie beispielsweise Aufschluß geben über Liquiditäts- oder Kapazitätsprobleme des Lieferanten, von denen unmittelbare Rückschlüsse auf die entsprechenden Ansprüche möglich sind. Aussagefähiger als die Datenauswertung dürfte jedoch gerade bei den Lieferantenansprüchen die Datensuche sein. Durch eine Betriebsbesichtigung können Schwachstellen im Rahmen der Produktion und Materialbewirtschaftung des Lieferanten erkannt werden, von denen ebenso wie oben bereits auf Ansprüche zurückgeschlossen werden kann. Noch weiter geht die Lieferantenbefragung, mit deren Hilfe, sofern der Lieferant auskunftswillig ist, grundsätzlich alle gegebenen Ansprüche ermittelt werden können. Auch Messebesuche, Ausschreibungen und Angebotseinholung sowie der Kontakt zu Maklern bzw. Vertretern können die Möglichkeit bieten, auf die Lieferantenansprüche zu schließen.

Zur Erhebung von Lieferantendaten als leistungs- und anspruchsbestimmende Faktoren sind im Rahmen der Datenauswertung vor allem Geschäftsberichte der Lieferanten bedeutsam. Aus dieser Quelle können Informationen über Potentiale, Ziele, Strategien, über die Marktstellung der Lieferanten und auch über Trends gewonnen werden.[1] Problematisch kann diese Quelle jedoch im Hinblick auf die Verläßlichkeit sein, da die Informationen aufgrund der PR-Zielsetzung möglicherweise 'geschönt' sind.[2] Weitere

---

1) Vgl. o.V.: Geschäftsberichte - Mehr Pflicht als Kür, a.a.O., S. 42 ff.; Damrow, H.: Eine Fundgrube für Wirtschaftsinformationen - Der moderne Geschäftsbericht ist aussagefähiger geworden, a.a.O.

2) Vgl. o.V.: Geschäftsberichte - Mehr Pflicht als Kür, a.a.O., S. 42 ff.; siehe dazu auch Abschnitt 4.442 dieser Arbeit.

mögliche Quellen zur Erhebung von Lieferantendaten bilden die eigene Korrespondenz mit Anbietern, die Lieferantenwerbung sowie alle redaktionellen Beiträge über einzelne Unternehmen in Fachzeitschriften und Tageszeitungen. Im Bereich der Datensuche kommen der Lieferantenbefragung und dem Erfahrungsaustausch mit Kollegen besondere Bedeutung zu, wobei allerdings, wie oben schon erwähnt, das Problem der Auskunftsbereitschaft besteht. Daneben bieten sich teilweise das Einholen von Bank- oder Verbandsauskünften, die Inanspruchnahme von Auskunfteien[1] sowie die Befragung von Maklern bzw. Vertretern an. Über die Potentiale des Lieferanten, vor allem Produktionspotentiale, lassen sich darüber hinaus Informationen durch eine Betriebsbesichtigung gewinnen.

Zur Erhebung von Konkurrentendaten als Einflußfaktoren auf Lieferantenleistungen und -ansprüche können bei der Datenauswertung ebenso wie bei den Lieferantendaten Geschäftsberichte, in diesem Fall solche der Konkurrenten, sowie Presseberichte über auf dem Beschaffungsmarkt konkurrierende Unternehmen in Fachzeitschriften und Tageszeitungen herangezogen werden. Im Bereich der Datensuche können Informationen möglicherweise durch Erfahrungsaustausch mit Kollegen, durch Besuch von Fachtagungen oder durch Befragung von Maklern oder Vertretern gewonnen werden, wobei jedoch grundsätzlich die Erhebung von Konkurrentendaten durch Datensuche als relativ problematisch anzusehen ist. Einen Sonderfall bildet die Ermittlung von Strategien und Marktstellung aktueller Beschaffungskonkurrenten. Hier kann es sinnvoll sein, eigene Lieferanten zu befragen, obwohl auch in diesem Fall der Auskunftsbereitschaft häufig Grenzen gesetzt sein dürften.

---

1) Vgl. auch Abschnitt 4.43 dieser Arbeit

Es ist nicht verwunderlich, daß die Quellen zur Erhebung von <u>Rahmendaten</u> am zahlreichsten sind, da diese Informationenkategorie die allgemeinste darstellt. Wichtigste Quellen der Datenauswertung stellen hierbei mit unterschiedlichen Schwerpunkten die amtlichen Statistiken dar. Aber auch aus Geschäftsberichten von Lieferanten und Konkurrenten können solche Informationen gewonnen werden. Es ist selbstverständlich, daß in diesem Bereich der Informationsschwerpunkt von Fachzeitschriften und noch mehr von Tageszeitungen liegt. Banken- und Institutsveröffentlichungen sind vor allem dann von Interesse, wenn sie sich auf internationale Märkte beziehen.

Daß Lieferantenbefragungen, Erfahrungsaustausch mit Kollegen, der Besuch von Fachtagungen und Messen geeignet sind, diese Informationen zu erheben, braucht wohl nicht näher erläutert zu werden. Auskünfte von Banken und Verbänden sind, wie deren Publikationen, vor allem bei überregionalen Märkten interessant. Besonders in diesem Fall sind Informationen auch durch Makler oder Vertreter zu erhalten, da diese in der Regel spezifisches Detailwissen bezüglich bestimmter Beschaffungsobjekte besitzen.

4.442 Anforderungen an die Informationen

Die Literatur über Fragen der Beschaffungsmarktforschung bietet nur wenige Anhaltspunkte, welche Anforderungen unter welchen Bedingungen an die zu erhebenden Informationen zu stellen sind. Arnolds, Heege und Tussing beispielsweise nennen in diesem Zusammenhang Objektivität und Vertrauenswürdigkeit, Aktualität und Kosten.[1] Um zu einer fundierten Betrachtung zu gelangen, erscheint es jedoch notwendig, zunächst allgemeine Eigenschaften und Merkmale von Informationen zu beschreiben, worauf dann zu analysieren ist, inwieweit diese Merkmale als Anforderungen an Informationen und damit an die der Informationserhebung dienenden Quellen interpretiert werden können.

Als Gütekriterien zur Beurteilung von Informationen werden üblicherweise genannt:
- Problemrelevanz
- Wahrscheinlichkeit
- Bestätigungsgrad
- Überprüfbarkeit
- Genauigkeit
- Aktualität [2]

Hinzu kommen können die Kriterien 'zeitlicher Bezug', 'Sensitivität des durch die Information beschriebenen Parameters', 'Gehalt an Hinweisen für neue Alternativen'[3], 'Verfügbarkeit der Information', 'Art der Informationsdokumentierung' sowie 'Informationskosten'.[4]

---

[1] Vgl. Arnolds, H./Heege, F./Tussing, W.: Materialwirtschaft und Einkauf, a.a.O., S. 122; vgl. dazu auch: Bahlmann, A.R.: Informationsbedarfsanalyse für das Beschaffungsmanagement, Gelsenkirchen 1982; Bidlingmaier, J.: Marktforschung und unternehmerische Entscheidung, in: Handbuch der Marktforschung, hrsg. v. K.Chr. Behrens, Wiesbaden 1977, S. 841 ff.

[2] Vgl. Berthel, J.: Betriebliche Informationssysteme, a.a.O., S. 39 f.

[3] Vgl. Pümpin, C.: Information und Marketing, St.Gallen 1973, S. 82 ff.

[4] Vgl. Stichwort 'Informationseigenschaft', in: Grundbegriffe der Unternehmungsplanung, hrsg. v. N. Szyperski u. U. Winand, a.a.O., S. 97; vgl. zu den Informationseigenschaften in Bezug auf Marktforschung auch Berekoven, L./Eckert, W./Ellenrieder, P.: Marktforschung, a.a.O., S. 30

Versucht man nun, die Vielzahl der genannten Kriterien zu ordnen und außerdem diese auf ihre Relevanz hinsichtlich der hier verfolgten Vorgehensweise zu analysieren, so bietet es sich an, die Dimensionen der Informationsanforderungen in Analogie zum material- bzw. beschaffungswirtschaftlichen Optimum zu bilden. Das 'informationswirtschaftliche Optimum' wäre demnach dann erreicht, wenn alle benötigten Informationen "in der erforderlichen Menge und Güte, zur rechten Zeit und am rechten Ort zu möglichst geringen Kosten bereitgestellt werden"[1] könnten. Daraus lassen sich als Anforderungsdimensionen unmittelbar die Mengen-, Güte-, Zeit-, Orts- und Kostendimension bestimmen. Da die Ortsdimension die Fragen nach Speicherung, Darstellung und Weiterleitung der Informationen berührt, welche in Abschnitt 4.5 behandelt werden, kann sie an dieser Stelle zunächst vernachlässigt werden.

Als Informationsanforderungen im Hinblick auf die verschiedenen Quellen sollen somit hier die folgenden Kriterien verstanden werden:

- Datenumfang (Mengendimension), d.h. wie groß ist der Informationsumfang einer bestimmten Quelle?
- Datenverläßlichkeit (Gütedimension)
  . Sicherheit
  . Genauigkeit
- Datenaktualität (Zeitdimension)
  . im Erhebungszeitpunkt
  . Aktualitätsdauer, d.h. wie lange nach der Erhebung ist die Information sinnvoll verwendbar?
- Datengewinnungskosten

Kurz sei noch auf einige weitere, in anderen Zusammenhängen behandelte Kriterien hingewiesen. Die Frage nach der Problem-

---

[1] Grochla, E./Schönbohm, P.: Beschaffung in der Unternehmung, a.a.O., S. 37.

relevanz bzw. nach dem "Wissensbeitrag einer Information"[1] braucht an dieser Stelle nicht mehr gestellt zu werden, da durch die bereits erfolgte Auswahl zu erhebender Daten nach Inhalt und Umfang sichergestellt ist, daß der Wissenstatbestand zur Problemlösung beiträgt. Gleiches gilt für die Sensitivität des durch die Information beschriebenen Parameters sowie für den Gehalt an Hinweisen für neue Alternativen. Das Kriterium der Verfügbarkeit der Information als Anforderung an die Quellen wird durch den vorangehenden und den nachfolgenden Abschnitt abgedeckt.

Im Sinne der entscheidungsorientierten Behandlung des gesamten Problemfeldes müssen nun die verschiedenen Quellen in bezug auf die Anforderungen bewertet werden. Eine solche tendenzielle Zuordnung ist in Abbildung 44 (s.S. 227) dargestellt.

Ohne hier auf Einzelbewertungen, die aufgrund der Zusammenfassung und Abstraktion verschiedener Quellen ohnehin nur tendenzieller Art sein können, detailliert eingehen zu wollen, läßt sich doch einiges Grundsätzliches zur Anforderungsadäquanz der verschiedenen Quellen sagen.
Von wesentlicher Bedeutung ist dabei die Unterscheidung zwischen Sekundär- und Primärquellen. Da nämlich die Sekundärquellen dadurch gekennzeichnet sind, daß schon Informationen, für andere Zwecke erhoben, vorliegen, die nun 'nur' anders geordnet und ausgewertet werden müssen, sind Informationen durch Sekundärquellen tendenziell kostengünstiger zu erheben als durch Primärquellen.[2]

---

1) Pümpin, C.: Information und Marketing, a.a.O., S. 83.
2) Vgl. bspw. Berekoven, L./Eckert, W./Ellenrieder, P.: Marktforschung, a.a.O., S. 44; Lehmeier, H.: Grundzüge der Marktforschung, a.a.O., S. 32; Hammann, P./Erichson, B.: Marktforschung, a.a.O., S. 25

Anforderungen \ Quellen	große Verläßlichkeit			große Aktualität		geringe Kosten
	großer Umfang	große Sicherheit	große Genauigkeit	statisch	dynamisch	
Dispositionsunterlagen	o	+	+	o	o	+
Lieferantenwerbung	−	o	−	+	−	+
Geschäftsber. (Lief.)	−	o	o	−	−	+
Amtliche Statistiken	−	+	−	−	−	+
Handbücher/ Firmenverz.	−	+	o	−	−	+
Fachzeitschriften	o	o	−	+	o	+
Tageszeitungen	o	o	−	+	−	+
Bankveröffentl.	−	+	+	o	o	+
Institutsveröffentl.	o	+	o	o	o	o
Betriebsbesichtigung	o	+	−	+	+	−
Lieferantenbefragung	+	−	−	+	o	−
Erfahrungsaustausch mit Kollegen	+	−	−	o	o	o
Fachtagungen	o	o	+	o	o	−
Messebesuche	+	o	+	+	+	−
Ausschreibg. Angebotseinh.	−	+	+	+	o	+
Bankauskünfte	−	+	+	+	o	o
Auskunfteien	+	+	+	+	o	−
Verbandsanfr.	o	+	+	+	o	o
Makler/ Vertreter	−	−	−	+	+	+

+ = Anforderung wird gut erfüllt
o = Anforderung wird weniger gut erfüllt
− = Anforderung wird schlecht erfüllt

Abb. 44: Anforderungsbezogene Quellenbewertung

So ist beispielsweise die Auswertung eigener Dispositionsunterlagen oder gesammelter Lieferantenwerbung bezüglich der Leistungsfähigkeit eines Lieferanten unter Kostenaspekten sicherlich als günstig zu bewerten, da hierbei im wesentlichen nur relativ geringe eigene Personalkosten anfallen.

Die Nachteile sekundärer Informationsquellen bestehen jedoch darin, daß die bereitgestellten Informationen tendenziell nicht aktuell und auch, aufgrund anderer Zwecksetzungen, nicht genau genug sind.[1] Besonders deutlich wird dieser Aspekt bei amtlichen Statistiken. Sollen beispielsweise Informationen über die durchschnittliche Kostenstruktur bei Herstellern von Drehbänken erhoben werden und wird dazu das 'Statistische Jahrbuch 1984 für die Bundesrepublik Deutschland' herangezogen, so stellt man fest, daß die entsprechenden Zahlen aus dem Jahr 1981 stammen, also mittlerweile drei Jahre alt sind.[2] Hinsichtlich der Datengenauigkeit kommt erschwerend hinzu, daß Hersteller von Drehbänken hier natürlich nicht separat aufgeführt sind, sondern in die Kategorie 'Maschinenbau' fallen.[3] Wegen der Heterogenität der Maschinenbauunternehmungen lassen sich somit keine genauen Informationen über den interessierenden Sachverhalt aus dieser Statistik gewinnen.

---

1) Vgl. Schäfer, E./Knoblich, H.: Grundlagen der Marktforschung, a.a.O., S. 253; Berekoven, L./Eckert, W./Ellenrieder, P.: Marktforschung, a.a.O., S. 47; Lehmeier, H.: Grundzüge der Marktforschung, a.a.O., S. 32 u. 36
2) Vgl. Statistisches Bundesamt (Hrsg.): Statistisches Jahrbuch 1984 für die Bundesrepublik Deitschland, a.a.O., S. 175
3) Vgl. ebenda, S. 175

Vor- und Nachteile der Sekundärquellen kehren sich für die Primärquellen tendenziell um. Wegen der speziell auf den Untersuchungszweck abgestimmten Erhebung ist die Verläßlichkeit von Primärquellen in der Regel größer als die der Sekundärquellen. Außerdem sind die durch Primärquellen zur Verfügung gestellten Informationen grundsätzlich aktueller, da gerade nicht auf in der Vergangenheit ermittelte Daten zurückgegriffen wird, sondern die neuesten Informationen erhoben werden können. Auf der anderen Seite bedingen die einzelnen Primärquellen in der Regel einen größeren Erhebungsaufwand und damit größere Kosten als die Sekundärquellen, was jedoch hinsichtlich des Informationsumfangs und bezüglich der schon erwähnten anderen Anforderungen zu relativieren ist, so daß dem Vorschlag, grundsätzlich Sekundärquellen zu präferieren[1], nicht gefolgt werden kann.[2]

---

1) Vgl. Schäfer, E./Knoblich, H.: Grundlagen der Marktforschung, a.a.O., S. 252 f.; Berekoven, L./Eckert, W./Ellenrieder, P.: Marktforschung, a.a.O., S. 44

2) Vgl. zur situationsspezifischen Relevanz verschiedener Anforderungen S. 232 dieser Arbeit

4.443 Objektdeterminierte Quellenverfügbarkeit als restriktives Kriterium

Bei der Planung der zu benutzenden Quellen sind jedoch nicht nur Informationsinhalte und -anforderungen als Selektionskriterien zu berücksichtigen, sondern es muß auch beachtet werden, welche Restriktionen das Entscheidungsfeld möglicherweise einschränken. Die bedeutendste Restriktion dieser Art resultiert aus dem Beschaffungsobjekt, für das Marktforschung betrieben werden soll. Es ist bislang nämlich nicht geklärt, ob die Quelle für das ausgewählte Beschaffungsobjekt überhaupt zur Verfügung steht. Ohne hier vollständig sein zu können, soll an einigen Beispielen verdeutlicht werden, was damit gemeint ist.

Es wurde oben bereits darauf hingewiesen, daß eigene Dispositionsunterlagen als Informationsquelle nur dann in Frage kommen, wenn irgendein Kontakt zum Lieferanten bereits besteht. Schon in dem Fall, daß sich dieser Kontakt auf ein anderes als das zur Marktforschung ausgewählte Beschaffungsobjekt bezieht, ist der Aussagewert dieser Quelle stark eingeschränkt, da sie dann unter Umständen nur noch Informationen über Ansprüche oder leistungs- und anspruchsbestimmende Daten des Lieferanten bereitzustellen vermag, ohne jedoch Aufschluß zu geben über unmittelbare Lieferantenleistungen.

Bei Geschäftsberichten sowohl auf Lieferanten- als auch auf Konkurrentenseite ist zu beachten, daß diese Quelle nur bei solchen Unternehmen in Betracht kommt, die der Publizitätspflicht unterliegen, in der Regel also bei Aktiengesellschaften. Auch in Handbüchern und Firmenverzeichnissen sind größere Unternehmen in der Regel überrepräsentiert. Betriebsbesichtigungen und ebenso Lieferantenbefragungen sind als Quelle nur dann sinnvollerweise zu verwenden, wenn es sich um ein Objekt handelt, das regional oder national beschafft wird. Bei Lieferanten beispielweise in Fernost dürfte eine Betriebsbesichtigung kaum mehr in Frage kommen. Denkbar wäre in diesen Fällen allenfalls eine schriftliche Lieferantenbefragung, die jedoch aufgrund der großen räumlichen Distanz erhebliche Schwierigkeiten bereiten dürfte.

So trivial es klingt, ein Messebesuch kann nur dann als Informationsquelle dienen, wenn für das zu beschaffende Objekt auch mindestens eine Messe veranstaltet wird. Bei sehr komplexen Objekten ist dies normalerweise nicht der Fall, so daß dann diese Quelle nicht oder, sind potentielle Lieferanten mit ähnlichen, vereinfachten Objekten auf Messen vertreten, nur mit Einschränkungen und in Verbindung mit anderen Quellen, aus denen dann speziellere Informationen entnommen werden müssen, verwendbar ist. Die Befragung von Maklern bzw. Vertretern ist nur dann möglich, wenn diese auch tatsächlich in den Absatz- bzw. Beschaffungsprozeß des betreffenden Beschaffungsobjekts involviert sind, beispielsweise im Falle der Rohstoffmakler.

Diese wenigen Beispiele mögen genügen, um zu verdeutlichen, daß die objektabhängige Quellenverfügbarkeit eine entscheidende Restriktion bei der Quellenselektion darstellt. Welche Quellen allerdings in einem konkreten Fall benutzt werden können, hängt sehr stark vom Einzelfall ab und kann auf abstrakterer Ebene kaum entschieden werden.

4.45 Vorgehensweise zur Quellenselektion

Nach der Darstellung der Kriterien, von denen die Wahl der zugrundegelegten Quelle(n) abhängt, ist nun zu klären, wie in einem konkreten Fall die Verknüpfung der Kriterien zu einer Gesamtentscheidung vollzogen werden soll.
Die einfache Grundüberlegung besteht dabei darin, daß das Ziel der Quellenselektion darin besteht, mit den auszuwählenden Quellen die erforderlichen, vorher festgelegten Informationsinhalte[1] zu erheben. Daher muß die informationsinhaltsdeterminierende Quellenselektion die erste, weil grobmaschigste Teilselektion, bilden. Den ersten Schritt dieser Teilselektion bildet die Zugrundelegung der allgemeinen Informationsinhalte/Quellen-Matrix)[2].

---
1) Vgl. Abschnitt 4.3 dieser Arbeit.
2) Vgl. Abbildung 43, S. 220

Im zweiten Schritt werden die konkreten, zu erhebenden Informationsinhalte aus Analysesegment 2 übernommen[1]) und diesen Informationsinhalten aus der allgemeinen Matrix die in Frage kommenden Informationsquellen zugeordnet. Das so gewonnene Ergebnis der ersten Teilselektion bilden die beschaffungsobjekt- und anforderungsneutralen Quellenschwerpunkte.

Es erscheint zweckmäßig, in der zweiten Selektionsphase nun die informationsinhaltsdeterminierten Quellenalternativen insofern zu reduzieren, als sie auf ihre objektdeterminierte Verfügbarkeit[2]) hin überprüft werden. Durch diese vorgezogene Analyse des restriktiven Kriteriums soll vermieden werden, daß solche Quellen hinsichtlich ihrer Anforderungsadäquanz bewertet werden, die letztendlich aufgrund fehlender Verfügbarkeit ohnehin nicht herangezogen werden können. Das Ergebnis der zweiten Selektionsphase bilden dann die zur Erhebung der erforderlichen Informationsinhalte verfügbaren Informationsquellen.

Die Menge dieser Quellen bildet die Grundlage für die letzte Selektionsphase, in der die noch verbliebenen Quellenmöglichkeiten im Hinblick auf die Anforderungen an die zu erhebenden Informationen bewertet werden. Dazu ist im ersten Schritt zunächst zu analysieren, welches Gewicht den verschiedenen Anforderungen Datenumfang, Datenverläßlichkeit, Datenaktualität und Datengewinnungskosten beikommt. Anhaltspunkte für eine solche Gewichtung bieten Unternehmenspotentiale (z.B. Finanzpotential), Ziele, im wesentlichen die Beschaffungsziele Qualität, Sicherheit, Flexibilität und Kosten, sowie die konkrete Unternehmenssituation, speziell die Beschaffungssituation. Im zweiten Schritt werden die informationsinhaltsdeterminierten beschaffungsobjektbezogen möglichen Quellen aus der zweiten Selektionsphase übernommen und dann anhand der hierarchisierten Anforderungen reduziert. Diese Reduktion kann mittels eines Scoring-

---

1) Vgl. dazu auch Abbildung 14, S. 92 und Abschnitt 4.3, S. 139 ff. dieser Arbeit
2) Vgl. Abschnitt 4.443, S. 230 f. dieser Arbeit

Modells vorgenommen werden, auf dessen Darstellung jedoch hier verzichtet werden soll. Auf die grundsätzlichen Voraussetzungen und Probleme bei der Anwendung von Scoring-Modellen wurde oben bereits hingewiesen.[1]

Die möglichen Ergebnisse dieses Prozesses können in zwei Gruppen unterteilt werden. Im ersten, problemlosen Fall steht mindestens eine Quelle zur Verfügung, um für das konkrete Beschaffungsobjekt die benötigten Informationsinhalte anforderungsadäquat zu erheben, und man kann somit in die Realisationsphase der Beschaffungsmarktforschung eintreten. Im zweiten Fall ergibt sich als Ergebnis der Selektionsentscheidungen eine leere Menge, d.h. es gibt keine verfügbare Quelle, mit der die festgelegten Informationsinhalte den Anforderungen entsprechend erhoben werden können. Die Konsequenzen können in diesem Fall in zwei Richtungen gehen. Eine Möglichkeit besteht darin, die festgelegten Informationsinhalte dahingehend zu korrigieren, daß anstelle spezieller Daten, die nicht erhoben werden können, allgemeinere Informationsinhalte festgelegt werden, von denen dann Rückschlüsse auf die eigentlich interessierenden Sachverhalte möglich sind. So wäre es beispielsweise denkbar, anstelle von Informationen über Lieferantenansprüche solche über Lieferantenpotentiale zu erheben, um von diesen auf mögliche Ansprüche zu schließen. Statt Daten über Lieferanten oder Konkurrenten als Leistungs- und Anspruchsbestimmungsgründe zu sammeln, könnten allgemeine Daten beispielsweise über die technologische oder ökonomische Umwelt erhoben werden usw. Diese Konsequenz stellt also eine Rückkopplung zur Informationsselektionsphase (Filter 2)[2] dar.

Die zweite Möglichkeit besteht darin, nicht die zu erhebenden Informationsinhalte zu verändern, sondern die Informationsanforderungen zu reduzieren. Hierbei kann einerseits die Annahmegrenze im Scoring-Modell zur anforderungsdeterminierten Quellenselektion gesenkt werden, d.h. die Anforderungen können in summa gesenkt werden, oder es kann die

---

1) Vgl. Abschnitt 4.231, S. 129 ff. dieser Arbeit
2) Vgl. Abschnitt 4.3, S. 139 ff. dieser Arbeit

Gewichtung der Anforderungen geändert werden, d.h. einzelne Anforderungen werden reduziert.
Einen Gesamtüberblick über den vorstehend beschriebenen Entscheidungsprozeß zur Quellenselektion gibt Abbildung 45.

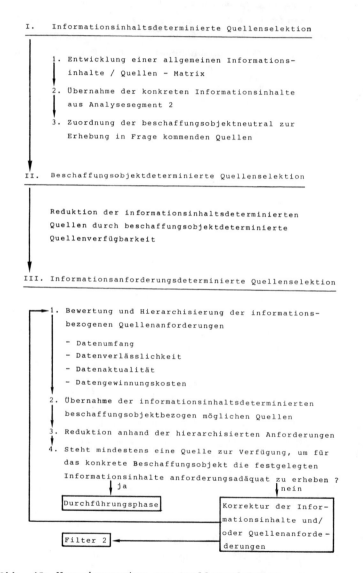

Abb. 45: Vorgehensweise zur Quellenselektion

4.5 Verarbeitung und Darstellung der Informationen

In der letzten Phase des Marktforschungsprozesses muß nach der Erhebung der relevanten Informationen entschieden werden, wie diese zu verarbeiten sind und welche, letztlich auch mit der Speicherung des Datenmaterials zusammenhängende Darstellungsform gewählt werden soll, da nur in Ausnahmefällen die einmalige Übermittlung eines einzigen Informationsinhalts dem Informationsbedarf des Entscheidungsträgers entspricht.
Vor allem bei einer langfristig und an den strategischen Aspekten der Beschaffung orientierten Beschaffungsmarktforschung ist es vielmehr notwendig, verschiedene Informationen zueinander in Beziehung zu setzen und für zukünftige Entscheidungen zu speichern.

Bei der Analyse von Beschaffungs- und Absatzmarktforschungsliteratur zeigen sich erhebliche Divergenzen hinsichtlich des hier zu behandelnden Problemkomplexes. Es überrascht sicherlich nicht, daß die Absatzmarktforschung hier sehr viel weiter entwickelt ist als die Beschaffungsmarktforschung. Im folgenden soll daher nach der Darstellung von beschaffungsmarktbezogenen Aussagen zu Auswertungs- und Darstellungsfragen der Versuch unternommen werden, Erkenntnisse aus der Absatzmarktforschung auf die Beschaffung zu übertragen.

Da die Kriterien zur Auswahl von Verarbeitungsverfahren, wie sich später noch zeigen wird, im wesentlichen die gleichen sind wie die zur Wahl der konkreten Darstellungsweise, ist es zweckmäßig, in der Selektionsphase, also bei der Beschreibung der Selektionskriterien und der Vorgehensweise zur Kriterienverknüpfung, beides, Verarbeitung und Darstellung, gemeinsam zu behandeln. Zunächst sollen jedoch die grundsätzlichen Möglichkeiten beschrieben werden.

4.51 Verarbeitungs- und Darstellungsmöglichkeiten in der Beschaffungsliteratur

Sicherlich ist es richtig, daß das Problem der Beschaffungsmarktforschung in erster Linie "nicht im Mangel an geeigneten Erhebungs- und Analysetechniken, sondern in Umfang und Auswahl der für die Durchführung der Beschaffungspolitik (...) notwendigen bzw. als notwendig erachteten Informationen"[1] liegt.
"All die geschilderten Informationsquellen nützen (jedoch, d.Verf.) nichts, wenn die Informations- und Datenbeschaffungsunterlagen nicht systematisch ausgewertet und daraus resultierende Schlußfolgerungen in die Tat umgesetzt werden."[2]

Diese Aussagen machen deutlich, welcher Stellenwert der Auswertungsproblematik in der Beschaffungsmarktforschung im allgemeinen beigemessen wird. Häufig nämlich wird die Auswertung des erhobenen Datenmaterials gar nicht explizit behandelt.[3] Andere Autoren erwähnen zwar die Notwendig-

---

1) Grochla, E./Schönbohm, P.: Beschaffung in der Unternehmung, a.a.O., S. 64.

2) Wenger, E.: Beschaffungsmarktforschung - Sicherheit für die bestmöglichste Kaufentscheidung, a.a.O., S. 110.

3) Vgl. bspw. Schäfer, E.: Betriebswirtschaftliche Marktforschung, a.a.O.; Arnolds, H./Heege,F./Tussing,W.: Materialwirtschaft und Einkauf, a.a.O.; Rembeck, M.: Einkauf und Markterkundung, in: Der industrielle Einkauf, 3.Jg. 1956, S. 97 ff.; Nikolaus, Th.: Marktforschung für den industriellen Einkauf, a.a.O., S. 13 ff.; Meyer, P.W./Hermanns, A.(Hrsg.): Integrierte Marketingfunktionen, Stuttgart/Berlin/Köln/Mainz 1978, S. 127 ff.; Lippmann, H.: Besonderheiten der Beschaffungsmarktforschung, a.a.O., S. 1961 ff.; Werm, H.: Beschaffungsmarktforschung für Rohstoffe, a.a.O., S. 226 ff.; Todtenhaupt, M.: Beschaffungsmarktforschung, in: Wirtschaftsdienst 1963/VI, S. IX ff.; Strothmann, K.-H.: Marktforschung im Einkauf in: Rationalisierung, Heft 7,1966, S. 162 ff.; Stark, H.: Beschaffungsmarktforschung und Beschaffungsmarketing, a.a.O.; ders.: Beschaffungsmarktforschung - Voraussetzung marktgerichteter Beschaffungspolitik, in: Marktforscher, 16.Jg., Heft 97, 1972, S. 5 ff.

keit, die erhobenen Daten zu systematisieren und auszuwerten, führen jedoch nicht aus, wie dies geschehen kann[1] oder verweisen auf nicht näher spezifizierte Verfahren aus der Absatzmarktforschung.[2]
Nur sporadisch werden konkrete Datensystematisierungs- und Verarbeitungsmöglichkeiten beschrieben, wobei hier im allgemeinen - wie schon in der älteren Beschaffungsliteratur[3] - das Schwergewicht auf der Datensystematisierung liegt, ohne daß diese Daten spezifisch aufbereitet werden.

Geordnet werden können die Daten im Hinblick auf verschiedene Produkte bzw. Produktgruppen[4], auf verschiedene Lieferanten[5] oder auf verschiedene Regionen.[6] Ein Beispiel für eine solche, bezüglich eines Lieferanten erfolgte Datensystematisierung ist in Abbildung 46 (s.S. 238) dargestellt. Hierbei ist allerdings zu beachten, daß in diesem Beispiel schon sehr stark Fragen nach der Informationsdarstellung berührt sind.

---

1) Vgl. bspw. Schmid-Rissi, J.: Einkaufsmarktforschung, in: Einkaufsleiterhandbuch, hrsg. v. A. Degelmann, München 1965, S. 181 ff.; ders.: Beschaffungsmarktforschung - ihre Organisation, Methoden und Grenzen, in: Maschine und Manager, Heft 4,1965, S. 22 ff.; Franzen,G.: Der Beschaffungsmarkt will auch eingehend erforscht sein, in: Die Absatzwirtschaft, 2. Aprilausgabe 1966, S. 461 f.; Ellenrieder, J.: Marktforschung im Dienste des Einkaufs, a.a.O.; Schmidbauer, Marktforschung im Dienste des Einkaufs, a.a.O.

2) Vgl. bspw. Arnold, P.: Marktforschung in den Beschaffungsmärkten, a.a.O., S. 466; Lippmann: Beschaffungsmarketing, a.a.O., S. 90; Grochla, E./Schönbohm, P.: Beschaffung in der Unternehmung, a.a.O., S. 64; Täger, U.: Ansätze zur Entwicklung eines Rohstoff-Marketing und einer speziellen Rohstoffmarktforschung, a.a.O., S. 51 ff.

3) Vgl. Abschnitt 2.11 dieser Arbeit.

4) Vgl. Köckmann, P.: Erfassen, Ordnen und Nutzen von Bezugsquellenmaterial, in: Der industrielle Einkauf 1964, S.70 ff.; Bliesener, M./Scharff,G.: Marktforschung und Statistik, a.a.O., S. 12 ff.; Blum, J.W.: Marktübersicht - die erste Aufgabe für den Einkauf, a.a.O.; ders.: Marktforschung in der Beschaffung, in: Management-Enzyklopädie, Bd.4, München 1971, S. 495 ff.; Jatsch, W.: Know How des Einkaufs, a.a.O., S. 32 ff.

5) Vgl. Klein, H.: Beschaffungsmarktforschung, a.a.O.; Trautmann, W.P.: Beschaffungsmarktforschung, a.a.O., S. 261 ff.; Blum, J.W.: Beschaffungsmarktforschung, a.a.O., S. 857 ff.

6) Vgl. Kipper, G.: Markterkundung im Einkauf, a.a.O., S. 87 ff.

LIEFERANTEN-DATEN - M U S T E R -

Einkauf	Zentraleinkauf	Anschrift	Telefon:	Telex-Nr.:	Datum-Erstellung:
1234	123456	Heinrich Eisen & Co. Maschinenfabrik			10.8.1972

Lieferanten-Nr.

Rahmenabkommen

D-4300 E s s e n
Stahlstraße 100/Pf. 1000

Telegr.-Anschrift: Eisenco Essen

zahlbar an:	Konzern-Liefer-Nr.	Kunde	Gewkscn.	Tarifgeb.	Termin
4321	Eisen-AG	0	01	17	1

1970	1971	1972	1973	1974	1975
1	1	2	2		

Lieferant von: 1972 bis:

Hausruf | Einkäufer/Sachbearbeiter

EINKAUFSBEDINGUNGEN / HINWEISE

Schlüssel	
12	Zahlung 14 Tage 2 % - 30 Tage netto
11	Preisstellung: ab Werk
2	Verpackung: ausschließlich Verpackung

Einkaufsumsätze

Faktoren	1970	1971	1972	1973	1974	1975
TDM	3.450	4.550	2.110			
ABC-Klassif. n. EK-Umsatz	B	B	B			
% v. Lief.-Verk.-Umsatz	5	6	3			
Bemerkungen						

VERKAUFSPROGRAMM

Warengruppe	Produkte	ZE-Bonus
32 11 40	Bohrmaschinen	x
32 11 70	Schleifmaschinen	x
32 11 50	Fräßmaschinen	
32 11 20	Drehmaschinen	

Preisveränderungen

Faktoren	1970	1971	1972	1973	1974	1975
Termin	Okt.	Okt.	Jan.			
± Veränderung %	+2,5%	+1,5%	./.2%			

Firmen-Interna

Geschäfts-Ltg.	Kfm.Ltg. Herr Eisen Techn.Ltg. Herr Stahl
Verkaufs-Ltg.	Herr Blech
Vertreter	Herr Wilhelms
Sachbearbeiter	Herr Schulze
Produkt-Ltg.	Herr Meyer
Kontroll-Ltg.	Herr Lehmann
Einkaufs-Ltg.	Herr Schmidt

Belegschaft — Lohn - Material - GK-Anteil in %

Faktoren	1970	1971	1972	1973	1974	1975
Ges. Belegschaft (1)	800	810	790			
Arbeiter	750	760	745			
% v. (1)	94	94	94			
Angestellte	50	50	45			
% v. (1)	6	6	6			
Lohn Anteil in %	28	27	28			
Material Anteil in %	45	42	41			
Gem.-Kosten .. in %	20	21	22			

NIEDERLASSUNG / ZWEIGWERKE — INLAND / AUSLAND

BRD:	Niederlassungen - siehe Anlage -
Frankreich:	Paris, Verkaufsbüro Italien ......
England:	London, Verkaufsbüro usw.
USA:	New York, Zweigwerk
Jugoslawien:	....

Verteiler: Bestellkopien

Beurteilung (Punktsystem)

Faktoren	1970	1971	1972	1973	1974	1975
Preis	3	3	2			
Qualität	5	5	4			
Termin	3	6	4			
Service	2	2	2			
Punkt-Summe						

Abb. 46: Beispiel einer Lieferantenkarte[1]

1) Entnommen aus: Cordts, J.: Beschaffungsmarktforschung, a.a.O., S. 160 f.

Auch für eine produkt(gruppen)bezogene Datensystematisierung existiert ein konkreter Lösungsvorschlag, der sich bei Rembeck/Eichholz[1] finden läßt. Sie schlagen eine wie in Abbildung 47 dargestellte Ordnung nach vier Kategorien vor:

1. Karte (Vorkarte)	Produktgruppe A
2. Karte (Hauptkarte 1)	Produktgruppe $A_1 \ldots A_n$
	Verwendungsbereiche
	Produkteigenschaften
	Substitutionsprodukte
	Vorprodukte und Herstellungsprozesse (verarb. Produkte)
	Gewinnungs- und Aufbereitungsprozesse (Rohstoffe)
	Aufteilung und Analyse des Eigenbedarfs
3. Karte (Hauptkarte 2)	Angebot:
	Angebotsländer
	Kapazität und -entwicklung
	Produktion und -entwicklung
	Angebotselastizität
	$\longrightarrow$ Preis
	Nachfrage:
	Bedarf und -entwicklung
	$\longrightarrow$ Preis
	Nachfrageaufteilung und Marktformen
4. Karte (Hauptkarte 3)	Angebotskonkurrenz
	Hauptanbieter
	Nachfragekonkurrenz
	Bedarf nach Industriegruppen

Abb. 47: Produktbezogene Datenordnung[2]

---

[1] Rembeck, M./Eichholz, G.P.: Leitfaden für die industrielle Beschaffungsmarktforschung. Mit Beispiel, a.a.O., Anhang III/1 ff.

[2] Entnommen aus Harlander, N./Platz, G.: Beschaffungsmarketing und Materialwirtschaft, a.a.O., S. 44.

Es ist jedoch zu beachten, daß eine solche Datensystematisierung im engeren Sinne noch keine Auswertung, sondern eher eine Vorstufe dazu darstellt. "Bei der Systematisierung der Daten ist (jedoch, d.Verf.) neben der formalen Gliederung eine statistische Aufbereitung notwendig."[1] Nur äußerst selten allerdings werden in der Literatur zur Beschaffungsmarktforschung solche Aufbereitungs- und Verdichtungsmöglichkeiten erwähnt, wie zum Beispiel Bildung von Indizes und Korrelationsrechnung[2] oder die aus Ursprungszahlen abgeleitete Bildung von Verhältniszahlen (Gliederungs-, Beziehungs- und Indexzahlen) und Hilfszahlen (Mittelwerte und Trendwerte).[3]

Die wohl umfassendste Beschreibung von Auswertungsverfahren findet sich bei Strache, der als Verfahren der Datenanalyse die Marktanteilsberechnung, die Korrelationsanalyse, die Preiselastizität der Nachfrage, die Häufigkeitsanalyse und die Zeitreihenanalyse relativ ausführlich darstellt.[4]

Sieht man von gliederungslogischen Schwächen dieser Systematisierung ab und vergleicht nur die behandelten Inhalte mit dem, was in der Absatzmarktforschung zu diesem Problemfeld ausgeführt wird, so zeigt sich, daß alle in der Beschaffung beschriebenen Verfahren der Datenauswertung nur einen Bruchteil dessen darstellen, was grundsätzlich in diesem Rahmen denkbar ist. Aus diesem Grund erscheint es notwendig, über die bisherigen Versuche hinausgehend die absatzmarktforschungsbezogenen Verarbeitungsverfahren auf die Beschaffungsmarktforschung zu übertragen.

---

1) Harlander, N./Platz, G.: Beschaffungsmarketing und Materialwirtschaft, a.a.O., S. 43.
2) Vgl. Rembeck, M.: Wie man den Beschaffungsmarkt durchleuchten kann, in: Blick durch die Wirtschaft v. 4.11.1968, S. 5.
3) Vgl. Harlander, N./Platz, G.: Beschaffungsmarketing und Materialwirtschaft, a.a.O., S. 45.
4) Vgl. Strache, H. (Hrsg.): Beschaffungsmarktforschung, a.a.O., S. 226 ff.

4.52 Besonderheiten der Anwendung von Datenverarbeitungsverfahren in der Beschaffungsmarktforschung

Bei der Übertragung der in der Marktforschungs- und Statistikliteratur beschriebenen Aufbereitungsverfahren erscheint es an dieser Stelle jedoch weder notwendig noch sinnvoll, alle diese Verfahren bis ins Detail zu beschreiben, da sich für die Beschaffungsmarktforschung keine verfahrenstechnischen Besonderheiten ergeben. Zweckmäßiger dürfte es bei Beachtung dieser Tatsache sein, die bekannten Verfahren nur sehr knapp anzureißen, dann jedoch auf besondere Schwerpunkte in der Beschaffungsmarktforschung einzugehen, um letztlich zu Handlungsempfehlungen hinsichtlich der Verarbeitungsverfahren zu gelangen, da dies bis heute für die Beschaffungsmarktforschung fehlt.

In der Literatur zur Absatzmarktforschung sind die Verfahren der Datenauswertung unterschiedlich gegliedert.[1] Trotz geringer Überschneidungsprobleme, auf welche später noch einzugehen ist, erscheint es in Anbetracht der oben vorgenommenen Gliederung der Marktforschungsmethoden in Marktanalyse und Marktbeobachtung[2] und im Hinblick auf die später zu treffende Entscheidung für bestimmte Verarbeitungsverfahren zweckmäßig, diese in Analogie zu Schäfer/Knoblich ebenso wie die Methoden nach dem Kriterium der Zeitbezogenheit zu systematisieren. Daraus ergeben sich als übergeordnete Verfahrensgruppen der Datenauswertung die <u>Strukturverfahren,</u> die auf die Datenverarbeitung bezogen auf einen Zeitpunkt gerichtet sind, und die <u>Bewegungsverfahren,</u> die sich auf die Auswertung zeitraumbezogener Daten beziehen.

---

1) Vgl. bspw. Schäfer, E./Knoblich, H.: Marktforschung, a.a.O., S. 329 ff.; Hammann, P./Erichson, B.: Marktforschung, a.a.O., S. 75 ff.; Berekoven, L./Eckert, W./Ellenrieder, P.: Marktforschung, a.a.O., S. 131 ff.; Green, P.E./Tull, D.S.: Methoden und Techniken der Marketingforschung, a.a.O., S. 229 ff.; Hüttner, M.: Grundzüge der Marktforschung, a.a.O., S. 154 ff.
2) Vgl. Abschnitt 4.41 dieser Arbeit.

Die folgende Abbildung 48 gibt einen Überblick über so gegliederte Verfahren, wobei hier, wie oben schon erwähnt, nur ein Ausschnitt der Verfahren betrachtet wird. So dürften beispielsweise multivariate Datenanalysen[1] aufgrund der im Vergleich zur Absatzmarktforschung anders gelagerten Problemstellung hier geringere Bedeutung besitzen.

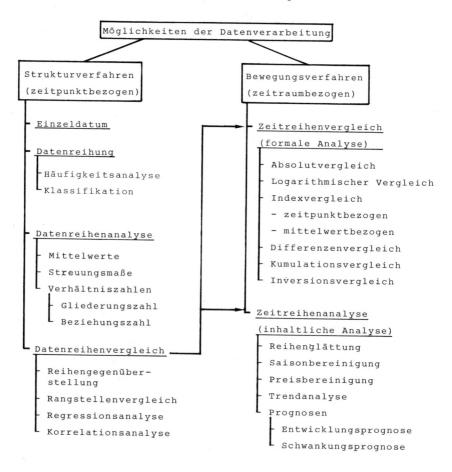

Abb. 48: Möglichkeiten der Datenverarbeitung

---

1) Vgl. dazu bspw. Green, P.E./Tull, D.S.: Methoden und Techniken der Marketingforschung, a.a.O., S. 251 ff.

Daß die Bewegungsverfahren, wie der Datenreihenvergleich auch, zwei Datenreihen zueinander in Beziehung setzen, wobei die eine Datenreihe durch die Zeit gebildet wird, sollen die Pfeile in Abbildung 48 symbolisieren.

Strukturverfahren dienen der Verdichtung von Daten, die auf einen einzigen Zeitpunkt bezogen sind. Obwohl also die Verfahren der Datenverarbeitung grundsätzlich stets mehrere Daten als Ausgangspunkt voraussetzen, aus denen dann komplexere Größen abgeleitet werden, soll hier als Ausnahme zunächst die bewußte 'Nicht-Verarbeitung' erwähnt werden. Diese als <u>Einzeldatum</u> bezeichnete Übernahme wird trotz der logischen Schwierigkeiten unter die Strukturverfahren der Datenverarbeitung subsumiert, da in der Beschaffungsmarktforschung anders als in der Absatzmarktforschung durchaus auch absolute Daten von Interesse sein können.[1]

Problematischer als die einfache Übernahme von Einzeldaten sind die folgenden Datenzusammenstellungs- und -verdichtungsmöglichkeiten. Da allerdings diese Verfahren in der entsprechenden Literatur ausführlich beschrieben sind[2], soll hier nur überblickartig und in tabellarischer Form auf die verschiedenen Möglichkeiten eingegangen werden, wobei global die jeweilige Vorgehensweise, der entsprechende Zweck und, sofern dies sinnvoll erscheint, ein Beispiel dargestellt werden

---

1) Vgl. dazu auch S. 247 dieser Arbeit
2) Vgl. bspw. Schäfer, E./Knoblich, H.: Grundlagen der Marktforschung, a.a.O., S. 329 ff.; Green, P.E./Tull,D.S.: Methoden und Techniken der Marketingforschung, a.a.O., S. 221 ff.; Clauß, G./Ebner, H.: Grundlagen der Statistik, Frankfurt am Main/Zürich 1972; Kriz, J.: Statistik in den Sozialwissenschaften, Reinbek bei Hamburg 1973; Hunziker, A./Scheerer, F.: Statistik - Instrument der Betriebsführung, 5. Aufl., Zürich 1975; Scheibler, A.: Wirtschaftsstatistik in Theorie und Praxis, 3. Aufl., Herne/Berlin 1976; Bleymüller, J./Gehlert, G./Gülicher, H.: Statistik für Wirtschaftswissenschaftler, 2. Aufl., München 1981

Verfahren	Vorgehensweise	Zweck	Beispiel
Häufigkeitsanalyse	Zusammenstellung beobachteter Zufallsvariablen mit Zuordnung der jeweiligen Beobachtungshäufigkeit	Zusammenstellung von Einzelwerten zum besseren Vergleich; Voraussetzung für weitere Auswertung	Ermittelte Lieferzeit in Tagen / Häufigkeit: 15 / 5 16 / 3 18 / 4 21 / 1 25 / 2 30 / 2
Klassifikation	Zusammenfassung mehrerer Zufallsvariablen zu Klassen mit Zuordnung der Klassenhäufigkeit	Erhöhung der Übersichtlichkeit gegenüber Häufigkeitsverteilung	Klasse / Lieferzeit in Tagen / Häufigkeit: 1 / 0 – 5 / 5 2 / über 5 – 10 / 7 3 / über 10 – 15 / 8 4 / über 15 – 20 / 7 5 / über 20 – 25 / 3 6 / über 25 – 30 / 2
Arithmetisches Mittel	Division der Summe aller Einzelwerte durch die Zahl der Einzelwerte	Reduktion einer Datenreihe auf einen einzigen (mittleren) Wert	
Streuungsmaße	Variationsweite $v = x_{max} - x_{min}$ Ø Abweichung $e = \dfrac{\sum_i^n (x_i - \bar{x})}{n}$ Standardabweichung $s^2 =$ $s^2 = \dfrac{1}{n-1} \cdot f_i(x_i - \bar{x})^2$ Varianz $s = \sqrt{s^2}$	Genauere Beschreibung einer Datenreihe durch Mittelwert und Streuungsmaß	
Verhältniszahlen	Division einer Teilgröße durch die entsprechende Gesamtgröße (Gliederungszahl) oder eine andere Teilgröße (Beziehungszahl)	Relativierung von Teilgrößen	

Abb. 49: Verfahren der Datenverarbeitung I

Verfahren	Vorgehensweise	Zweck	Beispiel
Reihengegenüberstellung	Zuordnung von y-Werten zu der Größe nach geordneten x-Werten	Abschätzung eines Zusammenhangs zwischen x und y	Lieferant: 1 2 3 4 5 6 7 8 Lieferzeit in Tagen: 0,5 3 7 12 15 16 18 21 Auslastungsgrad (%): 50 65 60 70 75 85 80 90
Rangstellenvergleich	Zuordnung der y-Rangstellen zu der Größe nach geordneten x-Rangstellen	Abschätzung eines Zusammenhangs zwischen x und y	Lieferant: 1 2 3 4 5 6 7 8 Rangstelle der Lieferzeit: 1. 2. 3. 4. 5. 6. 7. 8. Rangstelle der Auslastung: 1. 3. 2. 4. 5. 7. 6. 9.
Regressionsanalyse	Berechnung einer Regressionsfunktion, so daß die Abweichungen der XY-Wertepaare von der Funktion möglichst gering sind ("Methode der kleinsten Quadrate")	Ermittlung einer funktionalen y-Abhängigkeit von x zu prognostischen Zwecken	(Diagramm: Lieferzeit (Tage) gegen Auslastung (%))
Korrelationsanalyse	Berechnung des Korrelationskoeffizienten r ($-1 \leq r \leq +1$); $$r = \frac{(x_i - \bar{x})(y_i - \bar{y})}{(n-1) s_x s_y}$$	Ermittlung der Stärke des Zusammenhangs zwischen x und y	

Abb. 50: Verfahren der Datenverarbeitung II

Verfahren	Vorgehensweise	Zweck	Beispiel
Zeitreihen-vergleich	Rechnerische Veränderung von Zeitreihen ohne Veränderung des funktionalen Zusammenhangs	Bessere Vergleichbarkeit verschiedener Zeitreihen	
Reihenglättung durch gleitende Durchschnitte	Fortlaufende Bildung von Durchschnitten durch Zusammenfassung mehrerer y-Werte	Ausschaltung kleinerer Schwankungen, bessere Erkennbarkeit des grundsätzlichen Verlaufs	
Saisonbereinigung/Preisbereinigung	Errechnung von Saison- bzw. Preisindices	Ausschaltung der entsprechenden Einflüsse zur deutlicheren Hervorhebung des grundsätzlichen Verlaufs	
Trendanalyse	Ermittlung einer Funktion, die den grundsätzlichen Verlauf der Zeitreihe möglichst gut wiedergibt (freihändige Trendeinzeichnung, Methode der kleinsten Quadrate, Reihenglättung durch gleitende Durchschnitte	Hervorhebung des grundsätzlichen Charakters einer Zeitreihe	s. bspw. "Reihenglättung durch gleitende Durchschnitte"
Prognosen	je nach Analyseverfahren unterschiedliche Vorgehensweisen	Vorraussage zukünftiger Zustände	

Abb. 51: Verfahren der Datenverarbeitung III

Abschließend sei noch kurz auf einige Besonderheiten bei
der Auswertung beschaffungsmarktbezogener Informationen
hingewiesen.
Da in der Beschaffungsmarktforschung häufig ein einzelner
Marktpartner (Lieferant oder Konkurrent) im Vordergrund des
Interesses steht, was in der Absatzmarktforschung - besonders bei Konsumgütern - nur in Ausnahmefällen denkbar ist[1],
sind die Auswertungsverfahren in der Beschaffungsmarktforschung nicht so stark wie im anderen Fall auf die Aggregation von Einzeldaten gerichtet. Dies kann, wie oben schon
erwähnt[2], im Extremfall soweit gehen, daß bestimmte Informationen gar nicht mehr besonders ausgewertet werden müssen,
um den Informationsbedarf der Entscheidungsträger zu befriedigen. Beispielsweise ist es denkbar, daß Informationen über
die Beherrschungsverhältnisse und kapitalmäßigen Verflechtungen bei einem bestimmten Lieferanten erhoben werden, die
anschließend nicht mehr verdichtet werden müssen, um aussagekräftig zu sein. Auch die Frage nach langfristigen Lieferverträgen eines Lieferanten mit Beschaffungskonkurrenten
fällt in diesen Bereich.

Ein zweites betrifft den Zusammenhang zwischen Lieferantenleistungen und -ansprüchen auf der einen sowie leistungs-
und anspruchsbestimmenden Daten auf der anderen Seite. Bei
der Erläuterung möglicher Informationsinhalte der Beschaffungsmarktforschung wurde darauf hingewiesen, daß die Transaktionsprozesse zwischen Beschaffer und Lieferanten und damit Lieferantenleistungen und -ansprüche hier im Mittelpunkt stehen.[3] Da jedoch häufig diese Informationen nicht
unmittelbar ermittelt werden können, sind Kenntnisse über
die darauf einwirkenden Faktoren erforderlich. Um jedoch
von einem bestimmten Einflußfaktor auf eine Leistung oder
einen Anspruch des Lieferanten schließen zu können, ist es

---

1) Vgl. dazu auch Abschnitt 2.2, S. 46 ff. dieser Arbeit
2) Vgl. S. 243 dieser Arbeit
3) Vgl. S. 141 f. dieser Arbeit

notwendig, sowohl die Art als auch die Intensität des Zusammenhangs zu kennen. Hierbei können die Regressions- und die Korrelationsanalyse herangezogen werden, indem durch die Regressionsanalyse die Art der Abhängigkeit einer Leistung oder eines Anspruchs von einem beeinflussenden Faktor bestimmt wird. Durch die Korrelationsanalyse kann ermittelt werden, wie stark dieser Zusammenhang ist. Im entsprechenden Beispiel in Abbildung 50 ist vereinfacht unterstellt, daß die Lieferzeiten verschiedener Lieferanten bei sonst gleichen Bedingungen linear von deren Kapazitätsauslastungsgrad abhängen. Durch Errechnung des Korrelationskoeffizienten stellt man fest, daß der Zusammenhang in diesem (fiktiven) Beispiel nahezu streng linear gilt, so daß bei Kenntnis der unabhängigen Variablen 'Kapazitätsauslastung' auf die abhängige Variable 'Lieferzeit' geschlossen werden kann.[1]

Eine letzte Anmerkung an dieser Stelle betrifft die Verfahren der Zeitreihenanalyse, denen in der Beschaffungsmarktforschung vor allem bei der Ermittlung gesamtmarktbezogener Bewegungen und Entwicklungen besondere Bedeutung zukommen dürfte, da hierbei eine Vielzahl von Einzeldaten zu einer grundsätzlichen Aussage verdichtet werden muß. Wie im Beispiel in Abbildung 51 deutlich wird, bietet die Reihenglättung durch gleitende Durchschnitte die Möglichkeit, den grundsätzlichen Verlauf einer Zeitreihe deutlicher hervortreten zu lassen, um so - mit der gebotenen Vorsicht - Aussagen über zukünftige Entwicklungen treffen zu können. Sollen hierbei nicht alle Werte gleichgewichtig behandelt, sondern jüngere Werte stärker hervorgehoben werden, so sollte stattdessen das aufwendigere Verfahren der exponentiellen Glättung[2] herangezogen werden. Zu beachten ist jedoch bei allen gesamtmarktbezogenen Aggregationsverfahren, daß sie nur bei homogenen Objekten, beispielsweise bestimmten Roh-

---

1) Auf die Problematik einer solchen Prognose sei hier nicht eingegangen; vgl. dazu bspw. Hüttner, M.: Markt- und Absatzprognosen, Stuttgart/Berlin/Köln/Mainz 1982, S. 60 f.; Makridakis, S./Reschke, H./Wheelwright, St.C.: Prognosetechniken für Manager, Wiesbaden 1980, S. 98 ff.
2) Vgl. zu diesem hier nicht behandelten Verfahren bspw. Hüttner, M.: Markt- und Absatzprognosen, a.a.O., S. 96 ff.

stoffen, anwendbar sind, da andernfalls nicht Vergleichbares miteinander verglichen würde.

Ohne leugnen zu wollen, daß sich hinsichtlich der Auswertungsverfahren noch weitere Besonderheiten der Beschaffungsmarktforschung beschreiben ließen, mögen die angesprochenen Gesichtspunkte genügen, da ansonsten eine stärkere Detaillierung der Verarbeitungsverfahren erforderlich wäre, was angesichts der Tatsache, daß diese Verfahren in der Literatur ausführlich beschrieben sind, wenig sinnvoll erscheint. Stattdessen soll nach einer kurzen Beschreibung möglicher Darstellungsarten eine Auswahlheuristik angeführt werden, die auf einem mittleren Abstraktionsniveau die Selektion von Auswertungs- und Darstellungsmöglichkeiten erlaubt.

4.53 Generelle Darstellungsmöglichkeiten

Wie im folgenden Überblick über die Darstellungsmöglichkeiten angedeutet, sind nach der Art der Präsentation grundsätzlich die schriftliche und die mündliche Datendarstellung zu unterscheiden.[1] Da jedoch auch die mündliche Präsentation nicht auf schriftliche Datendarstellung verzichten kann, soll nur letztere im folgenden betrachtet werden.[2]

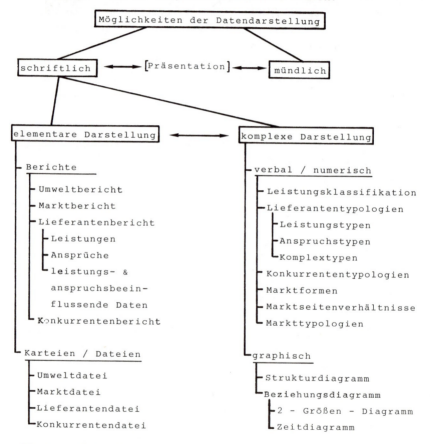

Abb. 52: Möglichkeiten der Datendarstellung

---

[1] Vgl. Büttner, H.-J.: Darstellung von Untersuchungsergebnissen, in: Handbuch der praktischen Marktforschung, hrsg. v. W. Ott, München 1972, S. 367 ff.

[2] Vgl. zu den 'Techniken' mündlicher Präsentation bspw. ebenda, S. 395 ff.

Die schriftliche Datendarstellung läßt sich weiter untergliedern nach dem Ausmaß ihrer Komplexität. Bei der <u>elementaren Darstellung</u> werden die verschiedenen Informationen mehr oder weniger isoliert voneinander dargestellt; die Daten werden durch die Darstellung kaum zueinander in Beziehung gesetzt. Demgegenüber versucht man durch <u>komplexe Darstellung</u> Einzelinformationen so miteinander zu verbinden, daß die Interpretation der dargestellten Daten im Hinblick auf den Informationsbedarf des Entscheidungsträgers möglichst schnell und exakt vollzogen werden kann. Es liegt auf der Hand, daß eine solche Unterscheidung nur tendenzieller Art sein kann, da eine komplexe Darstellung in der Regel auf einer elementaren Darstellung aufbaut. Weiterhin besteht ein enger Zusammenhang zwischen den Verfahren der Datenauswertung und den so gegliederten Darstellungsmöglichkeiten. Im Hinblick auf die zu treffende Auswahlentscheidung an späterer Stelle[1] erscheint jedoch die Unterscheidung in elementare und komplexe Darstellung durchaus zweckmäßig, da auf diese Weise dem engen Zusammenhang zwischen der Entscheidung für bestimmte Auswertungs- und der für bestimmte Darstellungsarten Rechnung getragen werden kann.

Bei der elementaren Darstellung lassen sich <u>Berichte</u> und <u>Karteien bzw. Dateien</u> unterscheiden. Berichte können als Zusammenstellung von zu einem bestimmten Zeitpunkt gegebenen Tatbeständen nach einem bestimmten Themenschwerpunkt aufgefaßt werden.[2] Je nachdem, welches Themengebiet im Vordergrund steht, lassen sich grundsätzlich <u>Umweltberichte</u>, <u>Marktberichte, Lieferantenberichte</u> (mit den Teilbereichen Leistungen, Ansprüche, leistungs- und anspruchsbestimmende Daten) sowie <u>Konkurrentenberichte</u>[3] unterscheiden. Entscheidend ist, daß Berichte auf <u>einen</u> speziell interessierenden Tatbestand und auf einen Zeitpunkt bezogen sind.

---

1) Vgl. Abschnitte 4.54 und 4.55 dieser Arbeit
2) Vgl. auch Eckner, K.: Das kurzfristige Berichtswesen industrieller Großbetriebe, Diss. Berlin 1958
3) Vgl. dazu auch die Gliederung der Informationsinhalte in Abbildung 26, S. 142 dieser Arbeit

Demgegenüber stellen die schon mehrfach erwähnten Karteien[1] bzw. (bei automatisierter Datenverarbeitung) Dateien eine Möglichkeit dar, die durch Beobachtung der Marktbewegungen und -entwicklungen gewonnenen Daten darzustellen und zu speichern. Sie sind also zeitraumbezogen und können fortlaufend ergänzt und aktualisiert werden. Im Hinblick auf die erhebbaren Informationsinhalte können in Analogie zu den Berichten die Umweltdatei, Marktdatei, Lieferantendatei und die Konkurrentendatei unterschieden werden. Auch die Dateien sind wie die Berichte auf jeweils einzelne Lieferanten, Konkurrenten usw. bezogen.

Demgegenüber versucht man in der komplexen Darstellung, mehreres sinnvoll miteinander kombiniert darzustellen. Eine erste Möglichkeit im Rahmen verbaler bzw. numerischer Darstellung stellt dabei die Leistungsklassifikation dar, bei der unterschiedliche Leistungen verschiedener Lieferanten klassifikatorisch zusammengefaßt werden, worauf hier wohl nicht mehr näher eingegangen werden muß.

Eine andere Möglichkeit existiert in der Bildung von Typologien, wobei versucht wird, eine Obermenge durch verschiedene Merkmale so zu gliedern, daß die jeweiligen Teilmengen(Typen) in sich möglichst ähnliche Merkmalsausprägungen aufweisen (maximale Intragruppenhomogenität), im Vergleich der verschiedenen Typen jedoch möglichst große Ausprägungsunterschiede auftreten (maximale Intergruppenheterogenität).[2] Lieferantentypologien könnten nach den Merkmalsgruppen Leistungen, Ansprüche oder auch in Kombination dieser Gruppen gebildet werden. Für Konkurrententypologien lassen sich aus den entsprechenden Informationsinhalten ähnliche Merkmale bilden. Grundsätzlich ist jedoch

---

1) Vgl. Abschnitt 4.51, S. 236 ff. dieser Arbeit
2) Vgl. Lehmann, H.: Typologie und Morphologie in der Betriebswirtschaftslehre, in: Handwörterbuch der Betriebswirtschaft, hrsg. v. E.Grochla u. W.Wittmann, 4.Aufl., Stuttgart 1976, Sp.3941 ff. sowie die dort angeführte Literatur; vgl. auch Breuer, N.: Einstellungstypen für die Marktsegmentierung, in: Beiträge zum Produktmarketing, Bd.5, hrsg. v. U. Koppelmann, Köln 1980, S. 84 ff.

dazu zu bemerken, daß bei dem heutigen Stand der Beschaffungslehre noch völlig ungeklärt ist, ob die Bildung von Lieferanten- und Konkurrententypologien ein sinnvolles Verfahren zur Verbesserung von Beschaffungsentscheidungen darstellt, und wenn ja, welches Aussehen solche Typologien konkret haben sollten.

Bei der auf einzelne Märkte bezogenen Darstellung der Daten wurde bereits an früherer Stelle auf die Möglichkeiten der <u>Marktformen</u> und <u>Marktseitenverhältnisse</u> eingegangen.[1]
Eine weitere Möglichkeit der Datendarstellung hinsichtlich verschiedener Märkte besteht auch hier in der Bildung von Typologien (<u>Markttypologien</u>). In Abbildung 53 ist der Versuch unternommen worden, die Informationsinhalte aus Abbildung 26 (s.S. 142) zum Zweck der Typologiebildung anders zu gruppieren. Da eine Benennung und Systematisierung verschiedener Sachverhalte immer auch zweckorientiert erfolgt, erscheint die Umgruppierung der Informationsinhalte hinsichtlich der hier anders gelagerten Zwecksetzung gerechtfertigt.

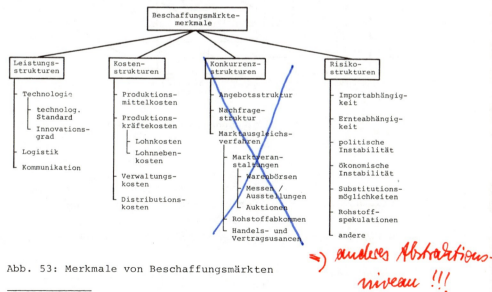

Abb. 53: Merkmale von Beschaffungsmärkten

---

[1] Vgl. Abschnitt 4.313, S. 149 ff. dieser Arbeit

In Abbildung 54 sind auf den Merkmalen 'Risiko', 'Leistungen' und 'Kosten' basierende dreidimensionale Markttypen graphisch dargestellt. Diese Abbildung leitet somit über zur zweiten Kategorie komplexer Darstellung, nämlich der graphischen Darstellung durch Diagramme.

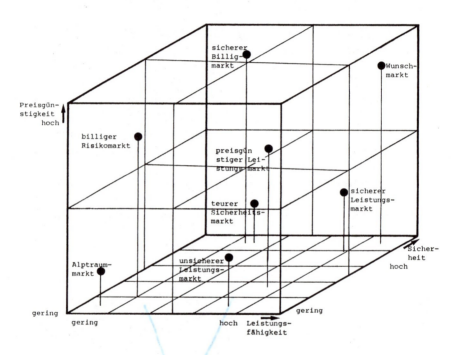

Abb. 54: Versuch einer Beschaffungsmarkttypologie

Die <u>graphische Darstellung</u> besitzt gegenüber der verbalen bzw. numerischen den Vorteil größerer Anschaulichkeit[1] und sie "ist außerdem ein 'Tatsachenraffer', indem sie ein gleichzeitiges Erfassen von räumlich und zeitlich weit aus-

---

1) Vgl. Hunziker, A./Scheerer, F.: Statistik - Instrument der Betriebsführung, a.a.O., S. 38.

einanderliegenden Sachverhalten ermöglicht."[1] Bei den
Diagrammen werden hier <u>Strukturdiagramme</u> und <u>Beziehungsdiagramme</u> unterschieden.
Durch ein Strukturdiagramm kann die Aufgliederung einer
Gesamtgröße in verschiedene Teilgrößen dargestellt werden.[2]
Besondere Bedeutung besitzt hier das Flächendiagramm, das
durch Segmentierung einer quadratischen, rechteckigen oder
kreisförmigen Fläche die Darstellung einer Gesamtgrößenaufgliederung ermöglicht.[3]

Beschaffungsvolumen nach Beschaffungsregionen

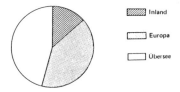

Abb. 55: Beispiel eines Flächendiagramms[4]

Dem Vorteil der hohen Anschaulichkeit des Flächendiagramms
steht allerdings der Nachteil der fehlenden numerischen
Exaktheit und der nur geringen erfaßbaren Datenmenge gegenüber.

---

1) Hunziker, A./Scheerer, F.: Statistik - Instrument der
   Betriebsführung, a.a.O., S. 38; vgl. auch Büttner,
   H.-J.: Darstellung von Untersuchungsergebnissen, a.a.O.,
   S. 386.

2) Vgl. 'Gliederungszahl' Abschnitt 4.52 dieser Arbeit.

3) Vgl. Hunziker, A./Scheerer, F.: Statistik - Instrument
   der Betriebsführung, a.a.O., S. 42 ff.; Schäfer, E./
   Knoblich, H.: Grundlagen der Marktforschung, a.a.O.,
   S. 357; Büttner, H.-J.: Darstellung von Untersuchungsergebnissen, a.a.O., S. 393.

4) Analog Hunziker, A./Scheerer, F.: Statistik - Instrument der Betriebsführung, a.a.O., S. 43.

Zur Darstellung der Beziehungen entweder zweier Größen zueinander oder einer Größe zur Zeit (Beziehungsdiagramme) eignen sich Säulen- oder Stabdiagramme, Strichdiagramme sowie die Darstellung im Koordinatensystem durch Punkte oder Linien.

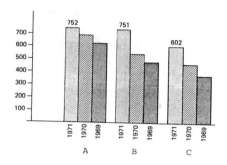

Beschaffungsvolumen nach Objektkategorien in Mio. DM (1969 - 1971)

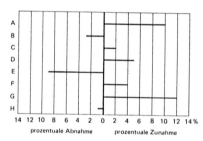

Veränderung der Lieferungsfehler bei acht Lieferanten in Prozent [1]

Abb. 56: Beispiele für Säulen- und Liniendiagramme [2]

Auf eine weitere Verfeinerung der graphischen Darstellungsmöglichkeiten soll hier verzichtet werden. Diesbezüglich sei auf die bereits mehrfach angeführte Literatur zur Statistik verwiesen. [3]

---

1) Anm. d. Verf.: In diesem Beispiel stellt sich allerdings das Problem des Ausgangspunktes, da die relativen Veränderungen nichts über die absolute Höhe der Lieferungsfehler aussagen. Da jedoch hier nur die grundsätzliche Möglichkeit der Darstellung durch Liniendiagramme gezeigt werden sollte, wird auf diese Problematik des Vergleichs relativer Größen nicht eingegangen.

2) Analog Hunziker, A./Scheerer, F.: Statistik - Instrument der Betriebsführung, a.a.O., S. 39 u. 41

3) Vgl. vor allem ebenda, S. 38 ff.; Büttner, H.-J.: Darstellung von Untersuchungsergebnissen, a.a.O., S. 387 ff.

4.54 Kriterien zur Verarbeitungs- und Darstellungsselektion

Wie schon oben erwähnt, hängt die Selektion konkret anzuwendender Auswertungs- und Darstellungsmöglichkeiten im wesentlichen von den gleichen Kriterien ab, weshalb beides hier zusammengefaßt wird. Jedoch müssen die Handlungsempfehlungen, die im folgenden zur Auswahl gegeben werden sollen, abstrakter bleiben als die Darstellung der verschiedenen oben beschriebenen Möglichkeiten, da letzten Endes das hier zu lösende Problem zu komplex ist, um einerseits konkret, andererseits aber auch vollständig behandelt zu werden.

Einen Überblick über die Kriterien, die hier zur Auswahl von Auswertungs- und Darstellungsmöglichkeiten herangezogen werden sollen, gibt die folgende Abbildung:

---

1. Marktforschungsmethode
    - Analyse
    - Beobachtung

2. Informationsumfang
    - tendenziell niedrig
    - tendenziell hoch

3. Informationsanforderungen
    - Verläßlichkeit
    - Aktualität
    - Kosten

4. Informandenmerkmale
    - Entscheidungsbeteiligung
        - Entscheider
        - Mitentscheider
        - Mitwisser
    - Qualifikation
        - Intelligenz
        - Wissen
        - Motivation

Abb. 57: Kriterien zur Auswertungs- und Darstellungsselektion

Die <u>Methodenalternative</u> Marktanalyse und Marktbeobachtung
bezieht sich auf die Zeitbezogenheit der Marktforschungsaktivitäten.[1] Da die Auswertungsverfahren nach genau
dieser Zeitbezogenheit in Strukturverfahren und Bewegungsverfahren gegliedert sind, liegen die Konsequenzen auf
der Hand. Hat man eine (einmalige) Marktanalyse durchgeführt, so sind zur Auswertung die Strukturverfahren Einzeldaten[2], Datenreihung, Datenreihenanalyse und Datenreihenvergleich heranzuziehen. Die Marktbeobachtung als Marktforschungsmethode hingegen zieht die Bewegungsverfahren Zeitreihenvergleich bzw. Zeitreihenanalyse nach sich.

Welche Verfahren nun innerhalb dieser Felder angewandt werden sollen, hängt weiterhin vom <u>Informationsumfang</u> ab, wie er
in der zweiten Phase des Marktforschungsprozesses[3] festgelegt und schließlich auch erhoben worden ist. Hinsichtlich
des Informationsumfangs werden hier nur die polaren Ausprägungen 'tendenziell niedrig' und 'tendenziell hoch' unterschieden. Ein niedriger Informationsumfang führt dazu, daß
die erhobenen Daten gar nicht mehr besonders verdichtet
werden müssen, da durch die geringe Datenmenge die Anschaulichkeit und Interpretierbarkeit ohnehin gegeben sind.
Außerdem können bei niedrigem Informationsumfang die (wenigen) Daten gar nicht sinnvoll verdichtet werden, da sonst
leicht Fehlinterpretationen erfolgen würden und zuviel der
Information verloren ginge. Die Konsequenz eines niedrigen
Informationsumfangs sind also Einzeldaten, Datenreihung und
Zeitreihenvergleich bei elementarer Darstellung. Genau ent-
gegengesetzt verhält es sich bei tendenziell hohem Informationsumfang. Hierbei ist es notwendig, die erhobenen Daten
zu verdichten, um die entscheidenden Sachverhalte herauszu-
kristallisieren. Hinzu kommt, daß dies bei großer Datenmenge
auch möglich ist, ohne zu Fehlschlüssen zu gelangen. In diesem Fall sind also die Verfahren der Datenreihenanalyse, des
Datenvergleichs und der Zeitreihenanalyse mit der entsprechend komplexen Darstellung anzuwenden.

---

1) Vgl. Abschnitt 4.41, S. 197 ff. dieser Arbeit
2) Vgl. zur Zuordnung S. 243 dieser Arbeit
3) Vgl. Abschnitt 4.33, S. 169 ff. dieser Arbeit

Ein drittes Entscheidungskriterium stellen die an die Informationen gerichteten Anforderungen dar. Je intensiver die Datenauswertung vorgenommen wird, desto höher ist auch - bei Konstanz der vorher getroffenen Entscheidungen - die Verläßlichkeit der Informationen. Andererseits benötigt eine intensive Auswertung Zeit, was sich auf die Aktualität der Informationen beim Informanden negativ auswirkt, und vor allem verursacht sie Kosten, so daß sich auch die Intensität der Auswertung stets im Spannungsfeld von Verläßlichkeit auf der einen sowie Aktualität und Kosten auf der anderen Seite bewegt.

Schließlich hängen Auswertung und Darstellung des Datenmaterials noch vom Informanden, also der zu informierenden Person ab. Als erstes ist dabei der Grad der Einbeziehung des Informanden in den Entscheidungsprozeß zu nennen. Während der Entscheider als Informand möglichst vollständige und detaillierte Informationen benötigt, sind Mitwisser, die selbst an der Entscheidung nicht beteiligt sind, aber über Grundsätzliches informiert sein wollen (beispielsweise Vorstand/Geschäftsleitung), mit vereinfachten, graphischen Darstellungen in der Regel besser bedient als mit komplizierten Tabellen. Der gesamte Bereich der Mitentscheider tendiert je nach Grad der Einbeziehung in die eine oder in die andere Richtung. Weiterhin spielt auch die persönliche Qualifikation des Informanden, hier gemessen an den Kriterien 'Intelligenz', 'Wissen' und 'Motivation' eine Rolle. Je geringer diese Merkmale jeweils ausgeprägt sind, desto stärker müssen Auswertung und Darstellung der Daten vereinfacht werden, da ansonsten nicht von einer gewünschten Informationsverarbeitung durch den Informanden ausgegangen werden kann. Eine hohe persönliche Qualifikation hingegen eröffnet die Möglichkeit, die Informationen detaillierter auszuwerten und darzustellen, da die Fähigkeit und die Bereitschaft der Informationsverarbeitung in diesem Fall größer sind als bei geringer persönlicher Qualifikation.

4.55 Vorgehensweise zur Verarbeitungs- und Darstellungsselektion

Nachdem nun angedeutet ist, wovon die Entscheidung für bestimmte Auswertungsverfahren und Darstellungsarten abhängt, ist in diesem Abschnitt zu beschreiben, wie in einem konkreten Fall die beschriebenen Kriterien miteinander zu verbinden sind.
Es erscheint zweckmäßig, auch hier - wie in den vorangegangenen Selektionsphasen - eine <u>allgemeine Auswahlvorschrift</u> zu entwickeln, auf die jede konkrete Selektion zurückgreifen kann. Die hier vorgeschlagene allgemeine Auswahlvorschrift basiert auf den Kriterien 'Marktforschungsmethode' mit den Ausprägungen 'Analyse' und 'Beobachtung' und dem 'Informationsumfang' mit den Ausprägungen 'tendenziell niedrig' und 'tendenziell hoch'. Durch Kombination dieser jeweils zwei Kriterienausprägungen ergibt sich eine Vier-Felder-Matrix, wobei den Feldern jeweils die im vorigen Abschnitt als Konsequenz der Kriterienausprägungen beschriebenen Verarbeitungs- und Darstellungsmöglichkeiten zugeordnet werden.

		Informationsumfang	
		tendenziell niedrig	tendenziell hoch
Methode	Analyse	Einzeldaten Datenreihung ↓ Berichte	Datenreihenanalyse Datenreihenvergleich ↓ komplexe Darstellung
	Beobachtung	Zeitreihenvergleich (formale Analyse) ↓ Karteien / Dateien Zeitdiagramme	Zeitreihenanalyse (inhaltliche Analyse) ↓ Zeitdiagramme

Abb. 58: Allgemeine Auswahlvorschrift zur Verarbeitungs- und Darstellungsselektion

Im konkreten Fall ist nun zunächst durch Übernahme des Informationsumfangs aus Prozeßphase 2[1] und der Methode aus Prozeßphase 3[2] das relevante Feld zu bestimmen. Anschließend muß es durch die konkreten Informationsinhalte detailliert werden.

Daran anschließend wird die Hierarchie der Informationsanforderungen aus Prozeßphase 3[3] übernommen und mit der aus der allgemeinen Auswahlvorschrift abgeleiteten Verarbeitung und Darstellung verglichen. Eine an der Anforderungshierarchie gemessen zu geringe Verläßlichkeit führt dann zu einer Ausweitung, zu geringe Aktualität bzw. zu hohe Kosten zur Reduktion von Auswertung und Darstellung. Unter Umständen wird damit auch eine Änderung des konkreten Feldes notwendig. Sind schließlich auch die festgelegten Informationsanforderungen erfüllt, so ergibt sich als letzter Schritt die subjektbezogene Darstellungsmodifikation, wobei der Grad der Einbeziehung der Informanden in den Entscheidungsprozeß und der Grad der persönlichen Qualifikation, wie im vorigen Abschnitt beschrieben, zu einer Detaillierung bzw. Vereinfachung der Darstellung führen können.

Einen Überblick über diese Vorgehensweise zur Datenverarbeitungs- und Datendarstellungsselektion bietet Abbildung 59 (s.S. 262). Mit der Darstellung der Marktforschungsergebnisse und deren Speicherung ist der Entscheidungsprozeß der Beschaffungsmarktforschung als solcher abgeschlossen. Es muß aber hier noch einmal darauf hingewiesen werden, daß das hier dargestellte Modell nicht als starrer, einmal zu durchlaufender Prozeß zu verstehen ist, sondern daß, wie oben schon beschrieben[4], die Ergebnisse des Analysesegments 4 durch Rückkopplungen in andere Prozeßstufen eingehen.

---

1) Vgl. Abschnitt 4.33, S. 169 ff. dieser Arbeit
2) Vgl. Abschnitt 4.42, S. 205 ff. dieser Arbeit
3) Vgl. Abschnitt 4.45, S. 231 ff. dieser Arbeit
4) Vgl. Abschnitt 4.13, S. 87 ff. dieser Arbeit

1. Entwicklung einer <u>allgemeinen</u> Auswahlvorschrift

		Informationsumfang	
		tendenziell niedrig	tendenziell hoch
M e t h o d e	A n a l y s e	Einzeldaten Datenreihung Berichte	Datenreihenanalyse Datenreihenvergleich komplexe Darstellung
	B e o b a c h t u n g	Zeitreihenvergleich (formale Analyse) ↓ Karteien / Dateien Zeitdiagramme	Zeitreihenanalyse (inhaltliche Analyse) ↓ Zeitdiagramme

2. Wahl des konkreten Feldes

3. Detaillierung des Feldes anhand konkreter Informationsinhalte

4. Übernahme der Informationsanforderungshierarchie aus Filter 3

5. Wird die vorgeschlagene Verarbeitung und Darstellung den Anforderungen gerecht ?

    ja

    nein   zu geringe Verlässlichkeit   → Ausweitung !

    nein   zu geringe Aktualität   → Reduktion !

    zu hohe Kosten

6. Subjektbezogene Darstellungsmodifikation
   - Grad der Einbeziehung des Informanden in den Entscheidungsprozeß
     - Entscheider
     - Mitentscheider
     - **Mitwisser**
   - Grad der persönlichen Qualifikation
     - Intelligenz
     - Wissen
     - Motivation

    → Detaillierung / Vereinfachung

Abb. 59: Vorgehensweise zur Datenverarbeitungs- und Datendarstellungsselektion

5. Schlußbemerkungen

In der vorliegenden Arbeit ist versucht worden, die Beschaffungsmarktforschung als systematische Suche, Sammlung und Aufbereitung von Daten über Beschaffungsmärkte aus entscheidungsorientierter Sicht zu behandeln. Da eine simultane Lösung aller in der Beschaffungsmarktforschung auftretenden Problemstellungen im Rahmen eines entscheidungslogischen Modells[1] nicht möglich erschien, wurde das Gesamtfeld prozessual in vier Entscheidungsphasen gegliedert, nämlich die Auswahl der für die Beschaffungsmarktforschung relevanten Beschaffungsobjekte, die Auswahl der zu erhebenden Informationen, die Auswahl der geeigneten Methode und Quellen und schließlich die Auswahl der zu verwendenden Auswertungs- und Darstellungsarten. Innerhalb dieser Phasen wurden jeweils die Grundgesamtheiten der zur Verfügung stehenden Alternativen, die als relevant erscheinenden Auswahlkriterien zur Alternativenreduktion und Handlungsprogramme zur Kriterienverknüpfung beschrieben, so daß sich auch durch Rückkopplungen der vier Prozeßphasen eine Gesamtentscheidung hinsichtlich der Beschaffungsmarktforschungsaktivitäten ergibt. Allerdings bedarf dieses Modell einiger, auch kritischer Anmerkungen.

Nicht geklärt wird in dieser Arbeit, wie die Beschaffungsmarktforschung institutionalisiert bzw. aufbauorganisatorisch eingeordnet werden soll. Diese Fragen nach Selbsterfüllung oder Ausgliederung verschiedener Marktforschungsaktivitäten[2] und nach der Zuordnung verschiedener Marktforschungsaufgaben zu einer oder mehreren Stellen in der Unternehmung betreffen jedoch einen anderen als den hier betrachteten Erkenntnisgegenstand, so daß institutionenbezogene Fragestellungen obwohl theoretisch und praktisch relevant, in dieser Arbeit nicht berücksichtigt worden sind.

---

1) Vgl. dazu Abschnitt 4.12, S. 84 ff. dieser Arbeit
2) Vgl. dazu bspw. Schäfer, E./Knoblich, H.: Grundlagen der Marktforschung, a.a.O., S. 50 ff.

Ähnliches gilt für das Problem der Automatisierbarkeit von Beschaffungsmarktforschungsentscheidungen, also für die Frage, welche der hier beschriebenen Entscheidungsprozesse programmierbar sind und damit mittels automatisierter Datenverarbeitung ablaufen können. Hierbei handelt es sich um Verfahrensaspekte der Marktforschung, deren Berücksichtigung aufgrund der ebenfalls anderen Problemstellung hier nicht sinnvoll erschien.[1]

Ein letztes betrifft die empirische Überprüfung und Operationalisierung des Modells. Da dieses im wesentlichen auf Analogien und Plausibilitätsüberlegungen beruht, ist es notwendig zu prüfen, ob die Grundannahmen über Strukturen und Beziehungen in der Realität zu vernünftigen Ergebnissen führen. Dazu muß das Modell in konkreten Fällen operationalisiert werden, indem Kriterienausprägungen meß- und vergleichbar gemacht werden. Da hier jedoch ein allgemeingültiges Entscheidungsmodell beschrieben werden sollte, gehen Operationalisierungsfragen über das hinaus, was im Rahmen dieser Arbeit beabsichtigt war, nämlich eine entscheidungsprozeßorientierte Strukturierung der Beschaffungsmarktforschung mit allgemeinen Entscheidungshilfen für den jeweiligen Entscheidungsträger.

---

1) Vgl. zur Automatisierung bspw. Dennstedt, D.: Möglichkeiten der Automatisierung eines beschaffungspolitischen Entscheidungsprozesses, dargestellt am Beispiel der Auswahl des optimalen Lieferanten, Diss. Berlin 1978; Ellenrieder, J.: Das Einkaufsbüro: Umschlagplatz für Informationen?, in: Beschaffung aktuell, Heft 5, 1983, S. 83 f.; Poley, W.L.: Informationssystem Datenbank, in: Beschaffung aktuell, Heft 11, 1983, S. 29; Zeigermann, J.R.: Elektronische Datenverarbeitung in der Materialwirtschaft, Stuttgart 1970, S. 184 ff.

Literaturverzeichnis

Adams, Ch.B.: Die Auswahl der Lieferanten, in: Einkauf mit Gewinn, hrsg. v. American Management Association (AMA), aus dem Amerikanischen "Purchasing for Profit", o.J., Düsseldorf/ Wien 1963, S.146 ff.

Andritzky, K.: Der Einsatz von Scoring-Modellen für die Produktbewertung, in: Die Unternehmung, Heft 1, 1976, S. 21 ff.

Ansoff, H.I.: Strategies for Diversification, in: Harvard Business Review, Sept./Oct.1957, S.113 ff.

Arbeitskreis "Beschaffung, Vorrats- und Verkehrswirtschaft" der Schmalenbach-Gesellschaft: Beschaffung und Unternehmungsführung, hrsg. v. N.Szyperski u. P. Roth, Stuttgart 1982.

Arbeitskreis Hax der Schmalenbach-Gesellschaft: Unternehmerische Entscheidungen im Einkaufsbereich und ihre Bedeutung für die UnternehmensStruktur, in: ZfbF, 24. Jg. 1972, S. 765 ff.

Arnold, P.: Marktforschung in den Beschaffungsmärkten, in: Handbuch der praktischen Marktforschung, hrsg. v. W. Ott, München 1972, S. 452 ff.

Arnold, U.: Strategische Beschaffungspolitik, Frankfurt am Main/Bern 1982.

Arnolds, H./Heege, F./Tussing, W.: Materialwirtschaft und Einkauf, 3. Aufl., Wiesbaden 1982.

Backhaus, K.: Investitionsgüter-Marketing, München 1982.

Bahlmann, A.R.: Informationsbedarfsanalyse für das Beschaffungsmanagement, Gelsenkirchen 1982.

Baily, P.J.H.: Purchasing and supply management, 4th ed., London 1978.

Baily, P.J.H./Farmer, D.: Managing Materials in Industry, London 1972.

Baily, P.J.H./Farmer, D.: Purchasing Principles and Techniques, 3rd ed., London 1977.

Ballot, R.B.: Materials Management, New York 1971.

Banse, K.: Beschaffung, in: Handwörterbuch der Betriebswirtschaft, hrsg. v. H. Nicklisch, 2.Aufl., Stuttgart 1938, Sp.730 ff.

Barker, D.E./Farrington, B.: The Basic Arts of Buying, London 1976.

Batdorf, L./Vora, J.A.: Use of Analytical Techniques in Purchasing, in: Journal of Purchasing and Materials Management, No.1, 1983, S.25 ff.

Behrens, K.Chr.: Marktforschung, Wiesbaden 1959.

Behrens, K.Chr.: Demoskopische Marktforschung, Wiesbaden 1961.

Behrens, K.Chr.: Kurze Einführung in die Handelsbetriebslehre, 2. Aufl., Stuttgart 1972.

Behrens, K.Chr.: Marktforschung, Methoden der, in: Handwörterbuch der Absatzwirtschaft, hrsg. v. B. Tietz, Stuttgart 1974, Sp.1354 ff.

Berekoven, L./Eckert, W./Ellenrieder, P.: Marktforschung, Wiesbaden 1977.

Berg, C.C.: Beschaffungsmarketing, Würzburg/Wien 1981

Berg, C.C.: Lieferantenbeziehungen und Beschaffungspolitik, in: Beschaffung aktuell, Heft 6, 1982, S. 15 ff.

Bergler, G.: Zusammenhänge zwischen Beschaffung und Absatz bei pharmazeutischen Markenartikeln, in: Zeitschrift für Betriebswirtschaft, Bd. I, 1930, S. 629 ff.

Bergmann, C.: Funktionsprinzipien als Mittel der Produktgestaltung, Bd. 6 der Beiträge zum Produktmarketing, hrsg. v. U. Koppelmann, Köln 1979.

Berthel, J.: Informationen und Vorgänge ihrer Bearbeitung in der Unternehmung, Berlin 1967.

Berthel, J.: Information, in: Handwörterbuch der Betriebswirtschaft, 4. Aufl., hrsg. v. E. Grochla u. W. Wittmann, Stuttgart 1974, Sp.1865 ff.

Berthel, J.: Betriebliche Informationssysteme, Stuttgart 1975.

Berthel, J./Moews, D.: Information und Planung in industriellen Unternehmungen, Berlin 1970.

Bezugsquellennachweis für den Einkauf "Wer liefert was?" GmbH (Hrsg.): Wer liefert was? Hamburg 1980.

Bichler, K.: Beschaffungs- und Lagerwirtschaft, Wiesbaden 1981.

Bidlingmaier, J.: Unternehmerziele und Unternehmerstrategien, Wiesbaden 1964.

Bidlingmaier, J.: Zielkonflikte und Zielkompromisse im unternehmerischen Entscheidungsprozeß, Wiesbaden 1968.

Bidlingmaier, J.: Marketing I + II, Reinbek bei Hamburg 1973.

Bidlingmaier, J./Schneider, D.J.G.: Ziele, Zielsysteme und Zielkonflikte, in: Handwörterbuch der Betriebswirtschaft, 4. Aufl., hrsg. v. E.Grochla u. W. Wittmann, Stuttgart 1976, Sp.4731 ff.

Bidlingmaier, J.: Marktforschung und unternehmerische Entscheidung, in: Handbuch der Marktforschung, hrsg. v. K.Chr. Behrens, Wiesbaden 1977, S. 841 ff.

Biergans, B.: Zur Entwicklung eines marketingadäquaten Ansatzes und Instrumentariums für die Beschaffung, Bd. 1 der Beiträge zum Beschaffungsmarketing, hrsg. v. U. Koppelmann, Köln 1984

Biergans, B.: Zur Entwicklung eines marketingadäquaten Ansatzes und Instrumentariums für die Beschaffung, Diss. Köln 1984.

Biergans, B./Koppelmann, U.: Marketingmittel am Beschaffungsmarkt, in: Beschaffung aktuell, Heft 11,1982, S. 41 ff.

Bleymüller, J./Gehlert, G./Gülicher, H.: Statistik für Wirtschaftswissenschaftler, 2. Aufl., München 1981.

Bliesener, M./Scharff, G.: Marktforschung. Lehrwerk industrielle Beschaffung, Bd.11, Frankfurt am Main 1970.

Blom, F.: Industrielle Beschaffungsmarktforschung, in: Der Betriebswirt, Heft 2, 1981, S. 19 ff.

Blom, F.: Punktbewertungsverfahren in der Beschaffungsmarktforschung, in: Beschaffung aktuell, Heft 2, 1981, S. 68 ff.

Blom, F.: Beschaffungsmarktforschung - Informationstor zum Beschaffungsmarkt, in: Der Beschaffungsmarkt 1983, Sonderheft der Beschaffung aktuell 12/1983, S. 8 ff.

Blom, F.: Zukunftsorientierte Beschaffungsmarktforschung - Schlüssel zum Beschaffungsmarkt, in: 25 Jahre Düsseldorfer Einkäufer-Club, hrsg. v. Düsseldorfer Einkäufer-Club, Düsseldorf 1983, S. 51 ff.

Blum, J.W.: Marktübersicht - die erste Aufgabe für den Einkauf, in: Blick durch die Wirtschaft v. 1.8.1968, S. 5.

Blum, J.W.: Marktforschung in der Beschaffung, in: Management-Enzyklopädie, Bd.4, München 1971, S. 495 ff.

Blum, J.W.: Beschaffungsmarktforschung, in: Handbuch der Marktforschung, hrsg. v. K.Chr.Behrens, Wiesbaden 1977, S. 857 ff.

Brand, G.T.: The Industrial Buying Decision, London 1972.

Brauns, R.: Die Einkaufspraxis, Halberstadt 1927.

Breuer, N.: Einstellungstypen für die Marktsegmentierung, Bd. 5 der Beiträge zum Produktmarketing, hrsg. v. U. Koppelmann, Köln 1980.

Brink, H.-J.: Die Koordination funktionaler Teilbereiche der Unternehmung, Stuttgart 1981.

Brink, H.-J.: Strategische Beschaffungsplanung, in: Zeitschrift für Betriebswirtschaft, Heft 11, 1983, S. 1090 ff.

Buddeberg, H.: Betriebslehre des Binnenhandels, Wiesbaden 1959.

Büttner, H.-J.: Darstellung von Untersuchungsergebnissen, in: Handbuch der praktischen Marktforschung, hrsg. v. W.Ott, München 1972.

Bundesministerium für Wirtschaft (Hrsg.): Aufzeichnungen über bestehende Rohstoffabkommen und über den Stand der Verhandlungen in der UNCTAT über Einzelrohstoffe, Ind.Nr..VC 6-090205, Bonn 1981.

Busch, H.F.: Der optimale Lieferant, in: Beschaffung aktuell, Heft 11,1976, S. 40 ff.

Clauss, G./Ebner, H.: Grundlagen der Statistik, Frankfurt am Main/Zürich 1972.

Colton, R.R.: Industrial Purchasing, Columbus 1962.

Cordts, J.: Beschaffungsmarktforschung, in:Einkaufsleiterhandbuch, hrsg. v. G.Bretschneider, München 1974, S. 147 ff.

Czekalla, H.: Die Einkaufsabteilung, Berlin/Wien 1925.

Dale, B.: The relevance of Pareto analysis to materials
         management, in: Journal of Purchasing and
         Supply Management, Sept.1982, S. 8 ff.

Damrow, H.: Eine Fundgrube für Wirtschaftsinformationen -
         Der moderne Geschäftsbericht ist aussage-
         kräftiger geworden, in: Blick durch die Wirt-
         schaft v. 15.8.1983, S. 3.

Dennstedt, D.: Möglichkeiten der Automation eines beschaf-
         fungspolitischen Entscheidungsprozesses, dar-
         gestellt am Beispiel der Auswahl des optima-
         len Lieferanten, Diss. Berlin 1978.

Dinkelbach, W.: Entscheidungstheorie, in: Handwörterbuch
         der Betriebswirtschaft, 4. Aufl., hrsg.
         v. E.Grochla u. W. Wittmann, Stuttgart 1974,
         Sp.1290 ff.

Disch, W.K.A.: Markt- und Beschaffungsforschung, in:
         Aktuelle Absatzwirtschaft, Beilage zum Wirt-
         schaftsdienst, hrsg. v. HWWA, Heft 9, 1962,
         S. 5.

Dowst, S.R.: Who says you can't substitute, in: Purchasing,
         January, 1975, S. 44 ff.

Dowst, S.R.: More basics for buyers, Boston 1979.

Dowst, S.R./Deutsch, C.: Value analysis stretches scarce
         materials, in: Purchasing, April 1974,
         S.VA2-VA3.

Duden, Bd.5, Fremdwörterbuch, hrsg. von Wissenschaftlichen
         Rat der Dudenredaktion, 3. Aufl., Mannheim/
         Wien/Zürich 1974.

Eckner, K.: Das Berichtswesen industrieller Betriebe,
         Wiesbaden 1960.

Ellenrieder, J.: Marktforschung im Dienste des Einkaufs,
         in: Beschaffung aktuell, Heft 12, 1974,
         S. 21 f.

Ellenrieder, J.: Das Einkaufsbüro. Umschlagplatz für Infor-
         mationen?, in: Beschaffung aktuell, Heft 5,
         1983, S. 83 f.

Elsing, P.: Markt- und Beschaffungsforschung?, in: Wirt-
         schaftsdienst, Heft I, 1963, S. IX.

Engelhardt, W.H./Günter, B.: Investitionsgüter-Marketing,
         Stuttgart/Berlin/Köln/Mainz 1981.

Ewald, A. u.a.: Die Beschaffung von Anlagen, Reserveteilen
         und Energie. Lehrwerk industrielle Beschaf-
         fung, Bd.4, Frankfurt am Main 1970.

Farrell, P.V.(Hrsg.): Aljian's Purchasing Handbook, 4th ed., New York 1982.

Farrington, B.: Industrial Purchase Price Management, Westmead 1980.

Fearon, H.E.: Materials Management: A Synthesis and Current Review, in: Journal of Purchasing and Materials Management, No. 2, 1975, S. 37 ff.

Fearon, H.E./Hoagland, J.H.: Purchasing Research in American Industry, New York 1963.

Field, R.: Purchasing and the new product process, in: Purchasing and Supply Management, March 1982, S. 15 ff.

Findeisen, F.: Beschaffung, in: Handwörterbuch der Betriebswirtschaft, hrsg. v. H. Nicklisch, 1. Aufl., Stuttgart 1926, Sp.1020 ff.

Findeisen, F.: Organik, Leipzig 1931.

Fischer, H.: Die Marktforschung im Wandel, in: Jahrbuch der Absatz- und Verbrauchsforschung, Heft 1, 1983, S. 1 ff.

Forrester, J.W.: Grundsätze einer Systemtheorie, Wiesbaden 1972

Franzen, G.: Der Beschaffungsmarkt will auch eingehend erforscht sein. Marktanalyse und -beobachtung beim Einkauf von Investitionsgütern, in: Absatzwirtschaft, April 1966, S. 461 f.

Frese, E.: Aufgabenanalyse und -synthese, in: Handwörterbuch der Organisation, hrsg. v. E. Grochla, 2. Aufl., Stuttgart 1980, Sp.207 ff.

Fürlinger, M.: Die Entscheidung für Beschaffung oder Eigenfertigung im Hinblick auf die Unternehmungsführung, Diss. Stuttgart 1971.

Fürlinger, M.: Die Beschaffungsführung als integrierter Bestandteil der Unternehmungsführung, in: Die informierte Unternehmung, hrsg. v. H. Rühle v. Lilienstern, Berlin 1972, S.177 ff.

Gahse, S.: Lieferantenbewertung mit Hilfe der Datenverarbeitung, in: Computer-Praxis, Heft 2, 1970, S. 26 ff.

Gerth , E.: Kooperation, zwischenbetriebliche, in: Handwörterbuch der Betriebswirtschaft, hrsg. v. E. Grochla u. W. Wittmann, 4. Aufl., Stuttgart 1974, Sp.2257 ff.

Glaser, H.: Informationswert, in: Handwörterbuch der Organisation, 2. Aufl., hrsg. v. E. Grochla, Stuttgart 1980, Sp. 933 ff.

Green, P.E./Tull, D.S.: Methoden und Techniken der Marketingforschung, Übers. v. R. Köhler u. Mitarb., Stuttgart 1982

Grochla, E.: Modelle als Instrumente der Unternehmungsführung, in: Zeitschrift für betriebswirtschaftliche Forschung, 21. Jg. 1969, S. 382 ff.

Grochla, E.: Unternehmungsorganisation, Reinbek bei Hamburg 1972.

Grochla, E.: Betriebliche Planung und Informationssysteme, Reinbek bei Hamburg 1975.

Grochla, E.: Grundlagen der Materialwirtschaft, 3. Aufl., Wiesbaden 1978.

Grochla, E.: Einführung in die Organisationstheorie, Stuttgart 1978.

Grochla, E./Fieten, R./Puhlmann, M./Vahle, M.: Zum Einsatz von Kennzahlen in der Materialwirtschaft mittelständischer Industrieunternehmungen. Ergebnisse einer empirischen Analyse, in: Zeitschrift für betriebswirtschaftliche Forschung, Heft 6, 1982, S. 569 ff.

Grochla, E./Fieten, R./Puhlmann, M./Vahle, M.: Erfolgsorientierte Materialwirtschaft durch Kennzahlen, Baden-Baden 1983.

Grochla, E./Wunderlich, D./Fieten, R.: Erfolgreiche Beschaffung: Ein aktuelles Problem der Unternehmensführung, hrsg. v. Arbeitsgemeinschaft für Rationalisierung des Landes NRW, Dortmund 1982.

Grochla, E./Kubicek, H.: Zur Zweckmäßigkeit und Möglichkeit einer umfassenden betriebswirtschaftlichen Beschaffungslehre, in: Zeitschrift für betriebswirtschaftliche Forschung, 28. Jg. 1976, S. 257 ff.

Grochla, E./Schönbohm, P.: Beschaffung in der Unternehmung, Stuttgart 1980.

Gross, H.: Der industrielle Einkäufer kauft Ideen und Werte anstatt Waren und Preise, in: Die Absatzwirtschaft, 2. März-Ausgabe 1964, S. 342 f.

Gross, H.: Make or Buy Decisions in Growing Firms, in: Purchasing Management, Gravereau, V.P./Konopa, L.J. (editors), Columbus 1973.

Grotkopp, W./Schmacke, E.: Die großen 500, Düsseldorf 1970.

Günther, E.: Kartelle, in: Handwörterbuch der Betriebswirtschaft, hrsg. v. E. Grochla u. W. Wittmann, 4. Aufl., Stuttgart 1974, Sp. 2134 ff.

Gutenberg, E.: Grundlagen der Betriebswirtschaftslehre, Bd. I, Die Produktion, 18. Aufl., Berlin/Heidelberg/New York 1971.

Gutenberg, E.: Grundlagen der Betriebswirtschaftslehre, Bd. II, Der Absatz, 17. Aufl., Berlin/Heidelberg/New York 1984.

Hammann, P./Erichson, B.: Marktforschung, Stuttgart/New-York 1978.

Harlander, N.: Beschaffungsmarketing, in: Beschaffung aktuell, Heft 4, 1983, S. 34 ff.

Harlander, N./Koppelmann, U.: Integrierte Materialwirtschaft - ein Reizwort im wahrsten Sinne des Wortes, in: Beschaffung aktuell, Heft 9, 1983, S. 18 ff.

Harlander, N./Koppelmann, U.: Auf den Wein kommt's an ... und weniger auf die Schläuche, in: Beschaffung aktuell, Heft 4, 1984, S. 22 ff.

Harlander, N./Platz, G.: Beschaffungsmarketing und Materialwirtschaft, 2. Aufl., Grafenau/Stuttgart 1982.

Hartmann, H.: Materialwirtschaft, 2. Aufl., Gernsbach 1983.

Hax, H.: Entscheidungsprozesse, in: Handwörterbuch der Betriebswirtschaft, hrsg. v. E. Grochla u. W. Wittmann, 4. Aufl., Stuttgart 1974, Sp. 1281 ff.

Heidelberger, E.: Lieferantenbewertung und Lieferantenbeurteilung, in: Beschaffung aktuell, Heft 6, 1978, S. 25 f.

Heinen, E.: Grundlagen betriebswirtschaftlicher Entscheidungen, 2. Aufl., Wiesbaden 1971.

Heinen, E.: Grundfragen der entscheidungsorientierten Betriebswirtschaftslehre, München 1976.

Heinen, E.: Einführung in die Betriebswirtschaftslehre, 7. Aufl., Wiesbaden 1980

Heinritz, St.F./Farrell, P.V.: Purchasing, 6th ed., Englewood Cliffs 1981.

Hellmig, G.: Ein suchtheoretisches Modell zur Optimierung des Forschungsprozesses, Meisenheim am Glahn 1974.

Henzel, F.: Beschaffung, Absatz, Marktbeobachtung, in: Die Handelshochschule - Die Wirtschaftshochschule, 8.Lief., Bd.6, Wiesbaden 1950, S. 1 ff.

Heyde, K.: Beschaffung als Kontrapunkt der Absatzwirtschaft in der Unternehmung, in: Die informierte Unternehmung, hrsg. v. H. Rühle v. Lilienstern, Berlin 1972, S. 167 ff.

Hoffmann, F.: Aufgabe, in: Handwörterbuch der Organisation, hrsg. v. E. Grochla, 2. Aufl., Stuttgart 1980, Sp.200 ff.

Hüttner, M.: Grundzüge der Marktforschung, 3. Aufl., Wiesbaden 1977.

Hüttner, M.: Markt- und Absatzprognosen, Stuttgart/Berlin/Köln/Mainz 1982

Hunziker, A./Scheerer, F.: Statistik - Instrument der Betriebsführung, 5. Aufl., Zürich 1975.

Ifo-Institut für Wirtschaftsforschung München: Weltrohstoffpreise 1982/83, in: Beschaffung aktuell, Heft 7, 1982, S. 36.

Ifo-Institut für Wirtschaftsforschung München: Weltrohstoffpreise, in: Beschaffung aktuell, Heft 3, 1984, S. 14.

International Chamber of Commerce (Hrsg.): Incoterms, Paris 1980.

Jägeler, F.J.: Jetzt helfen nur noch Milliarden, in: manager magazin, Heft 10, 1978, S. 60 ff.

Jatsch, W.: Know How des Einkaufs, Stuttgart/Wiesbaden 1973.

Kern, F.: Die Marketingtabus der Einkäufer, in: Absatzwirtschaft, Heft 11, 1982, S. 96 ff.

Kern, F.: Vom Nutzen der Betriebsbesichtigungen, in: Blick durch die Wirtschaft v. 19.7.1983, S. 1.

Kiesel, J.: Japanische Erfolgsfaktoren des Kanban-Systems, in: Beschaffung aktuell, Heft 3, 1984, S. 25 ff.

Kipper, G.: Markterkundung im Einkauf, in: Rationalisierung, Heft 4, 1965, S. 87 ff.

Kirsch, W.: Einführung in die Theorie der Entscheidungsprozesse, Wiesbaden 1977.

Kirsch, W./Bamberger, I./Gabele, E./Klein, K.: Betriebswirtschaftliche Logistik, Wiesbaden 1973.

Kirsch, W./Esser, W.-M.: Entscheidungstheorie, in: Handwörterbuch der Organisation, hrsg. v. E. Grochla, 2. Aufl., Stuttgart 1980, Sp.651 ff.

Klein, H.: Beschaffungsmarktforschung, in: Der industrielle Einkauf, Heft 4, 1972, S. 50 f., Heft 5, 1972, S. 22 f., Heft 6, 1972, S. 21 u. 24.

Klein, H.K.: Heuristische Entscheidungsmodelle, Wiesbaden 1971.

Klinger, K.: Die Einkaufstechnik der Industrieunternehmungen, in: Zeitschrift für Betriebswirtschaft, 7.Jg. 1930, S. 117 ff.

Klinger, K.: Der Einkauf im Industriebetrieb, Essen 1950.

Knoblich, H.: Der Kupfer-Weltmarkt, Nürnberger Abhandlungen zu den Wirtschafts- und Sozialwissenschaften, Heft 18, Berlin 1962.

Köckmann, P.: Erfassen, Ordnen und Nutzen von Bezugsquellenmaterial, in: Der industrielle Einkauf, 1964, S. 70 ff.

Köckmann, P.: Preisverhandlungen - mit Druck oder Sog?, in Beschaffung aktuell, Heft 1, 1982, S. 40 f.

Köckmann, P.: Preiserhöhungen strategisch richtig behandeln, in: Beschaffung aktuell, Heft 2, 1983, S. 32.

Köhler, K.: Rohstoffpreisindices - Methodik und Aussagefähigkeit, Bremen 1976.

Köhler, R.: Modelle, in: Handwörterbuch der Betriebswirtschaft, hrsg. v. E. Grochla u. W.Wittmann, 4. Aufl., Stuttgart 1974, Sp.2701 ff.

Kompass Deutschland Verlags- und Vertriebsgesellschaft mbH (Hrsg.): Kompass, 8. Ausgabe 1980/81, Freiburg o.J.

Koppelmann, U.: Grundlagen des Produktmarketing, Stuttgart/Berlin/Köln/Mainz 1978.

Koppelmann, U.: Zur Verzahnung von Beschaffungs- und Absatzprozessen in Unternehmen, in: Zeitschrift für betriebswirtschaftliche Forschung, Heft 2, 1980, S. 121 ff.

Koppelmann, U.: Strategien zur Vorbeugung beschaffungs-
          bedingter Betriebsunterbrechungen, in: Be-
          triebswirtschaftliche Forschung und Praxis,
          Heft 5, 1980, S. 426 ff.

Koppelmann, U.: Zur Risikominderung im Beschaffungsbereich,
          in: Jahrbuch für Betriebswirte 1982, hrsg.
          v. W. Kresse Stuttgart 1981, S. 173 ff.

Kosiol, E.: Einführung in die Betriebswirtschaftslehre -
          Die Unternehmung als wirtschaftliches
          Aktionszentrum, Wiesbaden 1968.

Kotler, Ph.: Marketing-Management, 4. Aufl., Stuttgart 1982.

Kraljiĉ, P.: Neue Wege im Beschaffungsmarketing, in:
          manager magazin, Heft 11, 1977, S. 74 f.

Kraljiĉ, P.: Vom Einkaufs- zum Liefermanagement, in:
          Beschaffung aktuell, Heft 4, 1982, S. 31 ff.,
          Heft 5, 1982, S. 33 ff.

Kreig, A.A.: A Growing Concept - Purchasing Research, in:
          Purchasing Research - The Concept and its
          Value, American Management Bulletin No.17,
          Jerome W. Blood (ed.), New York 1962, S. 1 ff.

Kriz, J.: Statistik in den Sozialwissenschaften, Reinbek
          bei Hamburg 1973.

Kutek, W.: Beschaffungsmarktforschung aus der Praxis, in:
          Der Beschaffungsmarkt 1982, Sonderheft Be-
          schaffung aktuell 10/1982, S. 14 f.

Kutschker, M./Kirsch,W.: Industriegütermarketing und Ein-
          kauf in Europa - Deutschlandstudie, München
          1979.

Kutschker, M./Roth, K.: Das Informationsverhalten vor indu-
          striellen Beschaffungsentscheidungen, Mann-
          heim 1975.

Lee, L./Dobler, D.W.: Purchasing and Materials Management,
          3rd ed., New York 1977.

Lehmann, H.: Typologie und Morphologie in der Betriebswirt-
          schaftslehre, in: Handwörterbuch der Betriebs-
          wirtschaft, hrsg. v. E. Grochla u. W.Wittmann,
          4. Aufl., Stuttgart 1974, Sp.3941 ff.

Lehmeier, H.: Grundzüge der Marktforschung, Stuttgart/Ber-
          lin/Köln/Mainz 1979.

Lietz,J.H.: Marketing im Beschaffungswesen, in: Rationali-
          sierung, Heft 4, 1967, S. 76.

Lippmann, H.: Besonderheiten der Beschaffungsmarktforschung, in: Handbuch Marketing, Bd.II, hrsg. v. J. Koinecke, Gernsbach 1978, S. 1362 ff.

Lippmann, H.: Beschaffungsmarketing, Bielefeld/Köln 1980.

Lohrberg, W.: Eine Entscheidungshilfe für die Objektwahl der Beschaffungsmarktforschung, in: Maschinenmarkt, 84. Jg. 1978, Nr.65, S.1270 ff.

Lohrberg, W.: Grundprobleme der Beschaffungsmarktforschung, Diss. Bochum 1978.

Lohrberg, W.: Verbreitung und Gestaltung der Beschaffungsmarktforschung BMF, in: Beschaffung aktuell, Heft 3, 1979, S. 18 ff.

Lomas, K.: Purchase cost analysis, in: Purchasing and Supply Management, July 1981, S. 21 ff.

Lyson, C.K.: Purchasing, Plymouth 1981.

Mag, W.: Informationsbeschaffung, in: Handwörterbuch der Betriebswirtschaft, 4. Aufl., hrsg. v. E. Grochla u. W. Wittmann, Stuttgart 1975, Sp. 1882 ff.

Mag, W.: Entscheidung und Information, München 1977

Mai, A.: Lieferantenwahl, Frankfurt am Main 1982

Makridakis, S./Reschke, H./Wheelwright, St.C.: Prognosetechniken für Manager, Wiesbaden 1980

Meadows, D. u.a.: Die Grenzen des Wachstums, Bericht des Club of Rome zur Lage der Menschheit, Stuttgart 1972.

Meffert, H.: Marketing, 6. Aufl., Wiesbaden 1982.

Meinecke, H.: Lieferantenwahl, in: Beschaffung aktuell, Heft 10, 1977, S. 49.

Merk, G.: Wissenschaftliche Marktforschung, Berlin 1962.

Meyer, C.W.: Marktforschung und Absatzplanung, 3. Aufl., Herne/Berlin 1974.

Meyer, P.W./Hermanns, A. (Hrsg.): Integrierte Marketingfunktionen, Stuttgart/Berlin/Köln/Mainz 1978.

Miles, L.D.: Techniques of Value Analysis and Engineering, 2nd ed., New York 1972.

Mink, E.: ABC-Analyse, was nun? ..., in: Beschaffung aktuell, Heft 7, 1978, S. 15 ff.

Mössner, K.-E.: Industriemessen und gewerbliche Ausstellungen als Informationsinstrument der Unternehmung, in: Die informierte Unternehmung, hrsg. v. H. Rühle v. Lilienstern, Berlin 1972.

Monden, Y.: Adaptable Kanban System Helps Toyota Maintain Just-In-Time-Production, in: Industrial Engineering, No. 5, 1981, S. 36.

Nerreter, W./Stöcher, J.: Der Import und Export, 5. Aufl., Herne/Berlin 1983.

Nieschlag, R./Dichtl., E./Hörschgen, H.: Marketing, 8. Aufl., Berlin 1975.

Niggemann, W.: Optimale Informationsprozesse in betriebswirtschaftlichen Entscheidungssituationen, Wiesbaden 1973.

Nikolaus, Th.: Marktforschung für den industriellen Einkauf, in: Der Marktforscher, 5. Jg. 1961, S. 13 ff.

Oeldorf, G./Olfert, K.: Materialwirtschaft, 3. Aufl., Ludwigshafen 1983.

Orths, H.: Messevorbereitung, in: Beschaffung aktuell, Heft 3, 1984, S. 34.

o.V.: Handbuch der Großunternehmen, 14. Aufl., Darmstadt 1967.

o.V.: Verbände, Behörden, Organisationen der Wirtschaft 1970, Darmstadt 1970.

o.V.: The ins and outs of cost/price analysis, in: Purchasing, Sept.1972, S. 109 f.

o.V.: Silber - Fieber, in: Wirtschaftswoche Nr. 5 v. 1.2.1980, S. 95

o.V.: Edelmetall-Technologie - Als Schmuck zu schade, in: Wirtschaftswoche Nr. 9 v. 29.2.1980, S. 28 ff.

o.V.: Neue Medien erschließen eine zweigleisige Kostensenkungsstrategie, in: Handelsblatt v. 23./24. 4.1982, S. 26 f.

o.V.: Der Einkauf zwischen Betrieb und Markt, in: Beschaffung aktuell, Heft 9, 1982, S. 36 f.

o.V.: Auskunfteien - Geschäft mit der Angst,in: Wirtschaftswoche Nr.50 v. 10.12.1982, S. 57 ff.

o.V.: Kanban-Fertigungssteuerung - Experimente mit Inseln, in: Wirtschaftswoche Nr. 19 v. 6.5.1983, S. 49 ff.

o.V.: Marktforschung - Aschenputtels Abschied, in: Wirtschaftswoche Nr. 21 v. 20.5.1983,S. 44 ff.

o.V.: Geschäftsberichte - Mehr Pflicht als Kür, in: Wirtschaftswoche Nr. 23 v. 3.6.1983, S. 42 ff.

o.V.: Marktforschung: Strategisch einschalten - nicht abschalten!, in: Absatzwirtschaft, Heft 7, 1983, S. 24 ff.

o.V.: Zuckerabkommen - Süße Last, in: Wirtschaftswoche Nr. 27 v. 1.7.1983, S. 21.

Parsons, W.J.: Improving purchasing performance, Aldershot 1982.

Pausenberger, E.: Fusion, in: Handwörterbuch der Betriebswirtschaft, hrsg. v. E. Grochla u. W. Wittmann, 4. Aufl., Stuttgart 1974, Sp.1604 ff.

Philipp, F.: Risiko und Risikopolitik, in: Handwörterbuch der Betriebswirtschaft, hrsg. v. E.Grochla u. W. Wittmann, 4. Aufl., Stuttgart 1974, Sp.3454 ff.

Pietzsch, J.: Die Information in der industriellen Unternehmung, Köln/Opladen 1964.

Platz, H.Ph.: Die Überwindung informationswirtschaftlicher Engpässe in der Unternehmung, Berlin 1980.

Poley, W.L.: Informationssystem Datenbank, in: Beschaffung aktuell, Heft 11, 1983, S. 29.

Pooler, V.H.: The purchasing man and his job, New York 1964.

Pümpin, C.: Information und Marketing, St. Gallen 1973.

Raasch, K./Weber, F.W.: Einkauf in Handel und Industrie, Wiesbaden 1951.

Rady, H.M.: Neue Perspektiven in der Weltrohstoffversorgung in: Wirtschaftsstudium, Heft 6, 1982, S. 281 ff.

Rehberg, J.: Wert und Kosten von Informationen, Frankfurt am Main/Zürich 1973.

Rembeck, M.: Einkauf und Markterkundung, in: Der industrielle Einkauf, 3. Jg. 1956, S. 97.

Rembeck, M.: Bipolarität der Beschaffung, in: Der industrielle Einkauf, 5. Jg. 1958, S. 174 ff.

Rembeck, M.: Wie man den Beschaffungsmarkt durchleuchten kann,in: Blick durch die Wirtschaft v. 4.11.1968, S. 5.

Rembeck, M.: Die Unternehmung als zentraler Ansatzpunkt
für Marktforschung und Markterkundung, in: Der
Markt als Erkenntnisobjekt der empirischen
Wirtschafts- und Sozialforschung, hrsg. v.
M. Rembeck u. G.P. Eichholz, Bern/Stuttgart
1969, S. 106 ff.

Rembeck, M./Eichholz, G.P.: Leitfaden für die industrielle
Beschaffungsmarktforschung. Mit Beispiel, hrsg.
v. RKW/BIE, Frankfurt am Main 1976.

Römheld, D.: Informationssysteme und Management-Funktionen,
Wiesbaden 1973.

Sandig, C.: Grundriß der Beschaffung, in: Die Betriebswirtschaft, Zeitschrift für Handelswissenschaft
und Handelspraxis, Heft 8, 1935, S. 175 ff.;
Heft 9, 1935, S. 196 ff.; Heft 10, 1935,
S. 228 ff.

Schäfer, E.: Marktanalyse und Marktbeobachtung, in: Der
Markt der Fertigware, Heft 4/5, 1929,
S. 204 ff.

Schäfer, E.: Betriebswirtschaftliche Marktforschung,
Essen 1955.

Schäfer, E./Knoblich, H.: Grundlagen der Marktforschung,
5. Aufl., Stuttgart 1978.

Schär, J.F.: Allgemeine Handelsbetriebslehre, 4. Aufl.,
Leipzig 1921.

Scheibler, A.: Wirtschaftsstatistik in Theorie und Praxis,
3. Aufl., Herne/Berlin 1976.

Schiller, R.: Bibliographie der Marktforschungsliteratur,
Stuttgart 1976.

Schmidbauer, B.: Marktforschung im Dienste des Einkaufs,
in: Betriebswirtschaftsmagazin, Heft 6,
1971, S. 285 ff.

Schmidbauer-Juraschek, B.: Marktforschung im Dienste des
Einkaufs, in: Der Erfolg, Heft 22, 1966,
S. 1027 ff.; Heft 23, 1966, S. 1128 ff.;
Heft 24, 1966, S. 1147 ff.; Heft 1, 1967,
S. 32 u. 34 ff.

Schmid-Rissi, J.: Einkaufsmarktforschung, in: Einkaufsleiterhandbuch, hrsg. v. A. Degelmann, München
1965, S. 181 ff.

Schmid-Rissi, J.: Beschaffungsmarktforschung, ihre Organisation, Methoden und Grenzen, in: Maschine
und Manager, Heft 4, 1965, S. 22 ff.

Schmuda, K.W.: Informationsquellen ermitteln die Methode, in: Beschaffung aktuell, Heft 3, 1977, S. 24.

Seiler, H.: System- und entscheidungstheoretischer Modellansatz zur industriellen Beschaffungspolitik, Diss. St. Gallen 1977.

Senti, R.: Internationale Rohproduktabkommen, Diessenhofen 1978

Seyffert, R.: Wirtschaftslehre des Handels, 5. Aufl., Opladen 1972

Sieben, G./Schildbach, Th.: Betriebswirtschaftliche Entscheidungstheorie, 2. Aufl., Düsseldorf 1980

Sieber, M.: Kundendienst - Begriff für Leistung, Erwartung und Verantwortung, in: Beschaffung aktuell, Heft 3, 1983, S. 22 f.

Spiegel-Verlag (Hrsg.): Die industrielle Einkaufsentscheidung, Hamburg 1967.

Spiegel-Verlag (Hrsg.): Entscheidungsprozesse und Informationsverhalten der Industrie, Hamburg 1972.

Spiegel-Verlag (Hrsg.): Imagewirkung im Entscheidungsprozeß, Eine Fallstudie zum Beschaffungsprozeß bei Anlagen der Mittleren Datentechnik, Hamburg 1980.

Spiegel-Verlag (Hrsg.): Der Entscheidungsprozeß bei Investitionsgütern, Hamburg 1982.

Stachowiak, H.: Allgemeine Modelltheorie, Wien/New York 1973

Stangl, U./Koppelmann, U.: Beschaffungsmarktforschung - ein prozessuales Konzept, in: Zeitschrift für betriebswirtschaftliche Forschung, Heft 5, 1984, S. 347 ff.

Stark, H.: Beschaffungsmarktforschung - Voraussetzung marktgerichteter Beschaffungspolitik, in: Marktforscher, Heft 97, 1972, S. 5 ff.

Stark, H.: Beschaffungsführung, Stuttgart 1973.

Stark, H.: Lieferantenpflege - ein Instrument aktiver Einkaufspolitik, in: Beschaffung aktuell, Heft 8, 1978, S. 19 ff.

Stark, H.: Strategien zur Leistungssicherung bei kleineren Lieferanten, in: Einkauf/Materialwirtschaft, 64/1979, S. 17 ff.

Stark, H.: Scoring-Modelle für Einkaufsentscheidungen, in: Beschaffung aktuell, Heft 2, 1979, S.58 ff.

Stark, H.: Anbieteranalyse - Instrument der aktiven Einkaufsvorbereitung, in: Beschaffung aktuell, Heft 6, 1979, S. 40 ff.

Stark, H.: Beschaffungsmarktforschung und Beschaffungsmarketing, in: Der Beschaffungsmarkt 1982, Sonderheft Beschaffung aktuell 10/1982, S. 5 ff.

Stark, H.: Kanban-orientierte Zulieferung, in: Beschaffung aktuell, Heft 3, 1984, S. 19.

Statistisches Bundesamt (Hrsg.): Statistisches Jahrbuch 1984 für die Bundesrepublik Deutschland, Stuttgart/Mainz 1984

Strache, H.: Preise senken/Gewinn einkaufen, 3. Aufl., Lage/Lippe 1975.

Strache, H. (Hrsg.): Beschaffungsmarktforschung, Wiesbaden 1982.

Strothmann, K.-H.: Marktforschung im Dienste des industriellen Einkaufs, in: Maschine und Manager, Heft 2, 1959, S. 24 ff.

Strothmann, K.-H.: Marktforschung im Einkauf, in: Forschen - Planen - Entscheiden, Heft 3, 1966, S. 86 ff.

Strothmann, K.-H.: Marktforschung im Einkauf, in: Rationalisierung, 1966, S. 162 ff.

Strothmann, K.-H.: Marktorientierung im Beschaffungswesen, Frankfurt am Main 1967.

Strothmann, K.-H.: Das Informations- und Entscheidungsverhalten einkaufsentscheidender Fachleute der Industrie als Erkenntnisobjekt der industriellen Werbeforschung, in: Der Markt als Erkenntnisobjekt der empirischen Wirtschafts- und Sozialforschung, hrsg. v. M. Rembeck u. G.P. Eichholz, Bern/Stuttgart 1968, S.174 ff.

Sundhoff, E.: Grundlagen und Technik der Beschaffung von Roh-, Hilfs- und Betriebsstoffen, Essen 1958.

Szyperski, N./Winand, U. (Hrsg.): Grundbegriffe der Unternehmungsplanung, Stuttgart 1980.

Täger, U.C.: Ansätze zur Entwicklung eines Rohstoff-Marketing und einer speziellen Rohstoffmarktforschung, in: Der Marktforscher, Heft 3, 1975, S. 51 ff.

Tanew, G.: Lieferantenbewertung, Diss. Wien 1979.

Tanew, G.: Lieferantenbewertungssystem - Entscheidungshilfe für die 'günstigste' Beschaffungsquelle, in: Beschaffung aktuell, Heft 12, 1981, S. 10 ff.; Heft 1, 1982, S. 18 ff.

Theisen, P.: Grundzüge einer Theorie der Beschaffungspolitik, Berlin 1970.

Theisen, P.: Beschaffung und Beschaffungslehre, in: Handwörterbuch der Betriebswirtschaft, hrsg. v. E. Grochla u. W. Wittmann, 4. Aufl., Stuttgart 1974, Sp.494 ff.

Theisen, P.: Beschaffungspolitik, in: Handwörterbuch der Absatzwirtschaft, hrsg. v. B. Tietz, Stuttgart 1974, Sp. 338 ff.

Tietz, B.: Beschaffung, in: Handwörterbuch der Wirtschaftswissenschaft, hrsg. v. W. Albers, Stuttgart/ New York u.a. 1977, Sp.543 ff.

Tietzel, M.: Überblick über bestehende Rohstoffabkommen, in: Außenwirtschaft, Heft 4, 1977, S. 372 ff.

Todtenhaupt, M.: Beschaffungsmarktforschung, in: Wirtschaftsdienst, Heft VI, 1963, S. IX ff.

Trautmann, W.P.: Die Organisation des Einkaufs, in: Organisation, TFB-Handbuchreihe, 1. Bd., hrsg. v. E. Schnaufer u. K. Agthe, Berlin/Baden-Baden 1961, S. 679 ff.

Trautmann, W.P.: Marktanalyse und Marktbeobachtung im Beschaffungswesen, in: Der Marktforscher, Heft 8, 1966, S. 264.

Trautmann, W.P.: Beschaffungsmarktforschung, in: Marketing-Enzyklopädie, Bd. 1, München 1974, S. 261 ff.

Treffert, J.C.: Anbieterselektion, in: Beschaffung aktuell, Heft 6, 1980, S. 20 ff.

Treis, B.: Das beschaffungspolitische Instrumentarium, in: Der Markt, 1971, S. 89 ff.

Troll, K.F.: Zur Problematik quantitativer Marketing-Modelle, Bd. 1 der Beiträge zum Produktmarketing, hrsg. v. U. Koppelmann, Köln 1975

Türke, D.: Kanban - utopisch oder machbar?, in: Beschaffung aktuell, Heft 3, 1984, S. 28 ff.

Ulrich, H.: Der allgemeine Systembegriff, in: Grundlagen der Wirtschafts- und Sozialkybernetik, hrsg. v. J. Baetge, Opladen 1975, S. 33 ff.

Türke, D.: Kanban - utopisch oder machbar?, in: Beschaffung aktuell, Heft 3, 1984, S. 28 ff.

Varnholt, N.T.: Die Diskussion um Kanban, in: Beschaffung aktuell, Heft 3, 1984, S. 20 ff.

Verband der Automobilindustrie e.V. (Hrsg.): Die japanische Automobilindustrie, Frankfurt am Main 1978.

Volk, H.: Wirtschaftsauskünfte für Unternehmensführung in schwieriger Zeit, in: Beschaffung aktuell, Heft 12, 1983, S. 21.

Wacker, W.H.: Betriebswirtschaftliche Informationstheorie - Grundlagen des Informationssystems, Opladen 1971.

Webster, F.E./Wind, Y.: Organizational Buying Behavior, Englewood Cliffs 1972.

Wendler, E.: Die Beschaffungsmarktforschung als betriebswirtschaftliche Aufgabe, in: Der Marktforscher, 12. Jg. 1968, S. 54 ff.

Wenger, E.: Beschaffungsmarktforschung, in: Beschaffung aktuell, Heft 4, 1979, S. 104 ff.

Wenger, E.: Zielgerichtete Lieferantenbesuche sind nutzbringend, in: Beschaffung aktuell, Heft 5, 1984, S. 28.

Werm, H.G.: Beschaffungsmarktforschung für Rohstoffe, in: Rationalisierung, Heft 10, 1974, S. 226 ff.

Westermann, H.: Gewinnorientierter Einkauf, 3. Aufl., Berlin 1982.

Westing, J.H./Fine, I.V./Zenz, G.J.: Purchasing Management, 4th ed., Santa Barbara 1976.

Widing, J.W. jr./Rabstejnek, G.J. jr.: Negotiation, in: The Logistics of Materials Management, Mc Elhiney, P.T./Cook, R.I. (editors), Boston 1969.

Wildemann, H.: Flexible Werkstattsteuerung durch Integration von japanischen Kanban-Prinzipien in deutschen Unternehmen, München 1983.

Wildemann, H.: Kanban-Rationalisierung des Materialflusses, in: Beschaffung aktuell, Heft 2, 1983, S. 18 ff.

Winand, U./Welters, K.: Beschaffung und strategische Unternehmungsführung, in: Beschaffung und Unternehmungsführung, hrsg. v. N. Szyperski u. P. Roth, Stuttgart 1982, S. 5 ff.

Wissebach, B.: Beschaffung und Materialwirtschaft, Herne/ Berlin 1977.

Witte, E.: Das Informationsverhalten in Entscheidungsprozessen, Tübingen 1972.

Witte, E.: Entscheidungsprozesse, in: Handwörterbuch der Organisation, hrsg. v. E. Grochla, 2. Aufl., Stuttgart 1980, Sp.633 ff.

Wittekopf, F.: Systematischer Einkauf in Handel und Industrie, 2. Aufl., Leipzig 1926.

Wittmann, W.: Unternehmung und unvollkommene Information, Köln/Opladen 1959.

Wittmann, W.: Entscheiden unter Ungewißheit, Sitzungsberichte der Wissenschaftlichen Gesellschaft an der Johann Wolfgang Goethe-Universität Frankfurt am Main, Bd.13, Nr. 3, Wiesbaden 1975, S. 5 ff.

Wittmann, W.: Information, in: Handwörterbuch der Organisation, hrsg. v. E. Grochla, 2. Aufl., Stuttgart 1980, Sp.894 ff.

Woll, A.: Allgemeine Volkswirtschaftslehre, 6. Aufl., München 1978

Zäpfel, G.: Entscheidungsprobleme bei der Beschaffung von Stoffen für ein gegebenes Fertigungsprogramm, Diss. Karlsruhe 1970.

Zeigermann, J.R.: Elektronische Datenverarbeitung in der Materialwirtschaft, Stuttgart 1970.

Stichwortverzeichnis

Abbildungsmerkmal, 79 f.
ABC - Analyse, 98 ff., 128
Absatzmarktforschung, 46 ff.
Absatzrisiko, 125 f.
Angebotskonzentration, 167, 178 f.
Angebotsvariablen, 167 ff.
Anreizinstrumente, 65 f.
Auskunft, 215 ff., 222 f.
Ausschreibung, 215, 219, 221

Bedarf, 55, 111, 166, 178
Bedarfsforschung, 32 f., 39
Bedarfskontinuität, 111 f., 2o8
Bedarfsplanung, 59 ff.
Bedarfsvariablen, 164 ff.
Berichte, 251
Beschaffung, 16 ff.
Beschaffungsaufgabe, 16, 49 ff.
Beschaffungsflexibilität, 63 f., 1o9, 169, 186 f.
Beschaffungsforschung, 32, 38
Beschaffungsinformationen, 71 f., 139 ff.
Beschaffungskonkurrenz, 153 ff.
Beschaffungskontrolle, 66
Beschaffungskooperation, 1o9, 169, 19o
Beschaffungskosten, 63 f., 1o9, 169, 183 f.
Beschaffungsmärkteportfolio, 1o9, 169, 191
Beschaffungsmarketing, 32 f., 67 ff.
Beschaffungsmarkt, 24, 28
Beschaffungsmarktforschung
- Aufgabe der, 12
- Begriff der, 22 ff.
- Inhalte der, 31
- adspektive, 2o2 f.
- fallweise, 1o5, 129 ff., 2o4 f.
- laufende, 1o5, 129 ff., 2o4 f.
- prospektive, 2o2 f.
- retrospektive, 2o2 f.

Beschaffungsmarktrisiko, 113 ff.
Beschaffungsobjekte,
- Klassifikation der, 19 f., 54, 96 f.
- Anforderungen an, 55
- individualisierte, 166, 177
- standardisierte, 166, 178
Beschaffungsobjektvariablen, 164 ff
Beschaffungsplanung, 49
Beschaffungspolitische Instrumente, 65 f., 69
Beschaffungsprozeß, 59 ff.
Beschaffungsqualität, 57, 63 f., 1o9, 169, 184 f.
Beschaffungsrisiko, 39 f., 1o5, 112 ff., 2o8
Beschaffungssicherheit, 63 f., 1o9, 169, 185 f.
Beschaffungsstrategien, 61 ff., 1o9, 168 f., 2o8
Beschaffungswert, 98 ff., 128, 2o8
Beschaffungsziele, 61 ff., 1o9, 168 f., 2o8
Betriebsbesichtigung, 213, 221 f.
Bewegungsverfahren, 241 ff.
Bezugsquellenverzeichnis, 28
Branchenrisiko, 119

Datei, 252
Demoskopie, 46, 2oo f.
Diagramme, 255 f.
Dispositionsunterlagen, 211, 219, 221 f.
Distributionsbedarf, 56
Durchschnitte, gleitende, 249

Eigenentwicklung, 1o9, 169, 191
Einzeldaten, 243, 247
Entgeltbedarf, 56
Entgeltrisiko, 115, 122
Entscheidungsmodelle, 82
Entsorgung, 17 f.
Erfahrungsaustausch, 214, 222 f.
Erfassungsmodelle, 81 f.
Erklärungsmodelle, 82
Ernteabhängigkeit, 167, 18o

Fachtagung, 214, 222 f.
Fachzeitschrift, 213, 221 ff.
Finanzrisiko, 127
Firmenverzeichnis, 212 f., 219
Forderungsinstrumente, 65 f.
Forschungsstrategie
- formal-analytische, 84
- empirische, 85
- sachlich-analytische, 85 f.
Fungibilität, 167, 179

Geschäftsbericht, 212, 219, 221 ff.
Gestaltungsmittelbedarf, 55
Gestaltungsmittelleistungen, 143 ff.
Gestaltungsmittelrisiko, 12o f.

Handelsvertreter, 217, 219 221 ff.
Heuristik, 87, 161
Homomorphie, 83

Importabhängigkeit, 167, 18o f.
Incoterms, 18o
Information, 72
Informationsinhalte, 141 f.
Informationsquellen, 211 ff.
- Anforderungen an, 224 ff.
- Verfügbarkeit von, 23o ff.
Informationsumfang, 195 f., 258
Instabilität, politische, 167, 182
Isomorphie, 83

Kanban - System, 125, 187 f.
Karteien, 252
Kommunikationsbedarf, 56
Korrelationsanalyse, 248
Kostenanalyse, 42 f.

Lagerung, 17 f.
Leistungsdetermination, 165, 174 f.
Leistungsklassifikation, 252
Leistungsniveau, 166, 175 f.
Leistungsrisiko, 115, 119
Leistungsschwankungen, 165, 176
Leistungstoleranz, 165, 175 f.
Leistungsvarianten, 168, 182
Leistungswandel, 168, 183
Lieferantenansprüche, 147 f.
Lieferantenbefragung, 213, 219, 221 ff.
Lieferantenleistungen, 56, 143 ff.
Lieferantenportfolio, 1o9, 169, 191
Lieferantenpotentiale, 149
Lieferantenrisiko, 12o
Lieferantenstellung, 152 f.
Lieferantenstrategien, 152
Lieferantenwahl, 33 f., 65
Lieferantenwerbung, 211, 219, 222
Lieferantenziele, 15o f.
Lieferausfallrisiko, 115, 117
Lieferung, fertigungssynchrone, 1o9, 169, 187 f.
Logistik, 17

Makler, 217, 219, 221 ff.
Make - or - Buy - Analyse, 43 f.
Markt, 24
Marktanalyse, 2o4 f., 258
Marktbeobachtung, 2o4 f., 258
Markterkundung, 93 f.
Marktformen, 156 f., 253
Marktseitenverhältnisse, 157 f., 253
Marktstruktur, 156 ff.
Mengenflexibilität, 166, 177
Messe, 214, 219, 221, 223
Modalitätsbedarf, 55
Modalitätsleistungen, 146
Modalitätsrisiko, 121
Modellbildung, 79 ff.

Nachfragekonzentration, 167, 178 f.

Objektbedarf, 55
Objektbewirtschaftungsrisiko, 124
Objektleistungen, 143 ff.
Ökoskopie, 2oo f.

Partialerhebung, 198 f.
Potentialfaktoren, 54
Pragmatik, 81
Preisanalyse, 41 f.
Preisschwankungen, 168
Preistoleranz, 166, 176 f.
Primärerhebung, 2o1 f., 226 ff.
Probekauf, 215
Produktionsrisiko, 124 f.

Quantitätsbedarf, 55
Quantitätsrisiko, 12o

Regressionsanalyse, 248
Repetierfaktoren, 54
Rohstoffabkommen, 117
RSU - Analyse, 111
Rückkopplungen, 93

Sekundärerhebung, 2o1 f., 226 ff.
Servicebedarf, 56
Standardisierung, 1o9, 169, 189
Statistik, amtliche, .212, 223, 228
Strukturverfahren, 241 ff.
Substituierbarkeit, 167, 179

Tageszeitung, 213, 221 ff.
Totalerhebung, 198 f.
Transport, 17 f.
Typologien, 252 ff.

Umwelt, allgemeine, 159

Verkürzungsmerkmal, 8o f.
Vorratshaltung, 1o9, 169, 188 f.

Wertanalyse, 4o f.

XYZ - Analyse, 111

BEITRÄGE ZUM PRODUKTMARKETING

Herausgegeben von

PROF. DR. UDO KOPPELMANN

Seminar für Allgemeine Betriebswirtschaftslehre,

Beschaffungs- und Produktlehre

der Universität zu Köln

BD. 1   ZUR PROBLEMATIK QUANTITATIVER MARKETING-MODELLE,
K.F. TROLL, KT. 233 S., DM 35,00

BD. 2   DIE PRODUKTFORM ALS MITTEL DER ANMUTUNGSGESTALTUNG,
V. DÖRNER, KT. 390 S., DM 35,00

BD. 3   ANMUTUNGSLEISTUNGEN VON PRODUKTEN,
A. FRIEDRICH LIEBENBERG, KT. 288 S., DM 35,00

BD. 4   DER STOFF ALS MITTEL ANMUTUNGSHAFTER PRODUKTGESTALTUNG,
H.H. SCHMITZ-MAIBAUER, KT. 299 S., DM 35,00

BD. 5   EINSTELLUNGSTYPEN FÜR DIE MARKTSEGMENTIERUNG,
N. BREUER, KT. 299 S., DM 35,00

BD. 6   FUNKTIONSPRINZIPIEN ALS MITTEL DER PRODUKTGESTALTUNG,
C. BERGMANN, KT. 320 S., DM 35,00

BD. 7   PRODUKTVARIATION ALS MARKETINGSTRATEGIE,
W.-A. RÖTTGEN; KT. 220 S., DM 35,00

BD. 8   PRODUKTPRÄSENTATION ALS MITTEL DER VERKAUFSFÖRDERUNG,
U. DODT, KT. 220 S., DM 35,00

BD. 9   STRATEGIEN MARKTADÄQUATER PROGRAMMPOLITIK,
H.-R. SCHEWE, KT: 294 S., DM 35,00

BD. 10   ZUR ANALYSE VON VERSTÄNDLICHKEITSPROBLEMEN
BEI DER GESTALTUNG VON GEBRAUCHSANLEITUNGEN,
A. KRAUTMANN, KT. 277 S., DM 35,00

BD. 11   ANMUTUNGSHAFTE VERPACKUNGSGESTALTUNG
ALS MITTEL DER PRODUKTPOLITIK,
M.MEDEYROS, KT. 397 S., DM 35,00

BD. 12   PRODUKTPOSITIONIERUNG,
R.U. MAYER, KT. 372 S., DM 35,00

BD. 13   WERBESTILE - ZUR ANALYSE UND ZUM PRODUKTSPEZIFISCHEN
EINSATZ GANZHEITLICHER GESTALTUNGSKONZEPTE
I.G. WEUTHEN, KT. 364 S., DM 35,00

BD. 14   PRODUKT-PUBLIZITÄT ALS INSTRUMENTALVARIABLE
DER KOMMUNIKATIONSPOLITIK
E. LABONTÈ, KT. 272 S., DM 35,00

BEITRÄGE ZUM BESCHAFFUNGSMARKETING

Herausgegeben von

PROF. DR. UDO KOPPELMANN

Seminar für Allgemeine Betriebswirtschaftslehre

Beschaffungs- und Produktlehre

der Universität zu Köln

BD. 1 ZUR ENTWICKLUNG EINES MARKTADÄQUATEN ANSATZES UND INSTRUMENTARIUMS FÜR DIE BESCHAFFUNG,
B. BIERGANS, KT. 431 S., DM 35,00

BD. 2 BESCHAFFUNGSMARKTFORSCHUNG - EIN HEURISTISCHES ENTSCHEIDUNGSMODELL,
U. STANGL, KT. 287 S., DM 35,00

BD. 3 DIE BEDEUTUNG RECHTLICHER LIMITIERUNGEN UND GESTALTUNGSMÖGLICHKEITEN FÜR DEN INDUSTRIELLEN BESCHAFFUNGSPROZEß,
T. BÖCKE, KT. 336 S., DM 35,00

BD. 4 BESCHAFFUNGSVERHALTEN IN DER INDUSTRIELLEN UNTERNEHMUNG,
C.H. GEIDER, KT. 335 S., DM 35,00

BD. 5 BESCHAFFUNGSZIELE
C. MEYER, KT. 330 S., DM 35,00

BD. 6 KONSTELLATIONSADÄQUATE BESCHAFFUNGSPOLITIK IM HANDEL,
J. MERTENS, KT. 385 S., DM 35,00

BD. 7 BESCHAFFUNGSKONTROLLE
J. PFISTERER, KT. 338 S., DM 35,00